JN494127

디지털 시대를 대비한

비판적 사고

권순정
류재한
박라권
안명진
하상협

디지털 시대를 대비한

비판적 사고

경상국립대학교출판부

서문

비판적 사고 교재를 개편하며

경상국립대학교에서 '비판적 사고' 교과를 가르치기 시작한 것은 2009년부터이다. 물론 이 책의 필자들 가운데에는 이보다 훨씬 이전인 1990년대 초반부터 '비판적 사고'와 '사고력 교육'에 관심을 가져왔던 이도 있다. 이들은 비판적 사고를 교육 현장에서 실천하려는 노력을 꾸준히 해 왔고, 그런 노력들이 경상대학교의 교육과정 개편과 맞물려 이 교과가 교양 교과목으로 채택되게 되었고, 이 책의 초판에 해당하는 『비판적 사고』(경상대학교출판부, 2012)가 출판되었다.

어느덧 10년이 훌쩍 지났고, 당시 교과 운영과 교재 집필에 핵심적인 역할을 해 주셨던 정병훈 교수님께서 정년퇴임을 하셨고, 타 대학으로 자리를 옮기신 분도 생겨 개편이 불가피했다. 물론 교재 개편의 이유가 교수진의 변화에 따른 것만은 아니다. 처음 교과목 개설 당시의 비판적 사고력 교육에 대한 당위는 시간이 지나면서 한층 더 높아졌다. 정보사회로의 변화는 급속하게 진전되었고 마침내 우리는 메타버스의 세계 속에 살게 되었다. 다양한 문화권의 사람들이 공존의 울타리 안에 살고 있을 뿐만 아니라, 얼마 전부터는 자율적 학습 능력을 갖춘 AI(Artificial Intelligence)가 내 이웃으로 이사를 오기도 했다. 이런 마당에 비판적 사고는 우리가 인간으로서의 삶을 살기 위한 토대가 되어 버렸다. 기존 산업 사회의 가치와 기능은 생산 현장에서는 로봇이, 사무 현장에서는 컴퓨터가, 삶의 현장에서는 AI가 대신하게 된 이즈음, 어쩌면 비판적 사고는 생존의 필수 도구가 아닐까? AI를 기반으로 대중 매체가 만들어 내는 판타지 속에서 우리 삶의 실재성을 지켜내는 유일한 도구가 '비판적 사고력'이 된 것이다.

세월이 흘렀다고 '비판적 사고력'의 본질이 변한 것은 아니다. 다만 당시 급하게 교재를 만들면서 부족했던 점이 많았고, 또 세태의 변화를 수용해야 한다는 요구도 있었다. 그래서 새로운 필진을 영입하여 다시 교재를 개편하기로 마음을 모았다.

내용에 큰 변화는 없지만 다소 체제를 바꾸었다. 큰 틀에서는 비판적 사고의 영역을 분석적 사고, 논증적 사고, 변증적 사고라는 세 축을 그대로 유지했고, 개별 영역과 관련된 논의는 좀 더 전문적인 접근이 필요한 것으로 판단해 다음 기회에 별도로 논의하기로 했다.

제1장은 서장으로, 비판적 사고의 기초에 대해 설명하고 있다. 그리고 비판적 사고의 개념과 지

식의 정당화의 문제를 다룬다. 제2장은 분석적 사고와 논술의 문제를 다룬다. 분석적 사고는 개념의 이해, 텍스트 분석, 자료 해석을 위한 이해 및 분석 능력을 말한다. 이 분석적 사고의 적용으로서 논술, 다시 말해 텍스트의 읽기와 쓰기를 훈련하도록 했다. 제3장과 4장, 5장은 논증적 사고의 영역에 해당한다. 논증적 사고란 연역논증과 귀납논증에서 구현되는 추론 및 논증 능력을 의미한다. 제3장에서는 논증의 구조를 중심으로 논증을 분석하고 평가하며, 논증을 구사하는 능력을 함양하도록 했다. 그리고 제4장에서는 연역논증을 정언논리와 명제논리로 나누어 다루고 있으며, 제5장에서는 귀납논증을 유비논증, 귀납적 일반화, 통계적 삼단논법, 인과논증, 최선의 설명으로의 추론으로 나누어 다루었다. 마지막 제6장에서는 변증적 사고를 다루는 부분으로, 논리 퍼즐, 상황 추리, 발상 전환에서 발견되는 종합 능력과 대안적 사고 능력을 훈련한다.

한 학기 강의를 염두에 두고 내용을 재구성했지만, 6장의 내용까지 한 학기에 다 아우르기에는 다소 벅찬 감이 없지 않다. 그럼에도 제6장을 굳이 포함한 까닭은 비판적 사고 영역의 완결성을 고려한 것이기도 하지만, 비판적 사고 능력이 현실에서 적용되는 지점이기도 한 때문이다. 현실에서 시행되고 있는 각종 비판적 사고력 관련 시험을 대비하는 학생들이라면 반드시 공부해야 할 내용이다.

처음 교재 개편을 계획할 때까지만 해도, 이전 교재에서 미흡하다고 생각했던 내용들을 충분히 수정·보완하리라고 마음먹었었다. 그러나 시간이 지나면서 의지만으로 되는 일이 아님을 깨달았다. 모든 일이 뜻대로만 된다면야 무슨 변명이 필요할까마는, 변명하는 일은 항상 부끄럽다. 그럼에도 또 한 걸음 내디뎌 본다.

여러모로 책의 출간에 도움을 주신 학과의 여러 교수님, 직접 이 교과의 강의를 맡아 학생들을 지도하면서 현장의 경험을 바탕으로 부족한 내용을 보완해 주신 여러 선생님들의 도움이 없었다면 이 일이 가능하지 않았을 것이다. 감사하는 마음과 함께 모든 잘못과 책임은 필자들의 몫임을 잊지 않는다.

코로나19를 이겨낸 2022년 봄에

저자 일동

차례

제 1 장

비판적 사고의 이해

- 비판적 사고란 무엇인가?
- 지식과 정당화의 문제

제1절

비판적 사고란 무엇인가?

1. 지식 기반의 사회, 다원화된 사회의 요구

오늘날의 사회를 지식 기반의 사회라고 한다. 지식 기반의 사회란 지식이 사회를 이끌어가는 원동력과 중심 가치가 되는 사회이다. 이 사회는 토지에 기반을 둔 농경 사회나, 산업이 중심 가치가 되는 산업 사회, 그리고 정보가 중심이 되는 정보화 사회와 다르다. 바야흐로 21세기는 지식과 문화에 바탕을 둔 콘텐츠가 중심이 되는 사회이다. 이 사회에서는 구성원들이 가진 지식 창조의 능력이 사회발전을 결정한다. 따라서 이 사회에서는 지식과 정보의 전수와 습득보다는 지식을 창출하는 고차적 사고 능력의 습득과 훈련이 강조된다.

우리 사회도 지식 기반의 사회로 이행하면서, 교육 체계의 변화를 모색하고 있다. 그 중심이 되는 것이 전문대학원 체제로의 변화이다. 이는 다양한 전공 배경을 가진 창의적인 인력을 의료계, 법조계, 교직계로 유인하려는 제도이다. 이를 위하여 각 전문대학원은 입학시험으로 MEET(Medical Education Eligibility Test), DEET(Dental Education Eligibility Test), LEET(Legal Education Eligibility Test) 등의 적성 시험을 실시하고 있다. 이 시험들은 정보에 대한 독해력, 이해력을 측정하는 '언어의 이해', 합리적 사고와 논리적 비판력을 요구하는 '추리 논증', 그리고 논술을 주요 내용으로 한다. 이러한 변화는 국가의 행정을 맡아 볼 공무원을 선발하는 5급 행정고시뿐만 아니라 최근 7급에서도 발견된다. 이미 행정고시뿐만 아니라, 7급에서도 PSAT(Public Service Aptitude Test)라는 공직적성시험이 실시되고 있고, 이 시험에는 '언어논리', '자료해석', '상황판단' 과목이 포함되어 있다.

이러한 새로운 평가 제도는 단순히 어떤 정보나 지식을 얼마나 가지고 있는가를 평가하려는 것이 아니다. 그것은 읽고, 생각하고, 말하는 능력, 즉 주어진 정보를 올바로 이해하고, 분석하고, 비판하며, 이를 바탕으로 추론하는 능력을 가지고 있는가를 평가하려는 데 목적이 있다.

2. 비판적 사고의 정의

'비판적 사고(critical thinking)'란 무엇인가? 여기서 우선 비판적 사고의 의미를 분명히 이해할 필요가 있다. 왜냐하면 우리말에서 '비판적'이라는 말은 상당히 부정적인 어감을 가지고 있기 때문이다. 우리말에서 '비판적'이라는 말은 '부정적이다'라는 의미가 있으며, 때로는 '불만스럽다' 혹은 '까다롭다'라는 뜻으로 사용된다. 따라서 '비판적 사고'라는 말도 '부정적 사고', 혹은 '소극적 사고'를 의미하는 것으로 오해하기 쉽다. 그러나 이 책의 제목인 '비판적 사고'는 이와는 전혀 다른 의미가 있다. 이를 올바로 이해하기 위해서 우리는 서양철학에서의 '비판(critique)'의 의미를 상기할 필요가 있다. 서양철학에서 '비판'이란 어떤 개념, 판단, 나아가 논증의 근거와 타당성을 묻는 작업을 말한다. 그런 비판을 통해서 개념의 의미를 명료히 하고, 판단의 진위를 검토하고, 추리의 타당함 여부를 제대로 평가해 보는 것이다. '비판적 사고'란 바로 이러한 '비판'에 근거를 두는 것이라고 할 수 있다.

'비판적 사고'의 의미와 정의는 국내외에서 다양하게 제시되어 왔다. 존 듀이는 비판적 사고를 "근거나 파급 효과에 비추어 믿음이나 지식을 능동적이고 끈질기며 꼼꼼하게 따져보는 것"[1]으로 정의하고 있다. 여기서 먼저 '능동적'이란 믿음이나 지식을 수동적으로 수용하는 것이 아니라 스스로 질문을 제기하고 문제를 정의하는 과정 등을 포함한다. 둘째, '끈질기며 꼼꼼하게 따져 보는' 사고는 반성적 사고이다. 이러한 반성적 사고는 즉각적이고 무반성으로 이루어지는 사고와 대비되는 사고 과정이다. 여기서 무반성적으로 이루어지는 사고는 증거나 근거에 기반하지 않고 특정한 결론을 내리는 것을 의미한다. 이렇게 내려진 결론은 정확성, 관련성, 논리의 기준 등이 결여된 상태이기 때문에, 오판일 가능성이 높다. 우리는 오

---

1 알렉 피셔, 『피셔의 비판적 사고』, 최원배 옮김, 서광사, 14쪽 재인용.

판 또는 실수를 방지하기 위해 지속적으로 조심스럽게 생각해 보아야 한다. 마지막으로 듀이는 '근거나 파급 효과'를 비판적 사고 요소로 제시한다. '근거나 파급 효과'는 믿음의 근거와 믿음의 함축을 의미한다. 근거와 함축은 합리적인 논증적 사고와 밀접한 관련성이 있다. 이는 비판적 사고가 추론하며 이유를 제시하고 논증을 평가하는 과정을 강조한다는 것을 의미한다.[2]

존 듀이가 제시하는 비판적 사고는 일정 부분 논리적 사고에 해당된다. 반면에 리처드 폴은 비판적 사고를 메타 사고로 정의한다. "비판적 사고는 주제나 내용 혹은 문제와 상관 없이, 사고에 내재해 있는 구조를 파악하고 그 구조에 지적 기준을 부과함으로써 자신의 사고 수준을 향상시키는 사고를 하는 사고 방식이다."[3] 폴은 비판적 사고의 발달 단계를 통해서 지적 수준을 제시한다.[4] 즉 1단계는 분석하는 능력이 결여된 무반성적 사고자(unreflective thinker), 2단계는 가설, 추론, 관점의 필요성을 인지하지만 낮은 수준의 사고 형태를 지닌 도전적인 사고자(challenged thinker), 3단계는 자신의 생각 구조를 인식할 수 있으며, 명확성과 정확성 등 보다 높은 수준의 내적 표준을 개발하는 초보적 사고자(beginning thinker), 4단계는 자신의 생각을 더 잘 통제하기 위해서 체계적인 계획을 개발하고 실천하는 사고자(practicing thinker), 5단계는 새로운 사고 습관을 획득할 때 필요한 지적 통찰, 자신의 삶에서 불일치와 모순을 인식하고 지적 공감력과 지적 용기를 지닌 숙련된 사고자(advanced thinker), 6단계는 자신이 세운 가설에 약점, 논리적 오류 및 편견이 있는지를 항상 검토하는 최고의 사고자(master thinker)이다. 이러한 수준은 사고에 내재해 있는 구조를 파악하는 것으로부터 시작한다. 이때 사고에 내재하는 구조를 파악하는 것은 사고에 관해서 사고하기이다. 사고에 내재하는 구조는 사고의 요소이며, 그 구조에 지적 기준을 부여하는 것은 사고 표준이다. 이러한 사고의 요소와 사고의 표준은 '2-3. 비판적 읽기와 비판적 글쓰기'에서 자세히 다룰 예정이다.

비판적 사고에 대한 여러 학자들의 견해를 바탕으로 미국철학회(American Philosophycal

---

2 알렉 피셔, 『피셔의 비판적 사고』, 최원배 옮김, 서광사, 14~15 참조.

3 알렉 피셔, 『피셔의 비판적 사고』, 최원배 옮김, 서광사, 17쪽 재인용.

4 Elder, Linda, and Richard Paul. *Critical thinking: Tools for taking charge of your learning and your life*. Foundation for Critical Thinking, 2013, p.42.

Association)에서는 1988~1990년 까지의 공동논의의 결과를 델피 보고서(Delphi Report)라는 이름으로 발표하였다. 델피 보고서는 비판적 사고에 대한 다양한 정의를 포함하는 종합적인 관점을 제시하고 있다. 이는 비판적 사고에 대한 가장 널리 인용되는 정의 중 하나이다. 델피 보고서는 비판적 사고를 "해석, 분석, 평가 및 추론을 산출하는 의도적이고 자기 규제적인 판단이며, 동시에 그 판단에 대한 근거가 제대로 되어 있는지, 증거, 개념, 방법론, 준거, 또는 맥락의 측면들을 제대로 고려하고 있는지에 대한 설명을 산출하는 의도적이고 자기 규제적인 판단"[5]으로 정의한다. 이러한 정의는 비판적 사고의 지식 측면, 기술 측면, 성향(dispositions) 측면 모두를 포함한다.

이렇게 보면 비판적 사고는 논리적 사고 혹은 합리적 사고와 상통한다. 다만 논리적 사고가 논증의 타당성에 주로 관심을 가진다면, 비판적 사고는 논증의 건전성에 관심을 가진다는 차이가 있다. 이를 조금 부연한다면, '비판적 사고'는 관찰, 경험, 반성, 추리, 혹은 의사소통을 통해 수집하거나 갖게 된 믿음과 행동에 대한 지침으로 정보를 개념화하고, 적용하며, 분석하고, 종합하여, 평가하는 지적으로 훈련된 사고를 말한다. 비판적 사고는 어떤 기준 혹은 규칙에 따라서 개념, 판단, 논증을 분석하고 평가하는 수렴적인 성격을 갖는 사고이다. 다시 말해서 기존의 만족스럽다고 수락하거나 합의한 어떤 기준 혹은 원리에 입각해서 어떤 아이디어를 평가하는 사고이다.

5 P. A. Facione, *Critical Thinking : AStatement of Expert Consensus for Purposes of Educational Assessment and Instruction. Executive Summar y* (The California Academic Press, 1990), p. 2.

사고력의 범주

<table>
<tr><th>수리 방향</th><th colspan="4">비판적 사고</th><th></th><th>예술성 방향</th></tr>
<tr><td>기호적 사고
Formal
Symbolic
Thinking</td><td>분석적 사고
Analytic
Thinking</td><td>추론적 사고
Inferential
Thinking</td><td>종합적 사고
Synthetical
Thinking</td><td>대안적 사고
Alternative
Thinking</td><td>발산적 사고
Divergent
Thinking</td><td>상징적 사고
Material
Symbolic
Thinking</td></tr>
<tr><td></td><td>개념적 분석
텍스트 분석
자료 해석</td><td>분석적 추론:
연역
종합적 추론:
귀납</td><td>논리 퍼즐
의사결정
상황 추리
민감성
전체적 조망</td><td>관점/발상 전환
대안 창안
시야/시계 확장
재정의
발상 전환적 문제
해결</td><td>유창성
융통성
독창성
정교성</td><td></td></tr>
<tr><td colspan="4">논리적 사고</td><td colspan="3">창의적 사고</td></tr>
<tr><td colspan="5">광의의 논리적 사고</td><td colspan="2">협의의 창의적 사고</td></tr>
<tr><td colspan="3">협의의 논리적 사고</td><td colspan="4">광의의 창의적 사고</td></tr>
</table>

3. 어떻게 대비할 것인가?

앞서 언급한 전문대학원 시험, 행정고시 등의 시험을 관통하는 키워드는 바로 적성검사이고, 이에 필요한 능력은 언어, 추론 능력이다. 한 마디로 읽고, 생각하고, 말하는 능력이다. 다시 말해서 주어진 정보를 올바로 이해하고, 분석하고, 비판하며, 이를 바탕으로 추론하는 능력이다. 이전의 시험들은 암기력을 기본적으로 요구했지만, 오늘날 암기로 얻을 수 있는 지식은 인터넷 검색을 통해 얼마든지 해결할 수 있다. 그러므로 지식은 많은데, 그 지식을 적절히 활용하지 못하는 사람은 우대받지 못한다. 따라서 이에 대비하기 위해서는 무엇보다도 비판적 사고를 교육하고, 훈련해야 한다. 오늘날 지식 기반 사회를 맞이하여 비판적 사고력과 창의적 사고력을 포함한 고차적 사고력에 대한 강조는 세계적인 추세이다.

앞서 설명했지만, 비판적 사고는 어떤 견해를 받아들일 것인가 또는 어떤 행위를 할 것인가를 결정하기 위해서, 주어진 언어적, 비언어적 자료(진술 등의 언어적 표현과 비언어적 행위)의 논리적 구조와 의미에 대한 파악을 토대로 개념, 증거, 준거, 방법, 맥락 등을 고려하여 최선의 판단을 내리고자 하는 사고를 말한다. 그렇다면 우리는 어떻게 이러한 사고 능력을 함양해 갈 것인가?

먼저 비판적 사고 과정에는 사고 기능, 관련 지식, 사고 성향의 세 가지 요소가 포함되어 있다는 것에 주목할 필요가 있다. 여기서 사고 기능이란 주장의 구조나 논리적 규칙을 이해하는 인지적 능력을 말하는데, 이것만으로 비판적 사고가 가능한 것은 아니다. 왜냐하면 비판적 사고는 어떤 주장의 내용까지도 문제 삼기 때문이다. 따라서 관련된 지식을 이해하고 파악하는 능력도 중요하다. 또 이 두 가지를 갖춘다고 해서 비판적 사고가 가능한 것도 아니다. 왜냐하면 비판적 사고를 중요하게 여기고, 늘 그렇게 생각하며 사는 성향이 없던 사람이 어떤 상황에서 갑작스럽게 비판적으로 사고할 수 있게 되는 것은 아니기 때문이다. 그러므로 우리는 비판적 사고의 성향을 갖추어야 한다. 습관적으로 이유를 꼬치꼬치 묻고, 근거를 따져보며, 평가할 때 공정하고 신중하고, 그러면서도 동시에 열린 마음으로 현안 문제를 대하는 성실한 태도를 길러야 한다.

한편, 비판적 사고가 어떤 주장을 적극적으로 더욱 깊고 폭넓게 이해하려는 것이라면, 그것은 먼저 말듣기, 글읽기에 적용되어야 한다. 다른 사람의 생각을 비판적으로 반성할 수 있고, 글로 표현된 다른 사람의 주장을 비판적으로 평가하는 능력이 있어야, 자신의 생각을 비판적으로 말하고, 비판적으로 글로 표현할 수 있게 될 것이다. 따라서 비판적 사고는 비판적 글읽기, 비판적 글쓰기와 밀접하게 관련된다는 사실을 유념할 필요가 있다.

제2절

지식과 정당화의 문제

지식은 대부분 지각에서 시작된다. 지각은 단순히 믿는 것에 그치지 않고 아는 것, 즉 지식을 향한 일차적인 인식 방법이다. 지각은 불완전하고 주관적이기 때문에 우리는 지각과 그에 근거한 판단에 오류를 범하는 경우가 많다. 그렇기 때문에 우리는 지각의 문제를 인식하고 올바른 판단이 필요함을 인식해야 한다. 이를 위해서 우리는 지각과 믿음, 그리고 지식의 관계를 명료하게 하는 것이 중요하다. 그 관계를 명료하게 함으로써 지식에 이르는 과정에서 생겨나는 혼동을 제거할 수 있기 때문이다.

1. 지각

우리는 경험을 통해 세계에 대한 정보를 갖는다. 경험은 감각기관의 활동에서 시작된다. 감각기관은 외부의 자극을 수용하고, 그 이후 우리는 나무, 자동차, 칠판 등과 같은 일상적인 대상을 의식한다. 이 과정을 지각이라고 한다. 우리가 어떤 것을 본다면, 그것은 사물 자체(실재)가 아니라 지각된 것(현상)이다. 다시 말하자면 경험은 감각기관을 통해서 외부 대상을 지각하는 과정이다. 지각은 사물의 외형을 알게 해 줄 뿐만 아니라 그 사물을 다른 것과 구분하는 감각적 작용이다.

지각은 감각기관을 통해서 주어진 것을 단순히 수동적으로 받아들이지 않는다. 어떤 사물을 지각할 때 우리는 주어진 것을 단순히 수동적으로 수용하는 것이 아니라 그 사물들을 능동적으로 파악하고 이해한다. 나아가 우리는 능동적으로 어떤 지각들을 분류하여 이 지각들을 의미 있는 유형과 관계들로 질서를 부여하고 구성하여 전체적 상황에 맞추어서 해석한다. 예를 들면, 다양한 색깔과 조각들로 이루어진 사람 모양의 퍼즐을 보았을 경우를 생각해 보자. 우리는 각각의 색깔과 하나하나의 조각들만 보는 것이 아니라 그것을 주의 깊게 관찰하고 어떤 모형으로 구성해서 사람의 모습임을 해석함으로써 사람으로 지각한다.

또한 우리가 복잡하고 시끄러운 공간에 들어갔을 때를 생각해 보자. 처음에 들려오는 소리들이 한낱 소음으로만 느껴지다가 어느 순간, 어떤 익숙한 소리를 구별해서 자신이 알고 있는 소리로 구성하여 친구의 목소리를 해석해 낸다. 그 작용들은 동시에 빠르게 일어나기 때문에 우리는 그 과정들을 깨닫지 못하는 경우가 많다. 이와 같이 경험은 세계를 단순히 수동적으로 지각하는 것이 아니라 사물들을 분류하고 해석함으로써 세계를 능동적으로 구성하는 것이다.

이러한 지각은 우연히 일어날 수도 있지만 우리가 의도적으로 주의하여 사물의 특성을 포착하는 경우에도 확인할 수 있다. 따라서 우리는 자신의 관심, 욕구, 정서 등이 지각에 많은 영향을 미친다는 사실을 알 수 있다. 우리가 복잡한 거리를 걷거나, 영화나 책을 볼 때, 우리는 자신의 관심 분야나 좋아하는 것에 더 시선이 가고, 느끼고 기억한다. 그뿐만 아니라 똑같은 장소에서 똑같은 사건을 접했는데도 우리는 서로 다른 것들을 보고 기억하는 경우를 종종 본다. 이러한 사실은 우리가 똑같은 방식으로 세계를 지각하지 않는다는 것을 보여 준다. 그런 점에서 지각은 지극히 주관적이고 불완전하다.

우리의 지식은 대부분 이러한 주관적이고 불완전한 경험인 지각에서 시작한다. 하지만 지각 자체가 지식은 아니다. 지각에서 참된 지식으로 나아갈 때, 우리는 지각 자체의 한계를 비판적으로 검토해야 한다.

2. 믿음과 지식

우리는 세계에 대한 헤아릴 수 없는 많은 믿음을 가지고 살아가며 이 믿음들이 옳다고 주장한다. 우리는 '지구는 둥글다'고 믿으며, 그 믿음이 사실이거나 참이라고 여긴다. 우리가 믿는 내용은 자신의 다양한 지각 경험에 근거한 경우도 많지만 지각 경험 그 자체로는 지식이 되지 않는다. 믿음의 대상은 참과 거짓을 가릴 수 있는 문장, 즉 명제이다. 믿음은 강력한 근거가 뒷받침되어 사실로 확인될 수도 있지만 근거가 부족하거나 정당화되지 않아서 단순한 믿음 즉 주관적 신념이 되는 경우도 있다.

믿음 자체가 지식은 아니다. 믿음과 지식은 상관관계가 있으나 반드시 일치하는 것은 아니다. 어떤 것을 사실로 믿는 경우, 이것이 반드시 아는 것, 즉 지식으로 간주되지는 않는다. 왜냐하면 우리는 알지 못하면서 사실로 믿을 수 있기 때문이다. 알지 못하면서 믿는 것은 지식이라고 할 수 없다. 따라서 정당화되지 않은 믿음은 아는 것(지식)이 아니라 단순한 믿음일 뿐이다.

또한 지식은 참인 믿음과도 같지 않다. p에 대한 지식을 가지는 것은 p에 대한 참인 믿음을 가지는 것을 뜻하는 것처럼 보이지만 그렇지 않다. 우리가 믿고 있는 것이 참이라고 할지라도 그 믿음에 대한 합리적 근거를 가지고 있지 않다면, 믿음은 아는 것, 즉 지식으로 간주되지 않는다.

가령, s가 r이 사기꾼이라고 믿고 있다고 하자. r이 실제로 사기꾼이라고 할지라도 s는 〈r이 사기꾼이다〉라는 사실을 알지는 못하면서 그렇게 믿을 수 있다. 왜냐하면 s는 그 사실에 대한 합리적 근거를 가지고 있지 않고 유언비어로만 들었을 수 있기 때문이다. 합리적 근거 없이 유언비어로만 들어서 아는 것은 지식이라고 할 수 없다. 따라서 참인 믿음을 가지는 것은 지식을 위한 필요조건이지만 충분조건은 아니다.

p를 안다는 것은 비록 p가 참이라고 하더라도 p를 믿고 있는 것만으로는 충분치 않다. 지식은 단순한 추측이나 우연의 일치로 결정되거나 부적합한 근거나 불합리한 추론 절차로 결정될 수 없다. p 그 자체가 참이 되는 데에는 아무런 상관이 없는 이유 때문에 우리가 p를 사실로 믿는 경우가 있다. 우리는 믿음을 뒷받침하는 강한 이유와 증거를 모으고 그 믿음의 정당화 여부를 검토해야 한다. 따라서 믿음의 정당화와 그 믿음을 지지하는 근거와 증거에 대한 인식 비판은 비판적 사고의 중요한 요소이다.

3. 지식의 정당화

우리가 어떤 것이 사실이라는 믿음을 가졌을 때, 우리는 그 믿음에 대하여 정당성 여부를 물을 수 있다. 그 믿음이 합리적 설득력을 가진 논증에 의해 뒷받침될 때, 그 결론을 믿는 것은 정당화된다. 그런데 일상적인 의미에서 반드시 믿음을 뒷받침하는 합리적 설득력이 있는 논증이 없더라도 정당화되는 믿음이 있다. 그것은 지각에 대한 믿음이다. 우리가 어떤 것을 지각하여 믿는 것은 충분히 좋은 이유가 된다. 가령, 도로에 자동차가 지나가는 것을 지각한다면, 자동차가 도로를 지나가고 있다는 우리의 믿음은 정당화된다. 그뿐만 아니라 자신의 감정이나 정서 등에 대한 진술 즉 '배고프다', '아프다' 등등에 대한 우리의 믿음은 논증이 없어도 정당화된다.

그러나 앞서 설명했듯이, 정당화되지 않거나 잘못 정당화된 믿음은 주관적 신념으로 빠지기 쉽다. 단순한 믿음으로는 지식이 되지 못한다. 참된 믿음 또한 올바른 경로 즉 타당한 논증이 없이는 지식이 되지 못한다. 어떤 것을 안다는 것(지식)은 올바른 경로를 통한, 정당화의 과정이 필요하다.

증거가 불충분한 경우에는 비록 진정한 정당화라고 할지라도 믿음이 지식으로 되기 위해 필요한 정당화라고 할 수 없다. 어떤 것에 대한 결론을 지지하는 데에 나름대로 합리적인 설득력이 있는 논증을 가지고 있지만 그 믿음을 지지하기에는 너무 약한 정당화인 경우가 있다. 예를 들면, 어떤 학급에서 돈이 없어졌다. 선생님은 돈을 훔친 학생이 남학생 중 한 명이라고 결론을 내렸다. 그 이유는 전체 학생 30명 중 20명이 남학생이라는 사실 때문이었다. 이 경우 비록 돈을 훔친 학생이 남학생이라고 할지라도 범인이 남학생이라는 사실을 지지하기에는 너무 약한 정당화이다.

또한 착오나 실수의 경우처럼 처음부터 제대로 된 정당화가 아닌 경우에도 우리는 올바른 정당화라고 할 수 없다. 우리는 증거에 대해 과대평가하거나 잘못 평가하여 비합리적인 믿음을 갖게 되는 경우가 있다. 비판적으로 사고한다는 것은 우리가 사실인 것으로 받아들이고 있는, 이른 바 '지식'이라는 것이 어떻게 정당화되는가를 검토하는 것이라고 할 수 있다. 다시 말해 지식의 정당화 과정에 대한 검토가 비판적 사고의 핵심이라고 해도 과언이 아닐 것이다.

4. 인식과 비판

우리는 살아가면서 다양한 정보와 지식을 활용한다. 하지만 그런 정보와 지식의 신뢰도나 진위를 잘 따지지 않는다. 즉 우리는 주변의 다양한 정보나 지식을 습관적으로 신뢰하거나 수용하는 경향이 있다. 그러므로 누군가가 그 정보와 지식의 확실성을 문제 삼으면, 꽤 많은 사람들은 종종 그들의 태도에 당황해한다. 우리는 어떤 문제를 해결하는 데 필요한 정보를 활용하거나, 자신의 주장을 지지하는 증거 자료를 제시한다. 이때 우리는 자신이 활용하는 정보나 제시하는 증거 자료들이 모두 사실임을 믿어야 하지만, 나아가 자신의 믿음을 정당화할 수 있어야 한다. 따라서 비판적 사고의 중요한 한 가지 특징은 우리가 활용하는 다양한 정보나 지식이 사실인지, 실제로 신뢰할 수 있는 것인지를 검토하는 것이다. 우리가 사용하는 정보나 지식의 질과 그 내용을 판단하는 능력은 비판적 사고의 중요한 기능이다. 이러한 능력은 자신의 주장을 지지하는 어떤 정보나 지식을 활용할 때, 혹은 논증의 건전성을 평가할 때 반드시 필요하다. 여기서 우리는 개별적인 정보나 지식 하나하나를 문제 삼을 수는 없다. 우리는 다양한 방법을 통해 정보와 지식을 획득한다. 우리는 경험과 관찰, 전문가의 의견, 문헌, 여론 조사와 설문 조사, 통계 등의 다양한 방법을 활용한다. 우리가 그런 인식 방법에 근거하여 자신의 주장을 정당화하거나 평가할 때, 이런 방법들이 가지는 그 자체의 한계들을 인식하고 있어야 한다. 다음은 우리가 흔히 사용하는 인식 방법과 그 방법의 한계를 평가하는 데 필요한 몇 가지 지침들이다.

4-1. 경험

우리는 경험을 통해 많은 정보와 지식을 획득하며, 그 정보와 지식을 어떤 주장을 지지하는 근거로 활용한다. 경험은 일차적인 지식 획득의 도구이며, 다른 지식을 지지하는 근거로 활용된다. 그만큼 우리는 직접적인 경험에 근거하여 주장하거나 말할 때, 그 주장이나 말을 믿는 경향이 있다. 즉 경험은 그 어떤 주장이나 말의 사실 여부나 신뢰성을 평가하는 중요한 수단이다. 하지만 우리는 인식의 한 수단으로 경험을 언급할 때, 무의식중에 다음과 같은 많은 것을 가정한다. 따라서 우리는 어떤 경험에 근거한 정보나 지식을 활용할 때, 그러한 가정들을 얼마나 신뢰할 수 있는가를 살펴보아야 한다. 다음은 경험에 근거한 인식의 확실성을 평가하는 데 필요한 몇 가지 지침들이다.

첫째, 그 경험이 정상적인 환경에서 이루어졌는지를 살펴보아야 한다. 우리가 어떤 사건을 목격하고 진술서를 작성한다고 가정해 보자. 그 경우, 우리의 경험은 빛의 밝기, 그 사고 현장과의 거리 및 위치 등 여러 환경적인 요인에 영향을 받는다. 하지만 우리는 경험이 정상적인 환경에서 이루어졌다고 가정하는 경우가 많다. 우리의 경험은 비정상적인 환경이나 조건에서 이루어지는 경우도 많다. 그런 경험과 관찰은 어떤 주장을 지지하는 근거로서의 신뢰도를 떨어뜨릴 수 있다.

둘째, 우리는 경험 당사자가 정상적인 혹은 이성적인 판단을 할 수 있는 사람이며, 상황이 었는지를 확인해야 한다. 우리가 어떤 사건을 목격한 사람의 진술에 의존하여 작업하는 경우, 그 목격자의 인지 능력을 문제 삼을 수 있다. 그의 인지 능력이 정상적이지 않다면, 그의 진술을 의심없이 맹목적으로 수용해서는 안 된다. 그러므로 우리는 그의 진술을 사실로 받아들이기 전에, 그가 정상적인 사람이며 이성적인 판단 능력을 가진 사람인지를 살펴보아야 한다.

셋째, 어떤 사건이나 사고, 문제 상황에 대해 경험(보고 들은 것)한 것을 진술할 때, 그 사람이 이번 사건과 특정한 이해관계가 있는지 검토해야 한다. 인간은 정상적이며 이성적인 판단 능력을 가진 사람이라도 자신의 이해관계에 따라 다르게 행동하고 판단하는 경우도 많다. 즉 우리는 특정인에게 유리하도록 사실을 누락하거나 거짓 정보를 말할 수도 있다. 그 경우 우리는 그가 거짓말을 하지 않는 정직한 사람인지를 물어야 한다.

넷째, 우리는 자신의 경험이 대단히 가치중립적이며 객관적이라고 생각하는 경향이 있다. 우리의 사회적, 정치적, 문화적 경험은 많은 무의식적인 편견이나 선입견에 영향을 받는다. 즉 경험은 인간 내면의 여러 가지 심리적인 메커니즘에 영향을 받는 경우가 많다. 그 결과 우리는 무의식중에 어떤 편견이나 선입견에 근거한 주장을 한다.

4-2. 관찰과 실험

우리는 관찰과 실험을 통해 많은 정보나 지식을 얻는다. 대학에서의 학문적인 연구는 보다 복잡한 관찰과 실험을 통해 이루어진다. 여기서 관찰과 실험은 학문적인 연구 결과와 성과에 지적 권위를 부여한다. 비판적 사고는 그 지적 권위를 단순히 수용하기에 앞서, 그 권위의 근거가 되는 관찰과 실험이 지닌 인식론적인 한계를 반성하는 것이다. 어떤 관찰이나 실험 과정이 여러 단계에 걸쳐 매우 복잡하게 설계되고 진행될 때, 그 과정에서 야기될 수 있는 많은 문제와 한계를 검토해야 한다. 어떤 정보나 지식이 관찰과 실험을 통해 확보된 것이라면, 우리는 다음과 같은 지침을 바탕으로, 그 관찰 과정의 신뢰성을 평가할 수 있다.

첫째, 우리는 관찰과 실험에 영향을 미치는 관찰자 요인을 살펴보아야 한다. 그는 그 분야의 관찰과 실험에 필요한 어떤 이력이나 경력이 있는가? 그는 그 분야에 권위를 지닌 사람이며, 그에 걸맞는 자격과 자질을 갖춘 사람인가? 그는 관찰 도구나 장비를 조작하고 해석하는 능력이 뛰어난 사람인가? 우리는 이런 질문을 통해 관찰자 요인과 그 한계들을 생각해 볼 수 있다.

둘째, 우리는 관찰 행위 자체에 대한 요인들도 검토해야 한다. 그 관찰이 이루어진 시간(날짜)과 장소는 문제가 없는가? 그 관찰과 실험은 몇 번에 걸쳐 반복하여 이루어졌는가? 그 결과는 실제로 재현 가능한가? 그 관찰이 이루어진 여러 가지 조건은 어떤가? 관찰 행위와 관련된 여러 요인들이 관찰과 실험의 결과에 영향을 미칠 수 있다. 그러므로 우리는 관찰 행위와 관련된 여러 요인들에 특별한 문제는 없는지 검토해야 한다.

셋째, 관찰 도구와 실험 장비도 그 결과에 영향을 미친다. 따라서 그 결과를 수용하기 전에, 그 도구와 장비에 관련된 요인들을 검토해야 한다. 즉 그 도구와 장비는 어느 정도의 정확성을 지닌 것인가? 그 작동 조건이나 방식에는 다른 문제가 없는가?

넷째, 관찰 대상과 그 결과를 보고하는 방법 역시 중요한 요인이다. 관찰 대상은 전체 대상 가운데 어느 정도이며, 그 대상은 어떤 방법으로 선정되었는가? 이와 같이 전체 대상에서 표본이 차지하는 수와 그 추출 방법 등과 같은 관찰 대상 요인도 연구의 신뢰도를 평가할 때 고려해야 한다. 그리고 관찰 결과를 시간적으로 얼마나 빨리, 어느 정도 수준의 내용으로 객관적으로 표현되었는가 등의 요인도 신뢰도를 평가할 때 고려해야 할 요인들이다.

4-3. 전문가의 의견과 권위

우리는 다양한 매체를 통해 정보나 지식을 획득한다. 그리고 그 정보와 지식의 신뢰도를 다른 사람의 권위에 의존하는 경우가 많다. 특히 그가 그 분야의 전문가라면 우리는 그의 말을 보다 더 신뢰하는 경향이 있다. 오늘날 전문가의 의견은 어떤 정보나 지식의 신뢰성을 높이는 가장 일반적인 수단이다. "~라는 것은 수많은 의사가 인정하는 사실입니다." "~라는 것은 학자들이 이미 증명한 사실입니다." 하지만 전문가의 의견을 어느 정도 허용하고 수용해야 하는 것일까? 우리는 전문가의 권위를 수용하기에 앞서, 다음의 다섯 가지 – 누가, 무엇을, 어디에서, 언제, 왜 – 사항(5W)들을 검토해야 한다.

① 누가(Who)

그 전문가가 누구(Who)인가? 누군가가 자신의 주장을 지지하기 위해, 전문가의 권위에 호소한다면, 우리는 먼저 그 전문가가 누구인지 알아야 한다. 누군가가 사회적으로 쟁점이 되는 특정 문제에 대해 '많은 전문가들이 그렇게 말한다'라는 표현을 사용할 경우, 우리는 그 전문가가 구체적으로 누구(Who)인지를 물어야 한다.

② 무엇을(what)

우리는 그 전문가가 무엇(What)에 전문성을 가진 사람인지 알아야 한다. 오늘날 학문은 연구 영역이 너무 전문화되어 있어, 자신의 전문 영역을 벗어난 경우 지적 권위를 주장하기 어렵다. 따라서 우리는 그가 실제로 그 분야의 전문가가 맞는지, 나아가 그 분야에서 어떤 권한이 있는지를 살펴보아야 한다.

③ 어디에서(Where)

우리는 그 전문가의 주장이 적용되는 영역, 범위는 어느 정도인지도 알아야 한다. 한 연구가가 한 지역에 머물며 그곳의 생태계와 지리를 오랫동안 연구해 왔다면, 그는 자신의 연구 지역에 대해 대단한 지적 권위를 지닐 수 있다. 하지만 그가 다른 지역의 생태계와 지리에 대해서도 동일한 학문적 권위를 가질 수 없을 것이다. 한 전문가가 직접 연구하거나 경험하지 못한 영역이나 범위를 다룰 때, 우리는 그의 주장에 신중한 태도를 가져야 한다.

④ 언제(When)

오늘날 정보와 지식의 변화 속도는 과거와 비교되지 않을 정도로 많고 빠르다. 특히 그 전문가가 매우 빠른 속도로 변화하는 분야에 종사하는 사람이라면, 우리는 그가 언제(When)

그런 주장을 했는지를 살펴보아야 한다.

⑤ 왜(Why)

그 전문가가 자신의 의견과 관련해 다른 이해관계는 없는지도 고려해야 할 부분이다. 한 분야의 전문가가 특정 장소에서 강연이나 주장을 하게 된 동기는 그 내용의 신뢰도를 판단하는 데 중요하다.

우리가 위의 다섯 가지 사항들을 적용하여 부정적인 답을 얻었다고 해서, 그의 주장이 잘못이라고 단정할 수는 없으며 그래서도 안 된다. 하지만 이 지침들은 전문가의 의견을 신중하게 판단하고 평가하기 위한 최소한의 안전장치들이다.

전문가의 연구나 실험은 대개 책이나 논문 등과 같은 문서로 출판된다. 그리고 우리는 그 문서화된 연구나 실험 결과를 바탕으로 다음 단계의 연구를 수행하는 경우가 많다. 이때 우리는 그 문서의 출처를 살펴봄으로써 그 전문가 의견의 신뢰도를 평가한다. 전문가의 연구가 책이나 논문과 같은 문서로 출판된 경우, 다음과 같은 질문들을 제기하고 스스로 살펴보아야 한다. 특히 전문가의 의견을 우리가 직접 판단할 능력이 없는 경우, 그 의견의 출처는 그 의견의 신뢰도를 평가하는 좋은 길잡이가 될 수 있다. 하지만 문서의 출처는 신뢰도를 평가하고 판단하는 간접적인 증거일 뿐이라는 것을 기억해야 한다.

- 그 문서는 공식적으로 발표된 것인가?
- 그 문서의 발표 연도는 언제인가?
- 그 문서를 발표한 기관은 신뢰할 수 있는가?
- 그 문서와 발행 기관의 지명도는 어떤가?
- 전문성은?
- 발행 형태는?
- 인용 횟수는?

4-4. 사례연구

우리가 가진 정보나 지식 중에는 특정 개인이나 사건에 대한 연구에 근거하는 경우가 많다. 그런 연구는 대개 연구 대상에 대한 양적인 관찰이나 인터뷰나 면접과 같은 질적인 연구 방법 등에 기초하여, 매우 피상적인 연구에서 아주 체계적인 연구에 이르기까지 다양한 수준에서 이루어진다. 이런 연구를 사례연구라고 부른다. 이런 연구 역시 특정 개인이나 사건에 대한 일종의 관찰적인 증거라고 볼 수 있다. 우리는 쟁점이 되는 문제에 대한 자신의 주장을 지지하기 위해 이런 사례연구의 결과를 활용하는 경우가 많다. 이 경우 우리는 사례연구를 활용할 때 다음과 같은 한계점을 알아야 한다.

첫째, 사례연구는 그 질적인 측면에서 큰 차이가 있을 수 있다. 그러므로 그 사례연구나 결과를 밝힌 보고서의 출처나 질적 수준이 어떠한가를 물어야 한다. 우리가 신뢰할 수 있는 연구나 보고서는 신뢰할 수 있는 전문가의 심사를 거쳐 출판된 것이어야 한다.

둘째, 우리는 그 사례연구가 반복 연구되었는가, 아니면 그와 유사한 연구들이 의미 있는 동일한 결론을 도출하고 있는가 등을 물어야 한다. 우리는 특정 기관이나 기업의 의뢰로 이루어지는 많은 통계적인 연구에 너무나 많은 자의적인 변수들이 작용하는 사실을 잘 알고 있다.

셋째, 우리는 필요에 따라 어떤 연구 결과를 자의적으로 해석하거나 평가하는 경우를 많이 본다. 그런 사실이 의심스럽다면, 우리는 그 사람이 연구 결과를 왜곡할 만한 이유는 없는지 살펴보아야 한다.

넷째, 연구자는 연구를 위해 필요한 사건이나 사람을 선정하는데, 이런 과정을 표본 추출이라고 한다. 연구자는 모든 대상을 연구할 수 없기 때문에, 표본을 추출하는 방법이 항상 문제가 될 수 있다. 이와 같은 경우 우리는 그 연구의 표본을 얼마나 일반화할 수 있는 것인가를 물어야 한다.

다섯째, 어떤 연구는 특정 사회적, 정치적 목적을 가지고 이루어진다. 그리고 연구자는 자신의 사회적 이념이나 정치적 목적으로부터 자유롭지 못할 수 있다. 따라서 우리는 그 연구자가 사용하는 설문 조사 및 질문지 등이 편파적이거나 왜곡된 것은 아닌지 살펴보아야 한다.

4-5. 통계치

우리 주변에 얼마나 많은 통계 자료들이 유통되는지를 생각해 보라. 우리는 많은 통계 자료를 자신의 주장을 지지하는 증거로 활용한다. 많은 사람들이 "나는 그것을 증명할 수 있는 통계 자료가 있다"라고 말한다. 통계는 숫자로 표현된 증거이다. 숫자로 표현된 증거는 매우 인상적으로 보이는데, 그것은 숫자를 사용하면 마치 '사실을' 매우 과학적이고 정확하게 나타낸 것으로 보이기 때문이다. 하지만 통계 자료는 거짓인 경우가 많고, 실제로 자주 그렇다. 즉 통계 자료가 증명하려는 것이 증명되지 않는 경우가 많다. 우리는 일반적인 통계의 문제점을 알아야 하고, 잘못된 통계적 추론을 가려낼 수 있어야 한다. 우리는 다음과 같은 지침을 생각해 봄으로써, 거짓 통계를 밝혀내는 몇 가지 전략으로 사용할 수 있다.

첫째, 그 통계 결과를 어떻게 획득했을까? 어떤 목적을 위한 정확한 통계를 얻기 어려운 경우가 많다. 예를 들어, 낙태를 해 본 여성의 비율, 음주 습관, 부부의 갈등 등에 대한 통계를 작성한다고 가정해 보자. 이 경우 사실을 정확하게 말하지 않거나, 직접 관찰하기 어려운 물리적 어려움이 따른다. 우리는 그 통계 결과가 어떻게 해서 얻어진 것인지를 물어야 하고, 그와 관련된 많은 정보를 확보해야 한다.

둘째, 그 통계 결과를 얻기 위해 사용된 방법과 개념은 무엇인가? 통계 결과는 그 방법에 따라 수치가 높게 나오거나 낮게 나올 수 있다. 한때 이혼율 통계와 그 결과가 사회적인 이슈가 되었던 적이 있다. 이혼율을 산정하는 방법(특정 연도 결혼 대비 이혼율, 조이혼율, 일반 이혼율, 유배우 이혼율, 누적 이혼율)과 그 결과를 표현할 때 사용되는 개념을 살펴보라. 우리는 통계 결과를 얻기 위해 사용된 방법과 개념들이 가지는 의미들을 되새겨 보아야 한다.

셋째, 통계 방법은 목적에 따라 달라질 수밖에 없다. 사람들은 자신의 결론을 뒷받침하기 위하여 필요한 통계를 활용할 것이다. 하지만 어떤 통계치가 자신의 목적에 부합하는지를 판단하기 어려운 경우가 많다. 따라서 그 통계치가 함축하는 결론이 무엇인가를 반문해야 한다.

연습 문제 1

비판적 사고란 무엇인가?

1. 다음 진술을 읽고 참인지 거짓인지를 평가하시오.

1) 비판적 사고는 창의적 사고와 더불어 고차적 사고 능력에 속한다.	참	거짓
2) 비판적 사고는 어떤 주장의 단점을 파악하려는 데 일차적인 목적이 있다.	참	거짓
3) 비판적 사고는 주어진 원칙을 넘어서는 발산적 사고에 속한다.	참	거짓
4) 비판적 사고는 다른 사람의 생각이나 주장에 대해서 그 근거를 따져 보는 사고이다.	참	거짓
5) 다원화된 사회가 비판적 사고를 요구하는 것은 다양한 관점과 가치가 양립하기 때문이다.	참	거짓
6) 비판적 사고는 사고에만 적용되는 것이지 읽기나 쓰기와는 상관이 없다.	참	거짓
7) 맹목적이고 무원칙적으로 사고하는 것은 비판적으로 사고하는 것이 아니다.	참	거짓
8) 비판이란 어떤 개념, 판단, 나아가 논증의 근거와 타당성을 묻는 작업을 말한다.	참	거짓
9) 비판적으로 사고하기 위해서는 관련 지식에 대한 이해와 비판적으로 사고하는 성향이 필요하다.	참	거짓

연습 문제 2

지식과 정당화의 문제

1. 다음 그림에서 지각되는 것은 무엇인가?

2. 복잡한 명동거리를 지나간다고 가정해 보자. 무엇이 지각되겠는가?

3. 백화점에서 쇼핑을 할 때 무엇에 주목하는가?

4. 오늘 하루 서울 시내에서 사건들이 많이 발생했다. 자신이 기자라면 이 사건들 속에서 무엇을 선별하고 조직하여 해석하겠는가?

5. 다음 진술들이 단순한 믿음인지 지식인지를 지적하고 그 이유를 설명하시오.

1) 명문 대학은 미래의 행복을 가져다준다는 것을 안다.
2) 나는 '3+2=5'라는 것을 안다.
3) 나는 꿈을 꾸면 항상 현실에서 똑같은 일이 일어난다. 내 꿈은 믿을 만하다.
4) 나는 진현이가 천재임을 안다. 주변 사람들 모두가 진현이가 천재라고 하기 때문이다.

6. 다음은 정당화에 실패한 경우들이다. 각각의 사례를 제시해 보자.

1) 실수 또는 착오에 의한 정당화.
2) 불충분한 정당화.

7. 다음 진술을 읽고 참인지 거짓인지를 평가하시오.

1) 지각은 단순히 믿음에 그치지 않고 지식에 이르게 되는 경우가 있다.	참	거짓
2) 어떤 사물을 지각할 때 감각기관은 우리가 경험한 것을 수동적으로 단순히 보고만 한다.	참	거짓
3) 지각은 우리의 관심, 욕구, 정서에 많은 영향을 받는다.	참	거짓
4) 지식은 참인 믿음과 같다.	참	거짓
5) 지식은 참인 믿음과 올바른 경로를 통해서 도달해야 한다.	참	거짓
6) 처음부터 제대로 된 정당화가 아닌 경우에는 올바른 정당화라고 할 수 없다.	참	거짓

7) 믿음이 지식이 되기 위해 필요한 정당화는 증거가 불충분하더라도 참인 믿음이면 된다.	참	거짓
8) 지식은 참된 믿음이 있어야 하며, 또한 그것을 믿는 것에 합리적인 정당화가 있어야 한다.	참	거짓

연습 문제 3

1. 다음은 경험에 근거한 인식 내용을 평가하는 데 고려해야 할 지침들이다. 다음 글을 읽고 참, 거짓으로 답하시오.

① 그의 경험이 정상적인 환경에서 이루어졌는지 살펴본다.	참	거짓
② 모든 사람은 정상적이며 이성적인 판단을 할 수 있다고 가정한다.	참	거짓
③ 그가 그 사건과 다른 이해관계는 없는지 살펴본다.	참	거짓
④ 그의 경험은 대단히 가치중립적이고 객관적이라고 생각한다.	참	거짓
⑤ 우리의 경험이 이미 알고 있는 배경지식과 충돌하지 않는지 살펴본다.	참	거짓

2. 다음 글에서 밑줄 친 부분은 모두 관찰 결과를 진술한 것이다. 이 관찰 결과가 믿을 만한지를 평가하기 위해 어떤 질문을 해야 할지 살펴보자.

불소는 지각에 약 200~750ppm 정도의 농도로 존재하고 있고, 지각을 구성하는 원소 중 13번째로 많은 원소이다. ① 불소는 반응성이 가장 강한 원소이기 때문에 원소의 형태로는 지구상에 존재하지 않는다. 그러나 불소 이온은 흙이나 물 등 자연계 도처에 다양한 농도로 존재한다. 불소는 높은 농도에서는 독성을 나타낸다. 불소가 흙이나 물에 산재해 있기 때문에 ② 모든 동식물은 어느 정도씩 불소를 가지고 있다. 이런 점에서 본다면 어떤 형태의 생명체이건 소량의 불소 노출에는 견디어 낼 수 있도록 적응되어 왔을 것이다. 우물물, 약수, 지하수에는 1ppm 내외의 지각에서 흘러나온 불소가 들어 있고, 온천물은 5~10ppm의 불소를 함유하고 있다. 그러나 강물 등 지표수를 사용하는 수돗물에는 불소가 거의 없다. ③ 요색약수가 1.3ppm, 방아다리약수가 0.4ppm, 평창신약수가 1.5ppm, 달기약수가 1.24ppm, 초정약수가 0.66ppm의 불소를 함유하고 있는 것을 보았을 때 우리나라 사람들도 아주 오래전부터 불소가 든 물을 마셔 왔다고 볼 수 있다.(많은 약수들이 신라 시대에 발견되었다고 한다.)(EBS, 『사고와 논술』)

1) 관찰 결과1 : 불소는 반응성이 가장 강한 원소이다.
평가를 위한 질문 : ______________________
2) 관찰 결과2 : 모든 동식물은 어느 정도씩 불소를 가지고 있다.
평가를 위한 질문 : ______________________
3) 관찰 결과3 : 요색약수가 1.3ppm, 방아다리약수가 0.4ppm, 평창 신약수가 1.5ppm, 달기약수가 1.24ppm, 초정약수가 0.66ppm의 불소를 함유하고 있다.
평가를 위한 질문 : ______________________

3. 우리가 전문가의 의견을 수용하기에 앞서 검토해야 할 다섯 가지(5W)는 무엇인가?

1)__________ 2)__________ 3)__________ 4)__________ 5)__________

4. 설문 조사는 사람들의 태도와 신념을 파악하기 위해 흔히 사용되는 방법 가운데 하나이다. 하지만 그 조사의 신뢰도는 여러 가지 요인에 따라 달라질 수 있다. 그러므로 그 결과와 의미를 해석할 때 매우 조심해야 한다. 설문 조사에 관련된 다음과 같은 진술에 대해 여러분의 생각을 적어보라.

1) 설문 조사에서 대부분의 응답자는 자신의 신념과 태도를 솔직하게 대답할 것이다.

2) 설문 조사에서 단어의 선택과 사용은 그 조사 결과에 영향을 미친다. 예를 들어, '당신은 현재의 대학 생활에 만족합니까?'라는 질문은 여러 가지로 해석될 수 있어 조사 결과의 신뢰도를 떨어뜨릴 수 있다.

3) 설문 조사에서 단어 선택과 질문의 맥락 등 설문 방법은 그 조사 결과에 큰 영향을 미치지 않을 것이다.

5. 다음은 통계가 포함된 진술들이다. 이들 진술의 신뢰 여부를 평가해 보라. 신뢰할 수 없다면 왜 그런지 이유를 설명하라.

1) 여성은 남성보다 더 훌륭한 운전자이다. 그것은 사고를 낸 사람 가운데, 남성 음주 운전자가 23%인 반면, 여성 음주 운전자는 9.6%라는 사실에서 알 수 있다.

2) 이제 한국인들은 과거보다 훨씬 더 잘 산다. 이제 한국인 전체 노동자의 월 평균 임금은 320만 원(2020년 기준)이다.
3) 강력 범죄가 우리 도시를 강타하고 있다. 지난해 살인 사건이 60% 증가했다.

6. 신문, 인터넷, 책에서 정보나 지식에 해당하는 것을 찾아보라. 그리고 그 정보나 지식을 얻은 인식 수단은 무엇인지 살펴보고, 그 방법의 한계를 논의해 보라.

7. 개별 학문 분야의 지식 습득 방법, 학문 연구 방법은 무엇인가? 그 방법과 한계를 설명하라.

제 2 장

분석적 사고와 논술

- 개념의 이해
- 글의 구조와 분석
- 비판적 읽기와 비판적 글쓰기

글의 분석과 이해의 어려움

우리는 대학에서 자신의 학문 분야에 따라 다양한 텍스트를 활용한다. 그것은 책이나 논문과 같은 문자 언어일 수도 있고, 그림과 사진, 도표와 통계 등의 시각적인 언어일 수도 있다. 대학에서의 학문과 연구는 상당 부분 그런 텍스트를 독해하는 활동으로 구성된다. 그 독해 활동은 텍스트를 이해하며 분석하고 비판적으로 평가하는 능력을 포함한다. 하지만 우리는 자신의 필요나 목적에 따라 텍스트를 이해하고 해석하며 나아가 다양한 방식으로 활용하는 데 어려움을 겪는다. 텍스트 독해 활동은 단순한 읽기 활동과는 비교할 수 없는 매우 복잡한 사고 활동을 요구하며 많은 연습이 필요하다. 이 장에서는 글을 분석하는 방법과 그 과정에서 생기는 문제와 해결책 등을 살펴볼 것이다.

대학에서 다루는 글과 자료, 문헌은 그 형식과는 상관없이 가끔 저자와 독자 사이에 이해력의 간격과 차이를 보여 준다. 따라서 독자는 스스로 저자와의 그 간격을 메우기 위해 매우 적극적이고 능동적인 독해 활동을 해야 한다. 하지만 우리는 저자와의 이해의 간격을 좁혀 가는 방법을 배우지 못했고, 글을 독해하고 문제 해결에 활용하는 과정에서 많은 실수를 범한다.

첫째, 글을 이해하는 과정에서 하는 실수는 부정확한 독해에 기인하는 경우가 많다. 많은 사람이 글의 의미는 생각하지 않고 눈 가는 대로 읽어 나간다. 그리고 우리는 글의 내용을 충분히 이해했는지의 여부에 관심을 갖지 않거나, 이해가 불완전하다는 사실을 깨닫지 못하는 경우가 많다. 우리는 글을 주의 깊게 이해하고 분석하지 않기 때문에, 중요한 단어를 잘못 읽거나 빠뜨리는 경우도 있고, 저자가 말하려는 사실이나 생각, 아이디어를 간과하기도 한다.

둘째, 우리는 문제를 분석하고, 그 문제를 해결하는 과정에서 많은 실수를 범한다. 우리는 글이 다루는 문제가 무엇인지, 그 문제에 함축되어 있는 쟁점은 무엇인지를 고려하지 않는 경우가 많다. 그리고 그 문제를 해결하는 단서가 되는 배경지식을 충분히 활용하지 않는 경우도 많고, 그 문제를 해결하는 데 필요한 단계적인 절차나 방법을 간과하기도 한다. 우리는 글을 읽으며 문제 해결에 필요한 지식과 주요 개념, 이론을 찾고, 그 의미를 이해하기 위하여 자신의 배경지식을 활용하는 방법과 구체적인 사실이나 사건과 관련지어 보는 노력을 하지 않는다. 그리고 문제에 대한 해석이나 해결책이 얼마나 타당하며 설득력이 있는지 검토하지 않는다.

마지막으로 우리는 글을 독해하는 과정에서 일어나는 자신의 사고 과정과 독해 과정 자체를 반성하지 않거나 점검하지 않는다. 즉 자신이 글을 이해하고 분석하는 과정의 타당성 여부를 중요하게 여기지 않는다. 우리는 대개 문제가 요구하는 정답만을 손쉽게 찾아내려고 한다. 그 결과 글을 해석하는 과정에 일관성이 있는지, 문제의 해결책이 설득력이 있는지 검토하지 않고 단순히 확신하는 경우도 많다. 우리는 너무 성급하게 문제를 해결하려는 경향이 있고, 그로 인해 많은 실수를 범하게 된다.

우리는 글을 이해하고 분석하는 과정에서 많은 실수와 오류를 범하게 된다. 그런 실수와 오류는 교육 과정에서 나타나는 자연스러운 현상이다. 우리는 훈련과 연습을 통해 그런 부분을 줄일 수 있다. 훈련과 연습에는 상당히 많은 노력이 필요하다. 그런 훈련과 연습이 처음에는 어려울 것이다. 그것은 사고 능력의 올바른 사용 방법을 배우는 것이며, 마치 올바른 수영 동작을 하나하나 배우는 것과 같다. 그 과정이 처음에는 힘들겠지만, 그 결과는 우리가 기대한 것 이상일지도 모른다.

글과 사고의 단위

글은 저자의 생각이나 사고 과정의 표현이다. 그만큼 글과 생각은 서로 밀접한 관계를 지닌다. 전통적으로 사고의 최소 단위는 개념이며, 그것은 글 단위의 낱말이나 단어로 표현된다. 그리고 개념이 모여 판단을 형성하며, 판단은 글 단위의 참/거짓을 가릴 수 있는 문장(명제)으로 표현된다. 이렇게 글의 단위와 생각의 단위가 서로 상응한다. 그러므로 저자의 사고를 분석하는 활동은 결국 글의 단위를 분석하는 것으로 이해할 수 있다.

글(텍스트)	생각(사고)
장/절	......
단락	.... 추론
문장	.... 판단
낱말	.... 개념

글은 그 기본 단위들로 나누어 볼 수 있다. 즉 글을 하나의 전체라고 한다면, 글은 그 하위 단위의 여러 가지 부분으로 구성된다. 우리가 아는 것처럼, 일반적으로 의미를 지닌 글의 가장 작은 단위는 낱말이다. 낱말이 모여 문장이 되고, 문장이 모여 단락이 된다. 단락은 다시 다른 단락들과 연결되어 하나의 장 혹은 한 편의 글을 이룬다. 낱말 단위의 부분이 모여 문장 단위가 되고, 문장 단위의 부분이 모여 문단이 된다. 이와 같이 글을 구성하는 부분들의 관계를 '구조'라고 부른다. 글은 부분이 모여 한 구조를 이루고, 이 구조는 더 큰 구조의 부분을 이룬다. 그래서 우리는 글을 읽을 때, 그 글을 구성하는 '부분으로 나누고' 나아가 그 부분들의 관계를 따지며, 글의 구조를 파악하는 훈련을 한다. 이것이 글의 분석이며, 해석 활동이다. 먼저 개념 단위의 분석에서 문제가 되는 것과 그 문제를 해결하는 방법을 살펴보자.

제1절
개념의 이해

1. 개념의 의미 : 외연과 내포

개념이란 무엇인가? 먼저 사물들에 이름을 부여하는 경우를 생각해 보자. 우리는 모든 사물 하나하나에 이름을 붙이지 않는다. 그것은 대단히 불편하기 때문이다. 그래서 우리는 어떤 사물들이 조금씩 다르지만, 서로 무엇인가 유사하며 닮은 부분이 있기 때문에 그들 사물을 하나로 묶어 '이름(sign)'을 부여한다. 우리는 닮은 사물을 하나로 묶어 하나의 '이름'으로 부를 수 있다. 우리가 사용하는 많은 말이 닮은 사물의 모임(범주)에 부여한 이름들이다. 닮은 사물을 하나로 묶어 하나의 이름을 부여할 때, 우리는 닮은 사물들을 어떤 기준으로 묶어 내기 위해 생각하며, 그 생각의 내용을 이름으로 담아낸다. 닮은 사물을 묶어 주는 이름을 부여하는 것은, 그들 사물들에 대해 생각한다는 것이며, 앎을 가진다는 뜻이다. 우리가 사물에 이름을 부여하는 행위는 그 사물들 사이의 유사성이나 동일성과 다른 사물과 구분되는 차이성에 대한 인식 행위를 함축한다. 그런 세계 인식 혹은 사물에 대한 개념을 담아내는 언어 그릇이 낱말(단어)이다. 결국 언어를 인식한다는 것은 세계를 인식한다는 뜻이다.

이름을 붙일 때에도 질서가 존재한다. 이름에는 그 범주가 작은 것도 있고 큰 것도 있다. 영희, 한국인, 동양인, 인간, 동물 등등. 작은 범주의 이름은 큰 범주의 이름에 포함된다. 그리고 작은 범주의 이름은 하위 개념이고, 큰 범주의 이름은 상위 개념이다. 영희는 한국인에 포함되며, 한국인은 동양인에 속하고, 동양인은 인간이며, 인간은 동물이다. 한국인은 동양인, 인간과의 관계에서 하위 개념이며, 동양인과 인간은 한국인에 비해 상위 개념에 속한다. 이와 같이 개념과 개념 사이에는 포함 관계가 성립하며, 그 관계는 그 개념이 지닌 의미, 기준, 특성들의 포함 관계이다. 이 포함 관계는 생각과 언어 사용의 규칙이다. 개념의 포함 관계는 개념과 개념의 관계를 비교하고 분석하는 활동을 나타낸다. 마찬가지로 우리는 사물과 사물의 관계를 비교하고 분석히며, 그런 생각의 내용을 언어로 나타낸다. 우리는 별생각 없이 언어를 사용하지만, 언어를 사용하면서 사물을 생각하고 인식하는 것이다. 우리의 일차적인 언어 사용과 마찬가지로, 개별 학문은 연구 대상에 이름(전문 용어)을 부여하고, 그에 근거하여 연구 영역들을 구분한다.

학문은 탐구 대상을 연구하고 다루는 전문 개념, 전문 용어를 사용한다. 이 전문 용어는 학문적인 인식의 언어적 표현이다. 유클리드 기하학에는, '점', '선', '면', '각' 등의 전문 용어들이 중요하게 사용되고, 경제학을 공부하기 위해서는 '노동', '자본', '토지', '가격', '교환' 등의 개념을 다루어야 한다. 모든 학문 영역에는 그 분야의 전문 용어들이 확립되어 있고, 그 용어에 익숙해지는 것이 그 학문에 입문하는 방법 중 하나이다. 이 전문 용어의 이해와 분석에서 문제가 되는 것은 무엇일까? 그것은 그 전문 용어가 지닌 의미(meaning)이다. 도대체 의미란 무엇인가? 우리가 어떤 것의 의미를 물을 때, 우리가 알고자 하거나 궁금해하는 것은 무엇일까?

첫째, 우리는 우선 그 전문 용어가 정확히 적용될 수 있는 대상을 떠올릴 수 있다. 이것이 그 용어의 '외연(外延, extension)'이나 '외연적 의미'이다. 외연은 그 전문 용어가 적용되는 대상들의 집합을 나타낸다. '사과'의 외연적 의미는 그 말이 적용되는 모든 사과들의 집합이다. 전문 용어나 개념은 그것이 적용될 수 있는 사물이나 대상을 지시하거나 지칭한다. 그리고 그 사물이나 대상들은 그 개념들의 외연 혹은 지시 대상이다.

둘째, 우리는 그 전문 용어가 적용되는 대상들의 공통된 특징이나 조건들을 생각해 볼 수 있다. 이것은 그 전문 용어의 내포(內包, intension) 혹은 함의(connotation)이다. 우리가 어떤 전문 용어를 이해하기 위해, 그 용어가 적용되는 대상들을 모두 알아야 할 필요는 없다. 그 대상이 그 용어의 외연에 포함되는지 아닌지를 결정하는 기준, 즉 그 용어의 외연에 해당하는 어떤 속성이나 특성을 사용할 수 있다. '사과'의 내포적 의미는 그 개념이 적용되는 대상들의 공통된 특징, 특성, 조건 등을 나타낸다.

2. 애매성과 모호성

언어는 생각을 반영한다. 일상생활에서 우리의 생각이 명료하지 않은 것처럼, 우리의 언어 사용 역시 마찬가지이다. 다시 말해, 우리는 언어 사용에서 그 단어나 낱말의 외연과 내포를 불투명하게 사용하는 경우가 많다. 학문 영역에서의 전문 용어 역시 마찬가지이다. 어떤 탐구 대상에 대한 명료한 인식은 명료한 전문 용어의 사용에 기초한다. 전문 용어는 탐구 대상에 대한 연구자의 인식과 이해를 표현하는 도구이다. 따라서 대상에 대한 정확한 인식과 이해는 그 인식 내용을 담아내는 용어를 적절하게 다루는 능력을 필요로 한다. 개별 학문 영역에서의 전문 용어의 의미를 명료하게 사용한다는 것은 쉬운 일이 아니다. 여기서 문제가 되는 것은 언어의 애매성(ambiguity)과 모호성(vagueness)이다.

2-1. 애매성(ambiguity)

어떤 단어나 용어가 두 가지 이상의 다른 뜻이나 의미로 해석 가능하거나, 여러 의미 가운데 어떤 의미로 사용되는지 불투명한 경우를 '애매하다'라고 말한다. 예를 들어, "나는 밤을 좋아한다"라고 했을 때, '밤'은 먹을 수 있는 과일을 뜻하는지, 아니면 낮이 아닌 밤을 말하는지 불투명하다. 다음과 같은 이야기를 생각해 보자. "꼬리가 길면 결국 잡힌다. 다람쥐는 꼬리가 길다. 그러므로 다람쥐는 결국 잡힌다." 우리는 이 이야기가 유머라는 사실을 안다. 그것은 '꼬리'라는 단어가 앞뒤 문장에서 서로 다른 의미를 나타내기 때문이다. 이와 같이 하나의 단어나 표현이 두 가지 이상의 다른 뜻으로 이해될 수 있다.

어떤 문맥에서 사용되는 단어가 어떤 의미를 가리키는지 명료하지 않을 때, 그 단어는 애매하다고 한다. 우리의 일상 생활 영역에서, 애매한 언어를 사용하면 많은 언쟁과 논쟁의 원인이 된다. 그것은 어떤 문제에 대한 의견의 차이 때문이 아니라, 단어 하나를 서로 다르게 사용하기 때문에 벌어진다. 이 경우 우리는 핵심적인 단어의 애매성을 지적함으로써, 그 논쟁을 해소할 수 있다. 즉 그 단어의 서로 다른 두 의미를 구별함으로써, 언어적 혼란을 제거할 수 있다. 그리고 그 단어의 의미를 정의함으로써 그 논쟁을 해결할 수도 있다.

2-2. 모호성(vagueness)

우리의 일상 언어 및 학술 용어가 지닌 또 하나의 문제점은 언어의 모호성이다. 어떤 단어나 개념의 적용 범위가 분명하지 않은 경우, 우리는 '모호하다'라고 말한다. 우리가 일상적으로 사용하는 '대머리', '중년 남자', '중산층' 등의 단어를 생각해 보자. 이들 단어는 지시하는 대상이 분명하지 않기 때문에, 상황에 따라 어떤 사람이 그런 사람인지의 문제가 생길 수 있다. 우리가 일상적으로 사용하는 '자유', '성추행', '민주주의' 등의 개념 역시 마찬가지이며, 이들 용어의 의미는 모호하다고 볼 수 있다. 이와 같이 단어의 모호성은 사회적 논쟁의 대상이 되기도 한다. 예를 들어, 어떤 소설이나 영화가 '예술'인지 '외설'인지를 가리는 논쟁을 하는 경우를 생각해 보자. 우리는 분명 그 개념의 적용 범위를 놓고 고민할 것이며, 의견 일치를 보지 못할 것이다. 언어의 모호성은 일상생활에서 사소하게 여길 수 있지만, 상황에 따라서는 많은 언쟁과 논쟁의 원인이 된다. 이런 언쟁을 해소하는 방법 가운데 하나는 그 개념을 명료하게 정의하는 것이다.

3. 분석적 정의하기

우리는 올바르게 사고하기 위해 각자가 사용하는 용어나 문장의 의미를 분명하게 해야 한다. 용어나 문장의 의미를 분명하게 한다는 것은 일상인들이 생각하는 것처럼 그 용어의 사전적인 의미를 확인하는 것이 아니다. 그것은 문장의 구조나 문법상의 문제도 아니며, 그 말의 역사적인 발생 과정을 이해하는 것도 아니다. 말의 의미를 분명하게 한다는 것은 그 말이 실제로 어떤 외연과 내포를 지니고 있는가를 분명하게 하고 알려고 노력하는 것이다. 따라서 우리는 용어와 문장의 의미를 그 상황과 문맥 속에서 어떤 의미로 사용하는지를 정의할 수 있어야 한다.

정의에는 약정적 정의, 사전적 정의, 분석적 정의 등 다양한 방법이 있다. 약정적 정의는 우리가 어떤 영역에서 새로운 개념을 처음 도입할 때, 그 개념에 부여한 정의이다. 우리가 어떤 기호를 새롭게 도입할 때, 그 개념의 의미를 자유롭게 약정할 수 있다. 사전적 정의는 어떤 개념이 가지고 있지 않은 의미를 새롭게 부여하는 것이 아니라, 피정의항이 이미 가지고 있는 의미를 밝히는 것이다. 사전적 정의의 경우, 개념은 이미 확정된 의미를 지니고 있기 때문에, 그 의미를 타당하게 밝히느냐 아니냐에 따라 그 정의의 진위를 말할 수 있다.

우리가 어떤 개념의 의미를 명료하게 할 때, 그것은 그 개념의 외연과 내포를 분명하게 하는 것이다. 따라서 개념의 의미를 정의하는 것 역시 외연과 내포에 중점을 둘 수 있다. 첫째, 우선 그 개념이 지시하는 대상의 사례들을 제시하는 것이다. 즉 그 개념의 외연을 열거하는 방법이다. 이와 같이 지시 대상 혹은 외연에 중점을 두는 방법을 지시적(지칭적) 정의라고 부른다. 이 방법은 일상생활 및 교육에서 흔히 사용되며, 아주 효과적인 경우도 있다. 하지만 이 방법은 '도깨비'나 '켄타우로스'처럼 외연이 없는 단어를 정의하거나, 그 사례를 제시할 수 없는 단어에는 적용할 수 없다는 한계를 지닌다. 이와 같이 그 개념에 해당하는 대상들을 하나하나 열거함으로써 개념의 의미를 정의하는 것은 적절하지 않은 경우가 많다. 개념을 개별 사례로 정의하는 것 보다 효과적인 방법은 그 개념의 하위 개념들을 예로 제시하는 것이다. 예를 들어 '삼각형'이라는 단어는 '정삼각형', '직각삼각형', '이등변삼각형' 등을 의미한다고 말하는 것이다. 이와 같이 한 개념의 부분 집합에 속하는 하위 개념들을 열거함으로써 개념의 의미를 정의할 수 있다.

둘째, 개념의 의미를 정의하는 또 다른 방법은, 한 개념이 다른 개념과 구분되는 특징, 기준 등을 제시하는 것이다. 예를 들어, "정삼각형은 세 변의 길이가 같은 삼각형이다"와 같이 개념의 내포를 제시하는 방법이다. 이와 같이 개념의 내포에 중점을 두고 정의하는 방법을 내포적 정의 혹은 함의적 정의라고 부른다. 내포적 정의의 전통적인 한 방법이 종차(specific difference)와 류(genus)에 의한 정의이다. 즉 이 정의는 종개념과 다른 종개념과의 차이(종차)와 그 상위 개념(류개념)을 사용하여 정의하는 방법으로, 흔히 '류와 종차에 의한 정의', '구분을 통한 정의', '분석적 정의'라고 부른다. 우리는 어떤 개념을 분석적으로 정의함으로써, 그 개념이 사용되는 방식이나 의미를 명료하게 설명할 수 있다.

다음은 분석적 정의를 시도할 때 고려해야 할 간단한 규칙들이다.

규칙1. 정의는 중요한 특성을 진술해야 한다.

이 규칙은 정의하려는 단어(낱말)가 적용되는 대상이나 사례들이 가진 우연적인 특성이 아니라, 중요한 특성이나 본질적 특성을 찾아 진술해야 한다는 것이다. "교사는 말을 많이 해야 하는 직업에 종사하는 사람이다"라고 정의한다면, 설령 그 진술이 사실이라고 하더라도 교사가 갖는 본질적인 중요한 특성을 진술하고 있지는 않다.

규칙2. 정의는 순환적이어서는 안 된다.

어떤 개념을 정의하는 목적은 그 개념의 의미를 설명하기 위한 것이다. 순환적 정의는 어떤 개념(피정의항)을 설명하기 위해 동원한 개념(정의항) 속에 그 개념이 나타나거나, 동의어가 사용되는 것이다. 예를 들어, "수학은 수를 연구하는 학문이다", "노처녀는 시집가지 않은 처녀이다" 등과 같다. 이런 정의는 정의하려는 개념의 의미를 이미 이해하고 있는 사람에게 사용할 수 있는 방법이다. 하지만 이 방법은 언어적 혼란이나 언쟁을 해결해 줄 수 없다.

규칙3. 정의는 너무 넓어서는 안 된다.

이 규칙은 정의항들이 피정의항이 지시하는 대상 그 이상의 것을 지칭해서는 안 된다는 것이다. 예를 들어, '인간'을 '털 없는 두 발 가진 동물'로 정의한다면, 이 정의는 너무 넓다. 이와 같이 너무 넓은 정의는 그 개념이 사용되는 명료하고 일반적인 의미를 제시하지 못한다.

규칙4, 정의는 너무 좁아서는 안 된다.

이 규칙은 정의항들이 피정의항이 지시하는 대상들보다 더 적은 대상을 지칭해서는 안 된다는 것이다. 너무 좁은 정의는 너무 넓은 정의와 마찬가지로 그 개념이 어떻게 사용되는지를 명료하게 설명하지 못한다.

규칙5. 정의는 불명료하거나 수사적인 언어를 사용해서는 안 된다.

한 개념을 정의하는 목적은 의미를 명료하게 하기 위한 것이다. 따라서 한 개념을 정의할 때, 애매한 개념이나 수사적인 언어 사용을 피해야 한다. 정의항 자체가 명료하지 않으면, 그것은 피정의항을 제대로 설명한다고 보기 어렵기 때문이다. 예를 들어, "사랑은 눈물의 씨앗이다", "건축은 얼어붙은 음악이다" 등의 정의는 모두 수사적인 표현을 사용한 정의들이다.

규칙6. 정의는 가능한 한 긍정 표현으로 제시되어야 한다.

정의는 어떤 개념이 무엇을 뜻하는지를 설명하려는 것이지, 그것이 뜻하지 않는 것이 무엇인가를 말하려는 것이 아니다. 즉 어떤 개념이 의미하지 않는 것을 설명하는 것은 그 개념이 의미하는 것을 밝히는 데 거의 도움이 되지 않는다. 예를 들어, "인간은 소가 아닌 동물이다"라고 정의한다면, 그것은 인간이 어떤 동물인지 설명하지 못한다.

이 규칙들은 어떤 개념을 정의할 때 고려해야 할 것들이다. 이 규칙이 훌륭한 정의를 가늠하는 모든 기준은 아니지만, 좋지 못한 정의를 판단하는 기준으로 활용할 수 있다. 즉 우리는 이 정의가 적절한지를 평가하는 방법으로 이 규칙들을 사용할 수 있다.

- 그 정의는 중요한 특징을 진술하고 있는가?
- 그 정의는 순환적이지 않은가?
- 그 정의는 너무 넓지 않은가?
- 그 정의는 너무 좁지 않은가?
- 그 정의가 너무 불명료하거나 은유적이지 않은가?
- 그 정의는 너무 부정적인 표현으로 제시되지 않았는가?

4. 핵심어의 발견과 이해

생각의 최소 단위는 개념이다. 개념을 가진다는 것은 세계에 대한 인식의 시작이다. 그 개념을 담는 그릇이 단어이다. 글을 분석할 때 중요한 활동은 저자가 가장 중요하게 사용하는 핵심어를 찾아내는 것이다. 그리고 그 핵심어를 어떤 의미로 사용하고 있는지 이해해야 한다. 저자가 사용하는 핵심 단어의 의미를 이해하지 못하면, 글을 독해하는 데 실패할 수밖에 없다. 우리는 너무 생소한 전문 용어나 단어를 만나거나, 이미 알고 있는 단어지만 문맥 속에서 그 의미를 파악할 수 없는 경우, 글을 독해하는 과정에서 곤란을 느끼게 된다. 우리는 저자가 사용하는 핵심 단어에 주의해야 한다. 하나의 단어는 서로 다른 여러 의미를 지닐 수 있다. 그 단어가 문맥 속에서 어떤 의미로 사용되는가는 글을 이해하는 과정에서 중요하다.

4-1. 핵심어를 찾는 방법

글 속의 중요한 단어(핵심어)를 어떻게 찾을 수 있을까? 글 속의 모든 단어가 중요한 것은 아니다. 저자가 특수한 의미로 사용하는 단어들이 저자와 독자 사이의 대화에서 중요하다. 핵심어를 찾아내려면, 우선 문장과 단락 전체를 이해해야 한다. 단락을 완전히 이해하지 못하는 것은 의미를 모르는 단어가 있기 때문이다. 의미를 파악하기 어려운 말은 대개 저자가 특별한 의미로 사용하고 있는 경우이다. 상황에 따라 저자는 중요한 단어를 찾을 수 있는 적극적인 단서를 우리에게 남겨 준다. 저자는 독자의 주의를 끌도록 활자상의 단서를 남기거나 단어의 의미를 명백하게 정의하여 사용하는 경우이다. 수학의 경우가 이와 같다. 저자가 중요한 단어를 명시하지 않는 경우, 텍스트와 그 주제에 대한 예비 지식이 있으면 중요한 단어를 찾는 데 도움이 된다. 경제, 정치, 생물학 등의 학문 분야마다 전문 용어가 잘 확립되어 있는 경우, 중요한 단어를 찾는 작업은 비교적 간단하다. 하지만 전문 용어가 명확하게 확립되어 있지 않은 분야도 많다. 그런 경우 저자가 어떤 종류의 문제를 다루는지 확인하고, 그 문제 해결에 어떤 단어들을 사용하는지 주의해서 읽어야 한다.

4-2. 핵심어의 이해

중요한 핵심 단어를 찾았지만, 그 단어의 의미를 파악하기 위해 어떻게 해야 하는가는 간단한 문제가 아니다. 가장 일반적인 답변은 앞뒤 문맥을 통해 단어의 의미를 추론할 수 있는 실마리를 찾는 것이다. 저자가 문맥 속에서 언어를 선택하는 과정을 통해 단어의 의미 변화를 찾아볼 수 있다. 즉 '앞뒤 문맥의 알고 있는 단어를 모조리 동원하여, 모르는 단어의 의미를 파악하는' 것이다. 독자는 이미 알고 있는 단어의 의미를 실마리 삼아, 중요한 단어의 의미를 파악하려고 노력해야 한다. 이 활동이 간단한 일은 아니지만, 독자에게 불가능한 일은 아니다. 글 속의 중요한 단어의 의미를 파악하는 데 특별히 정해진 좋은 방법이 있는 것은 아니다. 그것은 조각 그림을 맞추어 가는 과정과 유사하며, 나름의 시행착오를 되풀이할 수밖에 없다. 독자는 이렇게 중요한 단어의 의미를 이해하는 과정을 통해 글에 대한 깊은 이해에 도달할 수 있다.

제2절

글의 구조와 분석

1. 중심 문장의 발견과 이해

우리는 세계 속의 사물이나 사건을 보거나 듣고, 그것에 대한 앎을 언어로 나타낸다. 어떤 것에 대한 인식 혹은 앎을 나타내는 언어 단위는 문장(명제)이다. 우리는 문장(명제)을 통해 어떤 것에 대한 지식을 표현한다. 글을 분석할 때, 중요한 활동 가운데 하나는 글에서 사용되는 중요한 문장(중심 문장)을 발견하여 저자가 말하려는 의미를 파악하는 것이다. 글의 중요한 문장이 말하려는 것을 이해하지 못하면 글 전체의 의미를 파악하는 데 실패한다. 우리는 중심 문장의 의미를 전혀 해석할 수 없거나 단지 모호하고 추상적인 해석만을 하게 되는 경우도 있고, 그 해석 결과가 배경지식과 부합하지 않는 경우도 있다.

1-1. 중심 문장이란

무엇이 중요한 문장인가? 글을 읽는 독자의 경우, 중요한 문장은 한 번 읽어 완전히 이해할 수 없고 해석하기 어려운 문장인 경우가 많다. 이 경우 독자는 그 문장을 통해 저자가 나타내고 싶은 것이 무엇인지 알아내야 한다. 저자에게 중요한 문장은 어떤 주제에 대한 자신의 중심 생각을 담고 있는 문장이거나, 문제를 해결하기 위한 저자의 논증 전체에 기초가 되는 판단을 나타내는 문장이다. 저자는 자신이 다루는 주제에 대한 중심 생각과 그 생각을 나타내는 문장을 사용한다. 독자는 그 문장이 주제 혹은 중심 생각과 어떻게 관련되는지를 생각하거나, 한 문장이 문맥 속의 다른 문장과 어떻게 연결되는지를 생각하며 글을 읽어야 한다. 저자는 어떤 문제에 대한 해결 방식으로 논증을 사용하기도 한다. 논증의 과정에서 저자가 전달하려는 가장 중요한 것은 그 문제에 대한 자신의 판단(주장)과 그 이유이다. 독자는 논증의 기초가 되는 문장을 가려내고 재구성할 수 있어야 한다.

1-2. 중심 문장의 이해

글 속의 중요한 문장을 찾았으면, 그 다음은 그 문장이 말하려는 의미를 파악하는 것이다. 우리는 의미를 파악하려는 문장과 관계가 있는 문장을 앞뒤 문맥을 이용하여 찾고 이해해야 한다. 그렇지만 독자가 중요한 문장의 의미 혹은 저자가 말하려는 것을 이해하고 있는지 어떻게 알 수 있을까? 우리가 말하는 것을 다른 사람이 이해하지 못할 때, 우리는 그 말을 다른 말로 바꿔 표현하거나 설명한다. 마찬가지로 중요한 문장의 이해 정도를 알 수 있는 좋은 방법 가운데 하나는 글 속의 문장을 '자기의 말로 바꾸어 말해 보는 것'이다. 이때 단어의 순서를 조금 바꾸거나 저자의 말을 그대로 되풀이해서는 안 된다. 그것은 저자가 말하려는 내용을 이해하고 있다고 보기 어렵다. 단어와 문장의 의미는 문맥과 밀접하게 연관되어 있다. 그러므로 글의 앞뒤 문맥 속에서 그 내용을 전달할 수 있는 다른 표현을 생각하거나 바꿔 써야 한다. 우리가 주어진 문장을 읽고 그 내용을 정확하게 이해하는 것은 글을 독해하는 과정에서 중요한 요소이다.

그리고 문장에 대한 이해 여부를 평가하는 또 하나의 방법은 '예를 들어 설명하는 것'이다. 어떤 문장이 일반적인 내용을 담고 있는 경우, 자신의 구체적인 경험 속에서 그 내용에 맞는 사례를 찾아보거나, 배경지식 속의 다양한 상황으로 그것을 설명해 보는 것이다. 저자가 말하려는 것을 예를 들어 설명하거나 증명할 수 없다면, 그의 머리는 구체성을 확보하지 못한 추상적인 단어들로 가득 차 있을 것이다. 그런 읽기는 '언어의 유희'에 지나지 않는다.

2. 글의 구조와 요약

우리의 국어나 작문 시간에 대한 지식을 떠올려 보자. 문장이 모여 단락을 이루고, 단락은 글을 이루는 기본 단위이다. 대개 단락은 소주제문과 뒷받침 문장으로 구성된다. 하나의 단락에는 기본적으로 하나의 중심 생각, 즉 '소주제'가 들어 있다. 글 전체의 중심 생각을 주제라고 한다면, 그 주제를 구성하는 작은 단위의 주제를 소주제라고 부른다. 단락은 보통 이 소주제를 펼치기 위해 존재하는 글의 단위이다. 소주제를 한 문장으로 나타낸 것이 '소주제문'이다. 그리고 그 소주제문을 받쳐 주는 문장이 뒷받침 문장이다. 글의 단락 읽기의 핵심은 단락의 소주제문을 파악하는 것이다. 소주제는 표현상 단락 속에 명시적으로 드러나 있는 경우는 드물다. 즉 단순히 단락 속의 어느 한 문장을 자르거나 뽑아내면 되는 것이 아니다. 그러므로 독자는 스스로 단락의 내용을 간추리고 적합한 말을 찾아 지어야 한다. 그것은 단락의 내용을 요약하고 다시 쓰는 작업이다. 단락의 내용은 결국 글 전체의 주제와 문맥 속에서 읽어 내고 표현해야 한다. 하나의 단락은 다른 단락과의 관계 속에서 그 맡은 바 소주제를 드러내기 때문이다.

글은 여러 개의 단락으로 구성된다. 글은 주제를 전달하기 위하여 단락 속의 소주제와 소주제로 연결된다. 글과 단락은 전체와 부분의 관계처럼, 단락의 소주제들이 모여 하나의 더 큰 단위 즉 주제를 드러낸다. 글은 특정한 방식으로 짜이고 전개되는 구조를 지닌다. 이 구조는 글의 설계도이다. 글 읽기에서 글의 구조를 분석하는 작업은 대단히 중요하다. 아이들의 놀이인 블록 게임을 생각해 보자. 아이들은 한 상자 속의 다양한 부품 블록을 이용하여 집이나 다리, 기타 다양한 모양의 결과물을 만든다. 그 결과물은 바로 그 부분들의 관계, 부분들의 구조에서 차이가 난다. 글도 마찬가지이다. 글은 부분들이 구성되는 방식에 따라, 그 구조에 따라 다르게 드러난다. 우리는 글의 구조를 분석함으로써 필자가 말하려는 내용을 재구성해 낼 수 있다. 이제 글의 구조 단위를 분석하고 이해하는 데 도움이 되는 방법을 살펴보자.

2-1. 글의 구조 파악하기

글을 이해하는 마지막 중요한 단계는 문장의 집합인 문단 단위의 읽기이다. 문단 단위의 분석에서 중요한 활동은 그 문단의 소주제를 드러내는 소주제문을 찾는 것이다. 글은 문단과 문단의 관계, 즉 소주제와 소주제의 구조로 구성된다. 우리는 그 문단과 문단 사이의 관계 방식에 주목하며 글을 분석해야 한다. 따라서 문단과 글의 구조를 분석할 때, 독자는 다음과 같은 질문을 생각해 보아야 한다.

- 이 문단의 소주제는 무엇인가?
- 이 문단의 중심 생각은 무엇인가?(중심 문장 및 소주제문 찾기)
- 그 중심 생각과 관계된 다른 중요한 문장은 무엇인가?
- 이 문단의 중심 생각은 앞뒤 문단의 중심 생각과 어떻게 연결되는가?

문단의 이해는 글의 세부 내용이 연결되어 있는 일반적인 관계나 연결고리를 파악함으로써 세부 내용을 이해하고 회상하는 데 도움을 준다. 그리고 문단에서 무엇이 중요한지를 알게 하고, 세부 내용을 요약할 수 있는 능력을 신장시킨다.

2-2. 요약하기

설명적인 글의 경우, 문단은 보통 기술, 시간 순서, 설명(원인과 결과), 비교-대조, 정의-예시, 그리고 문제-해결 등의 구조 방식을 택한다. 문단의 구조 유형을 설명하는 것이 우리의 관심사가 아니다. 그것은 작문 교과의 몫이다. 우리는 자신의 학문 분야에서 사용된 글의 구조에 관심을 갖고, 그 구조를 파악하려고 노력해야 한다. 이를 위해 우리가 생각해 볼 수 있는 방법은 글의 내용을 '위계적으로 요약'하는 것이다. 실제로 이 방법은 글의 내용에 대한 기억을 높이고 작문의 질을 향상하는 데 도움이 된다.

대학생은 학문적인 글을 정확하게 읽고 그 내용을 잘 요약할 것으로 생각할 수 있다. 하지만 오늘날 대학 현실은 그렇지 않다. 그 이유 가운데 하나는 학생들이 글을 주의 깊게, 분석적으로 읽지 않기 때문이다. 글의 내용을 요약하기 위해 다음과 같은 절차를 고려할 수 있다.

① 미리 보기

우선 주어진 글을 미리 보고, 문단과 문단의 대략적인 개요표를 숫자와 문자를 이용해서 만든다. 이 단계에서 글의 구조와 저자의 목적을 파악할 수 있다면, 글에서 중요한 부분과 그렇지 않은 부분을 일찍 알 수 있을 것이다.

② 다시 읽기

글의 내용을 정확하게 이해하기 위해서는 필요하다면 반복해서 읽어야 한다. 이 단계의 독해 활동을 통해, 단락들에 대한 보다 구체적인 개요를 세울 수 있다.

③ 개요 작성하기

다음 단계는 각 문단의 중심 생각과 세부 내용을 위계적으로 요약한다. 즉 저자의 논의 전개에서 중요한 역할을 하는 각 문단의 요점을 한두 문장으로 요약하는 것이다. 물론 부연 설명을 하거나 예시를 드는 등 보조 역할을 하는 문단은 생략할 수도 있다.

④ 검토하기

이 단계는 자신이 작성한 요약 내용과 논의 구조를 검토하는 것이다. 우리는 일차적인 요약을 통해 글의 내용 전개를 잘 파악할 수 있다. 이때 글의 내용 전개는 대개 저자가 내용을 서술한 순서대로 보는 것이다. 하지만 보다 비판적인 독서를 위해서는 글의 논의 구조를 파악해야 한다. 즉 각 문단의 요약된 문장이 서로 어떻게 연결되고 관련되어 있는지를 알아야 한다. 이 단계에서 하나의 주제를 다루는 저자의 논의 구조가 밝혀진다.

⑤ 요약문 작성과 수정

마지막으로 글의 논의 구조를 파악한 후, 글 전체의 내용을 몇 개의 문장으로 요약한다. 여기서 중요한 것은 각자 글을 읽는 목적과 내용의 중요도에 따라 스스로 비판적으로 판단하여 요약해야 한다는 것이다. 이것이 요약문 작성의 기본이다.

제3절

비판적 읽기와 비판적 글쓰기

비판적 사고는 다양한 분야에 적용될 수 있으며, 그 적용의 경우마다 실천적인 유용성을 지니고 있다. 그 가운데 학문적 영역에서 비판적 사고의 적용이 토론과 글쓰기이다. 최근에는 대학 입시를 비롯한 각종 시험에서 논술이 강조되고 있는데, 이 논술 시험의 궁극적 지향점은 바로 비판적 사고력이라고 할 수 있다. 다시 말해서 비판적 사고가 가장 필요한 영역이 글쓰기 영역인 것이다. 물론 글쓰기 영역은 글 읽기의 영역을 포괄한다. 왜냐하면 쓰기는 읽은 글의 표현이기 때문이다.

여기서는 비판적 사고의 적용으로서의 글쓰기를 다루고자 한다. 비판적 사고의 적용으로서의 글쓰기는 다름 아닌 논술이다. 물론 논술은 논리적 글쓰기다. 그러나 논리가 학문적 탐구의 기본이라는 점에서 논술은 학문적 글쓰기다. 결국 학문적 글쓰기로서의 논술은 대학에서 학문 연구의 기본기술이라고 해야 할 것이며, 여러 가지 학습 형태의 하나로서 필수적으로 교육해야 한다. 그런데 글쓰기의 기술(skill)을 구체적으로 언급하는 일은 상당한 시간과 지면이 필요한 일이다. 여기서는 비판적 사고와 글쓰기의 관계를 중심으로 읽기·쓰기를 다루고자 한다.[6]

---

6 여기서는 논술, 비판적 글쓰기, 논리적 글쓰기, 학문적 글쓰기를 모두 동일한 개념으로 이해한다. 다만 글의 맥락에 따라 이 용어들을 적절히 혼용한다. 그리고 특별한 수식어를 붙이지 않더라도 글쓰기라는 표현이 위와 같음을 일러둔다.

1. 읽기와 쓰기

논술은 주어진 자료나 글을 비판적으로 읽고 문제를 설정한 다음 그 문제에 대한 창의적 해결책을 끌어내어 논리적으로 서술하는 과정이다. 비판적 글쓰기도 마찬가지이다. 비판적인 글쓰기를 위해서는 먼저 문제를 정확하게 이해해야 한다. 문제를 이해한다는 것은 비판적 대상이 되는 글(논술문 쓰기에서는 이를 제시문이라고 한다)을 이해하는 것을 포함한다. 그래서 주어진 텍스트를 명확히 이해, 분석하고 이를 바탕으로 자신의 주장을 논리적으로 전개해야 한다. 그래서 비판적 글쓰기는 비판적 읽기를 포함한다. 비판적으로 읽는다는 것은 분석적으로 이해한다는 것이며, 주장과 근거에 대한 논리적 관계를 따지는 것(논증)이다. 주어진 텍스트를 비판적으로 이해했다면, 그 다음으로 대안을 제시해야 한다. 대안은 창의적이어야 하며, 창의적인 대안은 논리적(논증적)으로 표현되어야 한다. 논술문의 평가 기준을 이해·분석력, 논리·논증력, 창의력으로 설정하는 것도 이와 같은 맥락에서 이해되며, 마찬가지로 비판적 사고력의 세 범주를 분석적 사고, 논증적 사고, 변증적 사고(종합적 사고, 대안적 사고)로 나누는 것도 같은 맥락이다.

읽기와 쓰기는 동전의 양면과도 같다. 그 양쪽 면을 관통하는 핵심이 비판적 사고여야 한다.

먼저 책을 읽을 때는 그 책에서 논증을 찾아 분석하고, 재구성하고, 평가할 수 있어야 한다. 이러한 기량들을 체계적이고 반복적으로 훈련함으로써 이해력, 분석력, 논증력의 향상을 꾀할 수 있다. 가령 저자가 말하려는 주요 요점이나 결론을 찾고, 그것을 지지하는 근거들이 분명한지, 해결하려는 문제와의 관련성이 있는지, 혹은 적절한지, 숨은 전제가 없는지, 다른 가능한 해석은 없는지, 논의가 정합적인지, 좀 더 적절한 방식으로 논증을 재구성할 수는 없는지, 저자의 의도를 더 잘 살릴 수 있는 논증이 무엇인지를 검토하는 것은 이해력, 분석력, 논증력을 체계적인 방식으로 익히고 발전시키는 방편이 된다.

한편 창의적인 글쓰기를 하기 위해서는 논의를 심층적이고 다각적으로, 그리고 창의적으로 전개할 수 있는 능력이 있어야 한다. 심층적으로 논의를 전개한다는 것은 가능한 반론이나 함축, 귀결을 파악하고, 논의의 맥락에 대한 고려, 숨은 전제 등에 대해 검토하는 것이다. 그리고 다각적인 논의를 위해서는 대안의 고려, 암묵적으로 가정된 전제들에 대한 비판적 고찰이 필요하다.

2. 비판적 읽기

논술이건 학술적 글쓰기든 실제로 글을 쓰기 위해서는 주어진 지문이나 자료에 대한 읽기가 선행되어야 한다. 비판적 읽기를 통해 우리는 주어진 자료를 이해하고 분석하고 평가한다. 그리고 자료에 대한 이해와 분석은 사고의 8요소를 활용하고, 평가는 비판적 사고의 8가지 표준을 활용하면 된다.[7]

우선 글을 읽을 때, 아래의 요소들을 찾아가며, 읽기의 수준을 높여야 한다.

물음 – 글쓴이가 해결하려는 핵심 문제는 무엇인가?
결론 – 글쓴이가 추리를 통해서 끌어내고 있는 결론은 무엇인가?
목적 – 글쓴이의 목적은 무엇인가?
관점 – 글쓴이가 취하고 있는 관점은 무엇인가?
가정 – 글쓴이가 설정한 가정은 무엇인가?
개념 – 글쓴이가 사용하고 있는 주요 개념은 무엇인가?
정보 – 글쓴이가 사용하고 있는 정보는 무엇인가?
함축 – 글쓴이의 주장이 함축하고 있는 내용 또는 더 나아간 귀결은 무엇인가?

글을 읽을 때 위의 요소들을 모두 찾아야 할 필요는 없다. 글의 성격에 따라 위의 요소들이 다 들어 있을 수도 있고 그렇지 않을 수도 있다. 예를 들어 신문 기사와 같이 어떤 사실을

7 리차드 폴의 견해에 따르면 사고의 요소는 목적(purpose), 문제(question at issue), 개념(concept), 전제(presupposition), 정보(information), 결론(conclusion; 혹은 추론), 관점(point of view), 함축(implication) 등 8가지이다. 일부 학자들은 여기에 맥락(context)과 대안(alternative)을 더하여 비판적 사고의 요소로 10가지를 말하기도 한다. 그리고 폴에 따르면 비판적 사고의 9기준은 분명함(clarity), 정확성(accuracy), 정밀성(precision), 적절성(relevance), 중요성(importance), 논리성(logicalness), 폭넓음(다각성, breadth), 충분함(enough, sufficiency), 깊이(depth) 등이다. 사고의 요소별 평가 기준의 적용에 대해서는 박은진(2008), 55쪽 참조.

보고하는 글이라면 새로운 정보는 많겠지만, 추론을 통한 결론은 없을 수도 있다. 그리고 평이한 수준의 글에서는 사용된 개념에 대해서 심각하게 고민하지 않아도 될 것이다. 비판적 사고가 필요한 이유는 경우에 따라 위의 여러 요소가 복합적으로 결합되어 나타나기 때문이다.

그리고 읽은 글을 평가할 때도 아래와 같은 표준을 사용하여 평가해야 한다.

분명함 – 글쓴이가 진술하고 있는 목적(문제, 개념 등등)이 분명한가?
정확성 – 글쓴이가 사용하고 있는 개념(가정, 정보 등등)이 정확한가?
정밀성 – 글쓴이는 충분히 구체적이고 정밀하게 설명했는가?
적절성 – 글쓴이는 자신의 목적과 관련 없는 자료를 소개하지는 않았는가?
중요성 – 글쓴이는 목적에 비추어 중요한 것에 초점을 맞추었는가?
논리성 – 글쓴이의 결론이 전제(가정) 또는 정보와 모순되지는 않는가?
충분성 – 글쓴이의 추론은 충분한가?
폭넓음 – 글쓴이는 관련 있는 다른 관점들을 폭넓게 고려하고 있는가?
깊 이 – 글쓴이는 겉으로 드러난 피상적인 문제 이외에 심층적인 문제를 살피고 있는가?

비판적으로 글을 읽는다는 것은 위의 질문들을 제기하면서 글을 읽는 것이다. 위의 요소들에 문제를 제기하는 과정에서 비판적 사고가 작용하기 때문이다. 물론 이 비판적 사고의 평가 기준에 대해서도 그 요소의 경우와 같이 일률적으로 기계적으로 적용해야 할 필요는 없다. 직면하는 상황에 따라 그리고 다루는 주제에 따라 이것들 중 몇 가지에 중점을 둘 수도 있다. 중요한 것은 비판적 사고가 다른 사람의 아이디어와 정보를 단지 받아들이기만 하는 수동적 활동이 아니라, 능동적으로 스스로 생각하고, 스스로 질문을 제기하며, 스스로 적절한 정보를 찾는 활동이라는 점이다. 따라서 비판적으로 읽는다는 것은 글쓴이의 주장을 좀 더 심층적이고 다각도로 이해하기 위해 텍스트를 분석하고 평가하는 반성적이고 능동적인 독서 활동으로 이해해야 한다.

3. 비판적 글쓰기

읽기와 쓰기는 동일한 사고 행위의 두 측면이다. 마찬가지로 비판적 글 읽기와 비판적 글쓰기는 비판적 사고 행위의 두 측면이다. 글을 제대로 읽기 위해서는 글쓴이의 생각을 잘 살펴야 하며, 글을 제대로 쓰기 위해서는 독자의 생각을 미리 고려해야 한다. 왜냐하면 글은 쓰기와 읽기라는 두 과정을 통해서 글쓴이와 읽는 이가 만나는 장이며, 읽고 쓰는 행위는 글쓴이와 읽는 이가 상대방을 전제로 하는 소통 행위이기 때문이다. 이런 의미에서 비판적 사고의 구성 요소와 평가 기준은 읽기에서와 마찬가지로 글쓰기에서도 동일하게 적용된다.

비판적 글쓰기에서 기본적인 두 가지 요소는 '무엇'을 '어떻게' 쓸 것인가 하는 것이다. 여기서 '무엇'이란 글의 주제 혹은 논제로 내용을 이루게 될 핵심 요소이다. 이 '무엇'(주제)을 잘 드러내기 위해 사고의 요소를 잘 조직해야 한다. 그 다음은 그 '무엇'을 '어떻게' 드러낼 것인가를 고민해야 한다. 일차적으로는 사고의 요소를 고려해야 하며, 그 요소들을 평가 기준에 맞게 드러내기 위한 전략을 구상해야 한다. 이 전략 구상에는 문단 구성, 논증, 표현법 등이 포함된다.[8]

대개의 학문적 글쓰기는 '서론–본론–결론'의 세 부분으로 구성된다. 대개 이 방법을 선호하는 것은, 이 방법이 다른 사람에게 정보를 전달하는 가장 간명한 방식이기 때문이다. 학문 분야에 따라서 사례연구나 실험 보고서와 같은 특수화된 형식의 글쓰기도 있지만, 이런 특별한 형식의 글쓰기마저도 논의할 문제를 서론에서 제시하고, 본론에서 그 내용을 전개하며, 결론에서 그 결과를 요약·정리한다. '서론–본론–결론'의 3단 구성은 학문적 글쓰기의 표준적 형식이라고 할 수 있지만 꼭 여기에 얽매여야 하는 것은 아니다. 글의 주제나 성격, 또는 범위에 따라 변형된 구성이 가능하다. 중요한 것은 '서론–본론–결론'의 형식이 아니라, 논리(논증)의 구성이다.

3-1. 서론

서론은 대개 탐구해야 할 물음이나 문제를 제기하고, 그 문제가 제기되는 배경을 소개하

---

8 학술적 글쓰기에서 표현법은 우선적으로 고려되지 않는다. 다만 무시되지는 않는다.

며, 해결책을 제시하는 것이 일반적이다. 그래서 서론은 '배경(문제)→문제(배경)→해결책'의 구조로 이루어진다. 배경은 대체로 읽는 이의 관심을 유도하기 위한 동기(흥미) 유발 내지 문제의 중요성을 이해하도록 하기 위한 전후 맥락적 요소로 개인이나 집단의 일화, 적절한 인용이나 놀랄 만한 통계나 기술, 혹은 쉽게 수긍할 수 없는 대담한 진술이 제시된다. 핵심 문제는 이슈 또는 쟁점을 말하며, 이 핵심 문제에 대한 답이나 해결책을 표현한 진술을 보통 논제(thesis statement)라고 한다. 이 서론의 구성 요소들은 안내자일 뿐이며, 해결책을 구체적으로 상술하지는 않는다. 구체적 입증은 본론에서 논증을 통해서 제시된다.

3-2. 본론

본론은 논제의 주장을 뒷받침함으로써 서론에서 제기한 핵심 물음에 구체적으로 답한다. 예를 들어 논제가 어떤 주장에 대한 범주들을 제공한다면, 본론의 각 개별 문단들은 그 하나하나의 범주에 대해 논의하게 된다. 이때 각 문단의 핵심이 되는 문장을 중심 문장 또는 주제문(topic sentence)이라고 한다. 주제문은 글을 읽는 사람에게 글의 조직이나 구성을 명료하게 이해하도록 해 준다. 글을 쓰는 사람의 입장에서도 그 문단의 주제를 명료하게 인식하고, 글 전체의 일관성을 유지하는 데 도움을 준다. 주제문이 없으면 필자는 주제를 잃어버리고 헤매기 쉬우며, 또 그렇게 쓰인 글은 독자를 혼란스럽게 만든다.

각 문단에서 주제문 이외의 문장들은 대체로 주제문을 뒷받침하는 문장들이다. 다시 말해 주제문의 내용을 설명하거나 주제문의 근거 내지 이유로 작용하는 문장들이다. 이런 문장들을 보통 뒷받침 문장(supporting sentence)이라 한다. 각 문단은 대개 주제문과 뒷받침 문장으로 이루어진다.

본론은 글의 핵심이다. 여기에는 반드시 논증이 포함되어야 한다. 논증(argument)이란 전제와 결론으로 이루어진 진술들의 집합이다. 요컨대 주제문이 결론이라면 뒷받침 문장은 그 결론에 대한 근거나 이유의 역할을 하는 전제들이다. 이 논증은 하나의 문단 안에 포함되어 있을 수도 있고 여러 문단에 걸쳐 있을 수도 있다. 또 각 문단마다 논증이 포함되어 있고 그 논증의 결론이 또 다른 논증의 전제가 되어서 더 크고 복잡한 논증을 구성할 수도 있다. 어쨌든 논증은 비판적 글쓰기 즉 논술에 없어서는 안 될 필수 요소이며, 이 점이 논술을 '논증적 글쓰기'라고 하는 이유이기도 한다.

이제 주제문과 뒷받침 문장의 관계는 논증에서 전제와 결론의 논리적 관계이다. 이 관계에 따라 논증의 종류(연역과 귀납 등)가 구별되며, 전개하는 기법에 따라 정의, 과정, 비교·대조, 원인–결과 등의 방법이 있다.

3-3. 결론

결론에서는 대개 문제와 그 문제의 해결책을 재진술하거나 혹은 쟁점의 함의나 더 나아간 귀결을 진술하면서 행동 방침을 서술하기도 한다. 이때 논제의 재진술은 본론에서 이미 진술되었기 때문에 되도록 간략하게 요약한다. 비록 간략한 진술이라고 할지라도 본론에서 논리적으로 제시되었다면 결론에서 다시 한 번 강조함으로써 그 무게를 더해 주는 효과를 가져온다.

비판적 사고를 한편에서는 문제 해결을 위한 사고라고도 한다. 비판적 글쓰기도 마찬가지이다. 비판적 글쓰기에서 주어진 목적에 따른 현안 문제는 글을 통해서 해결해야 할 문제거리이다. 이런 맥락에서 비판적 글쓰기를 문제 해결을 위한 글쓰기라고 할 수 있다. 대체로 문제 해결의 과정은 문제를 정확하게 파악하고, 가능한 해결 방안을 다양하게 모색한 뒤, 그것을 논리적으로 제시하는 방식으로 이루어진다. 이 과정에서, 가능한 여러 반론에 충분히 대처할 수 있도록 준비해야 한다. 왜냐하면 비판적 글쓰기는 다양한 측면의 비판적 사고를 종합하여 독자에게 강하게 주장하는 과정이기 때문이다. 그래서 증거를 선별하고 판단을 만드는 과정이 필요한 것이다. 결국 주장을 펼치기 위해서는 준비를 꼼꼼하게 해야 하며, 글을 전개하면서 핵심을 효과적으로 요약해야 한다. 그리고 논증의 다양한 측면을 드러내기 위해 눈에 잘 띄는 단어와 표현을 사용해야 한다. 여러 번 고쳐 쓰고 다듬는 과정도 비판적 글쓰기에서는 매우 중요하다. 글쓴이는 최종 원고가 비판적 글쓰기의 특징을 잘 나타내고 있는지 확인하는 것도 빠트릴 수 없다.

연습 문제 1

개념의 이해

1. [애매어 찾기] 다음 문장에서 애매한 표현을 찾아 설명해 보라.

1) 나는 죄 많은 사람이다.
2) 국회는 불법 도박 금지법을 발의했다.
3) 무속인이 섬기는 신은 선생이다. 선생은 교사이다. 따라서 무속인이 섬기는 신은 교사이다.

2. [애매어 찾기] 다음 질문이나 문장에서 어떤 개념이 가장 문제가 되는지 찾아보라.

1) 공산주의는 종교인가?
2) 사고하는 기계가 과연 가능한가?
3) 국가는 개인의 자유를 제한해야 하는가? 그렇다면 그 이유는 무엇인가?
4) 대한민국은 민주주의 국가인가?
5) 인간의 본성을 연구하는 과학이라는 것이 가능한가?
6) 동물들도 생각을 하는가?
7) 모든 사람은 평등하게 태어났다.
8) 소유 본능은 도둑질의 원천이다.
9) 국가는 개인의 자유를 제한해야 하는가?
10) 자연법칙과 도덕법칙은 어떤 점에서 서로 다른가?

3. [애매어 찾기] 다음 글을 읽고 애매한 표현을 찾아보라. 그리고 그런 표현이 어떻게 추론에 영향을 미치는지를 설명해 보라.

1) 우리는 약물 사용을 회화나 종교처럼 하나의 기본권으로 다루어야 한다. 누구도 어떤 특정한 책을 반드시 읽어야 하는 것은 아닌 것처럼 누구도 자신이 원하지 않는 약물을 복용할 필요가 없다. 주정부에서 약물을 통제하려는 유일한 이유는 시민들을 마치 아기 다루듯이 약물의 유혹에서 보호함으로써, 그리고 마치 노예 다루듯이 자신의 삶을 스스로 결정하는 것을 방해함으로써, 시민들을 복종시키려는 것이다.

2) 원자력은 우리나라 미래의 에너지 안전을 지키는 데 신뢰할 만하고, 효율적이고 필요하다. 원

자로가 800개였던 해에도 한 명의 민간인도 부상당하거나 죽지 않았다. 그리고 2,900개 이상의 원자로가 있던 해에도 미 해군은 한 건의 핵사고 없이 원자로와 함께 살고 일했다. 이와 비슷한 주장을 할 수 있는 다른 기술은 하나도 없다. 그럼에도 불구하고 핵에너지를 비판하는 사람들은 그것이 불안전하다고 말한다. 아무리 생각해도 원자력 에너지는 앞으로 30년간 미국 전력을 감당할 필수적인 발전 원천이 분명하다. 우리는 그렇게 될 수 있도록 준비를 해야 한다.

4. [애매어 찾기] 신문의 기사들을 읽고 애매모호한 표현(단어나 문장)들을 찾아보라. 그리고 그 표현이 글의 전체 추론에 어떤 영향을 미치는지를 설명해 보라.

5. [정의하기] 아래의 낱말을 적용할 수 있는 인물을 세 명씩 열거하여 정의해 보라.
배우 / 작가 / 야구 선수 / 학자 / 장군 / 발명가 / 사상가 / 성직자

6. [정의하기] 다음에 주어진 낱말의 의미를 정의해 보라. 그리고 다른 사람의 정의와 비교해 보라.
민주주의 / 자유 / 진리 / 신 / 정의 / 자유주의적 / 보수적인 / 생태계

7. [정의하기] 분석적 정의의 규칙을 고려하여, 아래 정의를 간단히 평가해 보라.

1) 자동차는 바퀴 네 개와 내연 기관을 가진 육상 운송 수단이다.
2) 칼은 자르는 도구이다.
3) 인간은 두 발로 걷는 동물이다.
4) 회화는 붓으로 천에 그린 그림이다.
5) 모험은 위험한 것이다.
6) 예술은 인간이 길러온 최고의 훌륭한 느낌을 다른 사람에게 전하는 것이 목적인 인간 행위이다.
7) 총각은 결혼하지 않은 성인 남자이다.
8) 정직은 습관적으로 속이려는 행위를 하지 않는 것이다.

연습 문제 2

텍스트의 구조와 분석

1. [애매한 문장 재진술하기] 다음 문장을 읽고, 의미가 명료하지 않은 단어나 표현을 찾아보라. 그리고 문장의 의미가 명료하게 되도록 재진술하라.

1) 일반적으로 운동선수가 육상 경기 종목에서 달리는 속도는 그 결과를 경기 임원들에게 보고하는 데 걸리는 시간보다 빠르다.
2) 학교에서 모든 사람이 지금 갖고 있는 가장 큰 문제는 대학에 들어가는 문제이며, 어떻게 하면 그가 첫 번째로 선택한 대학에 들어가느냐 하는 문제이다.

2. [주어진 문장 바꾸어 말하기] 다음 문장과 문단을 읽고, 그 의미를 자기 말로 바꾸어 말해 보라.

1) 인류 역사에서 한 민족이 다른 민족과의 정치적 결합을 해체하는 것은 필수적인 일이 되었다.
2) 인간에게는 자신에게 익숙한 제도를 폐지하기보다는 그 폐해를 최대한 감내하려는 습성이 존재한다는 사실이 경험적으로 입증된다.
3) 행동이 통제될 수 있다는 사실에 대해, 예컨대 폭력에 의한 위협을 통해, 또한 박탈과 포상을 통해 행동을 통제할 수 있다는 사실에 대해 의심하는 사람은 아무도 없다. – 노암 촘스키
4) 권력과 폭력에 직면해서는 어떠한 자기기만이 있어서도 안 된다. 현실을 무시한 채 올바른 세계조직을 이론적으로 구상한다는 것은 잘못이다. 그런데 현실을 직시할 때, 사람들은 쉽게 잘못된 양자택일로 기운다. 가령 무저항적인 삶은 '악에 맞서지 않는다'라는 명제를 무조건 따름으로써 모든 결과를 수용하고 투쟁 없이 죽을 태세가 되어 있는 모습을 보여 준다. 다른 하나는 폭력을 현실적인 생활 조건으로 승인하고, 정치에 있는 요소로 파악하며, 그래서 또한 폭력의 악을 받아들이고 정치에서 불가피한 점이라 긍정한다. – 칼 야스퍼스

3. 다음 글을 읽고 중심 문장(소주제문)을 찾아보라.

1) 기술은 목적을 달성하기 위한 수단을 용납할 때 비로소 이루어진다. 호흡과 운동 그리고 영양 섭취와 같은 직접적인 활동은 아직 기술이라 할 수가 없다. 기능이 정상적으로 작동하지 않을 때, 우리들은 고의적으로 그러한 기능을 작동케 하고 또 옳게 작동하도록 조정한다. 이러한 경우를 우리는 호흡의 기술이라고 말한다. – 칼 야스퍼스

2) 과학의 근본 가치는 순수 인식이다. 이것은 우선 천부적인 과학자들의 정신적 자세를 묘사한다. 그리고 그들은 '진리의 추구'라는 거창한 단어를 사용한다. 여기서 사람들은 그러한 열정을 깎아내려, 과학자는 자신의 유아기적 호기심을 성숙한 삶으로까지 끌고 와 직업으로 삼을 수 있는 특권을 가진 사람이라고 말한다. 그러나 수학자 가우스(Gauss)는 한 편지에서 '과학 연구의 형언할 수 없는 만족감'에 대해 이야기하고 있다. 이러한 근본 가치를 존경하지 않는 사람은 과학을 파괴하며, 세계를 구원하지 못한다.
– 칼 프리드리히 폰 바이츠제커

3) 정치적 자유는 서양적 현상이다. 만일 우리들이 인도 및 중국의 현상들과 비교한다면, 이 양자의 문화권에서 자유는 원칙도 없고 한 민족의 연속성도 없는 우연적이고 사적인 것임을 알 수 있다. 그러므로 우리들은 정치적인 자유라는 것이 고도의 인간 존재에 대한 필수적인 조건인가 하는 의문을 제기해 볼 수 있다. 역사를 통찰해 볼 때, 그러한 물음은 부정되어야 한다. 고도의 정신적 생동성, 창조력, 심오한 영적 생활 등은 정치적 부자유 속에서도 가능했다. – 칼 야스퍼스

4. [글의 구조 파악] 다음은 이양하의 「나무」를 최시한 교수가 원문에 충실하되 오늘날에 맞게 손질하고, 한자를 한글로 바꾼 것이다. 이 글의 형식 단락은 다섯 개이지만 ① ~ ⑩과 같이 열 개로 나누는 것이 적절하다고 가정할 때, 각 단락의 소주제문을 찾고, 글의 내용이 어떻게 연결되는지 살펴보라.

① 나무는 덕(德)을 가졌다. 나무는 주어진 분수에 만족할 줄을 안다. 나무로 태어난 것을 탓하지 아니하고, 왜 여기 놓이고 저기 놓이지 않았는가를 말하지 아니한다. 등성이에 서면 햇살이 따사로울까, 골짜기에 내려서면 물이 좋을까 하여, 새로운 자리를 엿보는 일도 없다. 물과 흙과 태양의 아들로 물과 흙과 태양이 주는 대로 받고, 후박(厚薄)과 불만족(不滿足)을 말하지 아니한다. 이웃 친구의 처지에 눈 떠보는 일도 없다. 소나무는 진달래를 내려다보되 깔보는 일이 없고, 진달래는 소나무를 우러러보되 부러워하는 일이 없다. 소나무는 소나무대로 스스로 족(足)하고, 진달래는 진달래대로 스스로 족하다.

② 나무는 고독하다. 나무는 모든 고독을 안다. 안개가 잠긴 아침의 고독을 알고, 구름에 덮인 저녁의 고독을 안다. 부슬비 내리는 가을 저녁의 고독을 알고, 함박눈 펄펄 날리는 겨울 아침의 고독도 안다. 나무는 파리 옴짝 않는 한여름 대낮의 고독도 알고, 별 얼고 돌 우는 동짓달 한밤의 고독도 안다. 그러면서도 나무는 어디까지든지 고독에 견디

고, 고독을 이기고, 또 고독을 즐긴다

③ 나무에 아주 친구가 없는 것은 아니다. 달이 있고, 바람이 있고, 새가 있다. 달은 때를 어기지 아니하고 찾고, 고독한 여름밤을 같이 지내고 가는, 의리 있고 다정한 친구다. 웃을 뿐 말이 없으나, 이심전심(以心傳心) 의사가 아주 잘 소통되고 아주 비위에 맞는 친구다. ④ 바람은 달과 달라 아주 변덕 많고 수다스럽고 믿지 못할 친구다. 그야말로 바람잡이 친구다. 자기 마음 내키는 때 찾아올 뿐 아니라, 어떤 때에는 쏘삭쏘삭 알랑거리고, 어떤 때에는 난데없이 휘갈기고, 또 어떤 때는 공연히 뒤틀려 우악스럽게 남의 팔다리에 생채기를 내놓고 달아난다. 새 역시 바람같이 믿지 못할 친구다. 역시 자기 마음 내키는 때 찾아오고, 자기 마음 내키는 때 달아난다. 그러나 가다 믿고 와 둥지를 틀고, 지쳤을 때 찾아와 쉬며 푸념하는 것이 귀엽다. 그리고 가다 흥겨워 노래할 때, 노래 들을 수 있는 것이 또한 기쁨이 되지 아니할 수 없다. 나무는 이 모든 것을 잘 가릴 줄 안다. ⑤ 그러나 좋은 친구라 하여 달만을 반기고, 믿지 못할 친구라 하여 새와 바람을 물리치는 일이 없다. 그리고 달을 유달리 후대하고 새와 바람을 박대하는 일도 없다. 달은 달대로, 새는 새대로, 바람은 바람대로 다 같이 친구로 대한다. 그리고 친구가 오면 다행하게 생각하고, 오지 않는다고 하여 불행해하는 법이 없다. ⑥ 같은 나무, 이웃 나무가 가장 좋은 친구가 되는 것은 두말할 것이 없다. 나무는 서로 속속들이 이해하고 진심으로 동정하고 공감한다. 서로 마주보기만 해도 기쁘고, 일생을 이웃하고 살아도 싫증 나지 않는 참다운 친구다. ⑦ 그러나 나무는 친구끼리 서로 즐긴다기보다는, 제각기 하늘이 준 힘을 다하여 널리 가지를 펴고, 아름다운 꽃을 피우고, 열매를 맺는 데 더 힘을 쓴다. 그리고 하늘을 우러러 항상 감사하고 찬송하고 묵도(默禱)하는 것으로 일삼는다. 그러기에 나무는 언제나 하늘을 향하여 손을 쳐들고 있다. 그리고 온갖 나뭇잎이 욱은 숲을 찾는 사람이 거룩한 전당에 들어선 것처럼 엄숙하고 경건한 마음으로 자연 옷깃을 여미고, 우렁찬 찬가에 귀를 기울이게 되는 이유도 여기 있다.

⑧ 나무에 하나 더 원하는 것이 있다면, 그것은 천명(天命)을 다한 뒤에 하늘 뜻대로 다시 흙과 물로 돌아가는 것이다. 그러나 사람은 가다 장난삼아 칼로 제 이름을 새겨보고, 흔히는 자기 소용 닿는 대로 가지를 쳐가고 송두리째 베어가고 한다. 나무는 그래도 원망하지 않는다. 새긴 이름은 도리어 그들의 원대로 키워지고, 베어간 재목이 혹 자기를 해칠 도끼 자루가 되고 톱 손잡이가 된다 하더라도, 이렇다 하는 법이 없다. ⑨ 나무는 훌륭한 견인주의자(堅忍主義者)요, 고독의 철인(哲人)이요, 안분지족(安分知足)의 현인(賢人)이다. ⑩ 불교의 소위 윤회설(輪廻說)이 참말이라면, 나는 죽어서 나무가 되고 싶다.

'무슨 나무가 될까?' 이미 나무를 뜻했으니 진달래가 될까, 소나무가 될까는 가리지 않으련다.

5. [글의 내용 요약하기] 다음의 글을 요약의 절차를 고려하여 읽고 요약해 보라.

① 동성동본 간 혼인을 금지하는 법률에 대해 '헌법 불합치'라는 헌법재판소의 판결이 내려졌다. 인간의 행복 추구권을 제한하고 남녀를 차별하는 악법이 바로잡힌 것이다. 단지 수천 수백 년의 조상이 같다는 이유만으로 사랑과 혼인의 자유를 박탈했던 동성동본 금혼 조항이 드디어 깨지고 말았다. 그동안 '동성동본인 혈족은 서로 혼인하지 못한다'라는 민법 제809조로 인해 얼마나 많은 가정이 깨졌으며 얼마나 많은 젊은이들이 사랑하면서도 결혼할 수 없는 현실을 비관해 목숨을 버렸는지 열거할 수조차 없을 정도다.

② 이 법의 필요성을 주장해 온 사람들은 동성동본 금혼 제도가 혈통을 중시하는 우리 고유의 미풍양속일 뿐 아니라 우생학상의 불행을 막기 위한 장치라고 그 이유를 설명했다. 그들은 위헌 결정이 난 현재까지도 똑같은 주장을 되풀이하며 극렬한 반대 운동을 펼치고 있다.

③ 그러면 먼저 동성동본 금혼 제도가 고유의 미풍양속인가 하는 점부터 생각해 보자. 결론부터 말하면 이 제도는 우리 고유의 미풍양속이 아니다. 신라, 고려 시대로 거슬러 올라가면 동성혼은 자연스런 모습이었고 오히려 왕가나 귀족 사이에서는 근친혼이 행해지기도 했다. 그러다 조선 시대에 들어오면서 중국에 대한 사대주의 사상의 고조로 유교 사상과 함께 동성동본 금혼 제도를 받아들이게 된 것이다. 그러나 중국마저도 이미 80여 년 전에 이 법의 전근대적 성격과 불합리함을 들어 폐지한 바 있다.

④ 다음으로 우생학적 문제가 있다는 주장 역시 근거가 없다. 세계적으로 동성동본 혼인에서 태어난 아기에게 우생학적 문제가 발생했다는 구체적, 과학적인 자료가 없다. 다만 4촌 이내 근친혼일 경우 사산 및 유아 사망의 피해율이 높을 뿐이다.

⑤ 무엇보다 성과 본에 의거한 남계 혈통 중심의 이 제도는 헌법의 기본 정신인 남녀평등주의에도 위배된다고 할 수 있다. 부계로는 수천 수백 년까지 거슬러 올라가 혼인을 금지하면서 모계로는 4촌만 넘으면 혼인해도 좋다고 한다는 건 불합리하기 짝이 없다. 엄밀히 따져 보면 우리의 혈통은 부모에게서 똑같이 받은 것이기 때문에 내가 김씨라고 해도 2분의 1만 김씨일 뿐이다. 이렇게 따져 나가면 3대에는 8분의 1, 10대에는 1024분의 1, 20대에는 104만 8576분의 1밖에는 김씨 조상의 피가 남아 있지 않아서 관념상으로만 김씨 가계일 뿐이다.

연습 문제 3

비판적 읽기와 비판적 글쓰기

1. 일간지의 신문 사설 가운데 하나를 선택해 사고의 8요소로 분석해 보시오.

2. 사고의 요소들에 대한 다음의 물음에 답하라.

1) 목적 : '비판적 사고' 과목을 수강하는 목적에 대해서 간략하게 써 보라.

2) 물음(핵심 문제) : 우리 학과는 이번 오월제 체육대회에서 우승하려고 한다. 체육대회에서 우승하는 일에 가장 장애가 되는 주요 문제가 무엇인지 기술해 보라.

3) 가정 : 아래의 말에서 가정은 무엇인가?

- "이 씨는 엄청난 부자다. 그러므로 비난받아 마땅하다."
- "그녀는 연예인이 되고 싶어 했다. 그런 점으로 볼 때 그는 부모님 속을 많이 썩혔을 것이다."

4) 정보 : 자신이 이 대학 또는 이 학과에 진학하기로 결정했을 때 필요했던 정보는 무엇이었는지 기술해 보라.

5) 개념 : 교육의 목적 가운데 하나는 민주시민을 양성하는 것이다. 여기서 '민주시민'이란 무슨 뜻일까? 개념을 정의해 보라.

6) 결론(추리) : 다음의 정보로부터 가능한 추리를 해 보라.

- 도로에서 경찰차가 어떤 차를 추격하고 있다. →
- 친구가 술집에서 나에게 전화를 했다. →
- 한밤중에 전화벨이 울렸다. →

7) 함축 : 어떤 여자가 "그는 결혼했다"라고 말했다면 그 말이 함축하고 있는 의미는 무엇일까?

8) 관점 : 다음의 관점에 따라, 영화 사전 심의의 문제점 내지는 효과에 대해 말해 보라.

- 교육적 관점 :
- 경제적 관점 :
- 정치적 관점 :
- 심리학적 관점 :

3. 문제1에서 분석한 내용을 비판적 사고의 9표준을 이용해 평가해 보시오.

4. 일간지의 사설 한 편을 골라 '서론-본론-결론'으로 나누어 보고, 각 부분에서 필요한 요소들이 잘 표현되고 있는지 검토해 보시오.

5. 다음의 쟁점들과 관련된 자료나 글을 읽고, 1500자 내외의 논술문을 작성해 보자.

- 검찰의 정치적 중립성을 위한 기소권과 수사권 분리 문제

- 감염병 예방을 위한 방역 패스제 시행의 정당성
- 언론의 공공성과 언론 기업의 상업성
- 세계화와 복지 정책

응용 문제

2002년 11월 제2차 PSAT 실험 평가 문제 '언어논리영역'

1. 다음 기사는 청소년을 대상으로 한 성범죄자의 신상 공개에 대한 논란이다. 이 글에서 법원의 입장을 지지하는 글로만 짝지어진 것은?

> 법원이 청소년 대상 성범죄자의 신상 공개 조치가 헌법상 '이중처벌금지 원칙'에 위배된다며 헌법재판소에 위헌 여부를 가려 달라고 위헌 심판을 제청했다.

ㄱ. 여성계는 법원의 판단이 약자인 청소년을 상대로 한 성범죄자에 대해 처벌을 강화하고 있는 세계적 추세에 역행하고, 신상 공개제가 충분한 논의를 통해 사회적 합의에 도달한 것인 만큼 법논리에 앞서 공익을 우선시해야 한다는 주장이다.

ㄴ. ㅁㅁ대 법학부 ㅇㅇ 교수는 "신상 공개 항목이 너무 느슨해 공개의 효과에 의문이 있다"라며 "성폭력 범죄자는 더 세세하게 신상을 공개하고, 성매매자는 현 수준을 유지하는 분리 정책이 필요하다"라고 말했다.

ㄷ. 경실련 등 시민단체들은 법원의 위헌심판 제청이 신상 공개제에 대한 그간의 사회적 논란을 불식시킬 수 있는 계기가 될 것으로 내다보면서 헌법재판소의 판단을 기다려 보자는 입장이다.

ㄹ. 미성년자인지를 알지 못하고 18세 소녀와 성매매를 하다 적발돼 벌금형을 선고받았다는 한 네티즌은 청소년보호위원회 홈페이지에 올린 글을 통해 "나 하나로 인해 부모님도 동네 사람들로부터 손가락질을 받으면 어떻게 살아갈지 걱정"이라며 명단 공개를 반대했다.

ㅁ. 아동 성폭력 피해자 부모 모임의 ㅇㅇㅇ 대표는 "피해 당사자나 가족들의 고통을 감안할 때

방어 능력이 없는 아동 청소년을 대상으로 성범죄를 한 가해자는 자신의 인권이나 권리를 말할 자격이 없다"라고 말했다.

ㅂ. ○○○ 변호사는 "청소년 대상 성범죄의 심각성과 신상 공개의 취지는 충분히 공감을 한다"라고 밝힌 뒤 "그러나 명단 공개는 바람직한 방법이 아니며 신중을 기해야 한다"라고 말했다.

① ㄱ, ㅁ ② ㄴ, ㄷ ③ ㄴ, ㅂ ④ ㄷ, ㅂ ⑤ ㄹ, ㅂ

2. (나)는 (가)와 같은 사회문제에 대한 해결책이다. (나)와 같은 주장의 전제가 되는 논거로만 나열한 것은?

(가) 통계청이 발표한 지난해 11월 현재 전체 실업률은 3.2%(실업자 71만 4천 명)이다. 지표상으로 보면 고용 사정에 아무 문제가 없는 것처럼 보인다. 하지만 20대 실업률은 7.1%로 그 두 배를 넘고, 실업자 수로도 전체 실업자의 40%를 넘는 31만 명에 이른다. 우리 경제는 이들, 그리고 내년이면 또 새롭게 노동시장에 던져질 청년들에게 과연 희망을 줄 수 있을까?

(나) 우리 경제의 경쟁력 정체는 교역 조건의 지속적인 악화로도 나타나고 있다. 한국은행 집계를 보면, 수입 단가는 1995년을 100으로 할 때 지난해 10월 76.6으로 떨어진 데 반해, 수출 단가는 49.6까지 떨어졌다.

전문가들은 이런 상황에서 우리 경제가 지속할 수 있는 경쟁력을 갖추기 위해서는 지속적인 구조조정과 지식 기반화를 통한 고부가 가치화를 적극 추진해야 한다고 강조한다.

실제로 우리 기업의 상당수는 여전히 영업이익으로 이자조차 감당하지 못하고 있다. 한국은행은 지난해 상반기에 연간 20억 원 이상 매출을 올린 제조업체 2○○○개 중 4분의 1이 이자보상 배율이 1미만이라고 밝혔다. 경제협력개발기구의 2001년 한국경제 보고서는 이들 제조업체의 평균 이자 보상 배율도 1.7배로 99년 미국의 4.5배에 비해 매우 낮은 수준이라고 지적하고 있다.

경제 구조조정의 큰 방향은 '지식 기반화를 통한 산업의 고부가 가치화'라고 입을 모은다.

한 전문가는 "잘만 하면 중국과 동아시아의 개발도상국가들이 성장할수록 우리 경제가 오히려 혜택을 볼 수도 있다"라고 희망적인 전망을 내놓았다. 물론 그러기 위해서는

"정보기술 산업을 중심으로 새로운 미래 산업을 육성하면서, 기존 산업도 정보기술과 접목시켜 기술혁신을 이뤄가야 한다"라고 지적했다. 이를 통해 부가가치가 낮은 산업은 이들 국가에 넘겨주더라도 자본재와 중간재를 판매하는 방식으로 활로를 찾을 수 있다는 것이다.

ㄱ. 이제 정부가 나서서 이것저것 계획하는 시대는 지났다.
ㄴ. 고용 문제는 경제가 안정적으로 성장하지 못하면 해결하기 어렵다.
ㄷ. 구조조정을 지속적으로 추진하기 위해서 사회적 약자들에 대한 보호 장치를 마련해야 한다.
ㄹ. 그동안 우리 경제를 이끌어 온 주력 산업이 경기가 회복된다고 해서 성장과 신규 고용 창출의 원동력이 되어 줄 가능성은 점차 희박해지고 있다.

① ㄱ, ㄴ ② ㄱ, ㄷ ③ ㄴ, ㄷ ④ ㄴ, ㄹ ⑤ㄱ, ㄴ, ㄹ

3. 다음 글에 대해 타당하게 성립할 수 있는 주장을 모두 포함하는 것을 고르시오.

보편문명이라는 개념은 서구 문명의 특징적 산물이다. "백인의 책무"라는 19세기의 관념은 비서구 사회에 대한 서구의 정치적, 경제적 지배 확산을 정당화했다. 20세기 말에 와서도 보편문명의 개념은 다른 사회들에 대한 서구의 문화적 지배를 정당화하면서 이들 사회가 서구의 제도와 관습을 모방할 필요가 있다는 논리로 연결된다. 보편주의는 비서구문화 앞에 서구가 내놓은 이념이다. 주변인이나 전향자에게서 자주 보는 모습이지만 보편문명의 가장 적극적인 옹호자 중에는 네폴이나 아자미(Fouad Ajami) 같은 이주 지식인이 많다. 보편문명의 개념은 그들에게 나는 누구인가라는 근본적 물음에 대단히 만족스러운 답을 제공하기 때문이다. 자신의 비서구적 뿌리를 저버리지 않았던 한 지식인이 이것을 저버린 사람들을 '백인의 검둥이'라고 부르기도 했지만, 보편문명이라는 발상은 다른 문명에서 거의 지지를 얻지 못한다. 서구가 보편이라고 받아들이는 것을 비서구는 서구 것으로 받아들인다. 미디어의 세계적 확산을 서구가 지구의 부드러운 통합이라고 선전할 때 비서구인은 거기서 사악한 서구 제국주의를 본다. 설령 비서구인이 세계를 하나로 바라본다 하더라도 거기에는 위기감이 스며 있다.

어떤 형태로든 보편문명이 출현하고 있다는 주장은, 왜 그럴 수밖에 없는가를 놓고 다음 세 가지 중에서 하나 이상의 가정에 의존한다. 첫째, 소련 공산주의의 몰락은 역사의 종언과 전 세계에서 자유 민주주의의 보편적 승리를 의미한다는 가정이다. 둘째, 사람들 사이에 교류가 날로 늘어나면서 — 무역, 투자, 관광, 방송, 통신의 발전으로 — 공동의 세계문화가 나오는 등 확대된 교류는 세계 평화나 유대감을 조성하는 데 기인한다. 보편문명의 등장을 옹호하는 가장 널리 알려져 있는 셋째 주장은, 보편문명을 18세기 이후 전개되고 있는 광범위한 근대화 과정의 결과로 이해한다.

ㄱ. 필자는 세계적인 보편문명이 출현하고 있다는 주장에 대해 대체로 부정적인 견해를 견지하면서 보편문명의 출현론에 반박하기 위해 이러한 주장의 기본적인 가정을 문제 삼으려 한다.

ㄴ. 보편문명 출현론의 세 가지 가정 중 첫째 가정에 대한 반박으로는 그 가정이 유일(唯一) 대안의 오류를 범하고 있음을 지적할 수 있다. 즉 공산주의의 유일한 대안은 자유 민주주의이며 전자가 무너졌으니 후자의 보편성이 획득되었다는 이분법적 논리에 근거를 두었다.

ㄷ. 둘째 가정에 대한 반박으로는 사람들은 자기를 다른 인간들, 특히 자신이 일상적으로 자주 접촉하는 사람들과 구분 짓는 방식을 통해서 스스로를 파악하는 점을 들 수 있다. 사람들은 자기가 무엇이 아닌지를 통해 스스로를 정의한다. 무역의 증가로 무명과 문명의 접촉이 비약적으로 늘어나면서 사람들은 차츰 자신들만의 독특한 문명적 정체성에서 더 큰 중요성을 부여하게 될 것이다.

ㄹ. 필자에 따르면 보편문명은 서구뿐만 아니라 다른 문명에서도 대부분 받아들여지고 있는 개념으로서 하루속히 극복해야 할 서구 제국주의의 산물이다.

① ㄱ ② ㄱ, ㄴ ③ ㄱ, ㄴ, ㄷ ④ ㄱ, ㄴ, ㄷ, ㄹ ⑤ ㄴ, ㄷ, ㄹ

4. 다음 중 제시문의 내용과 가장 부합하는 것은?

초도로(Nancy Chodorow)는 남성 혹은 여성으로서의 정체감을 학습하는 것은 신생아가 부모와 접촉하는 데서 비롯되는 매우 초기의 경험이라고 보며, 아버지보다 어머니의 중요성을 강조한다. 어린이는 어머니와 정서적으로 더욱 가까워지게 되는데, 어머니가 초기 성장기에 가장 주도적 영향력을 쉽게 행사하기 때문이라는 것이다. 이러한 애착은 언젠가는 독립된 자아감을 획득하기 위해서, 즉 어린이는 어머니와 점차 의존적 관계가 청산되어야 할 것임을 알면서 허물어져야 하는 것이다.

초도로는 이러한 결별의 과정이 남자 아이와 여자 아이에게 다른 형태로 나타난다는 데에 동의한다. 남자 아이와는 달리, 여자 아이들은 어머니와 더욱 밀접한 상태에 머물

수 있는데, 이를테면 어머니와 포옹하고 입맞춤을 하며, 게다가 어머니가 수행하는 일을 흉내 낼 수 있다. 어린 여자 아이는 남자 아이들이 그렇게 할 수 있는 것보다도 어머니와 더 오랫동안 애착 관계를 유지할 수 있다. 어머니와 엄격한 결별이 존재하지 않기 때문에, 여자 아이들은 나중에 성인이 된 후에도 타인과 조금 더 지속적인 관계를 가질 수 있는 자아감을 지닌다. 여성의 정체감은 타인과의 관계 속에서 이들과 의존적인 상태에 놓여 있기 쉬운데, 처음에는 어머니와 그리고 나중에는 남자와의 관계를 통해서인 것이다. 이것은 여성 특유의 민감성과 정감적 자질을 양산하기 쉬운 것으로 설명된다.

남자 아이들은 어머니에 대한 원초적 친밀감을 급진적으로 거부하는 과정을 통해서 자아감을 획득하며, 남성스러움에 대한 이해를 비여성적 자질을 통해 학습하게 된다. 남자아이들은 스스로가 '유약한 사내'나 '어머니 치맛자락에 매달리는 사내아이'가 아님을 배워야 한다. 그 결과, 남자 아이들은 타인과 밀접하게 어울리는 데에 상대적으로 미숙하다. 그들은 조금 더 분석적 관점으로 세상을 보는 방법을 개발하게 된다. 남자 아이들은 '업적'을 강조하면서 자신의 삶을 보다 적극적으로 살아가는 방식을 택하게 된다. 한편으로는 자신의 감정과 타인의 감정을 배려하는 능력을 억눌러 버린다.

① "장난감 가게에 가 보면, 사내아이들을 위한 전쟁놀이 장난감, 여자 아이들을 위한 소꿉놀이 장난감으로 가득한데요, 이것은 세상사의 일면을 보여 주는 거예요. 사내아이들에게 살상하라고 가르치는 게 당연한 것으로 받아들여지고 있어요. 저는 이것이 끔찍하게 생각되고 받아들이기 힘듭니다. 그래서 장난감 가게에 들리지 않으려고 해요. 너무 화가 나니까요."

② 거의 모든 문화권에서 여자보다는 남성이 사냥과 전쟁에 참여해 왔다. 이러한 사실은 남성들이 여성들에게 결여되어 있는 공격적 성향을 가지고 있음을 보여 주는 것이라고 할 수 있다. 한 연구에 따르면, 한 암컷 원숭이에게 테스토스테론을 주입했을 때에 보통의 암컷보다 더 공격적 자질을 지니게 된다고 한다.

③ 남자들은 나이가 들어감에 따라 타인과 긴밀한 정서적 관계에 빠지게 되었을 때에 무의식적으로 스스로의 정체감에 위기의식을 느끼는 반면 여자들은 타인과의 긴말한 관계가 없는 것이 스스로의 자존심에 위협을 주는 것으로 파악한다.

④ 가장 시청률이 높은 만화 영화에 대한 연구 결과에 의하면 거의 대다수의 주인공이 남성이며, 이에 더하여 남성은 묘사된 목표를 적극적으로 추구하는 역할을 거의 장악하고 있다.

⑤ 이야기책 속에 주인공으로 등장하는 강하고 독립심이 있는 소녀 이야기가 이제는 발견되지만, 비전통적인 성역할을 담당하는 소년 이야기가 담긴 내용은 거의 없다.

제 3 장

논증의 이해

- 논증이란 무엇인가
- 논증의 분석
- 논증의 평가
- 논증 만들기

제1절

논증이란 무엇인가

1. 논증의 구조 : 전제와 결론

우리는 일상생활에서 어떤 사실, 생각을 근거로 하여 다른 사실이나 생각을 도출한다. 이런 사고 과정을 추론이라고 하며, 이 추론 과정을 언어로 나타낸 것이 논증이다. 논증은 어떤 주장을 담고 있는 명제(결론)와 그 주장의 근거에 해당하는 명제(전제)로 이루어진다. 즉 논증은 어떤 〈주장〉과 그 주장을 지지하는 〈근거〉로 구성된다. 학자들은 이러한 논증의 구조를 설명하기 위하여 '전제'와 '결론'이라는 말을 사용한다. 논증에서, 결론은 논증자가 옹호하거나 긍정하는 명제이고, 전제는 근거나 이유로 제시되는 명제이다. 따라서 논증은 전제와 결론으로 구성된다. 전제는 결론을 지지한다.

> 전제
> ↓(지지)
> 결론

논증에서 전제와 결론의 순서는 항상 정해져 있는 것이 아니다. 아래 〈A〉의 경우처럼, 결론이 전제보다 뒤에 나올 수도 있고, 〈B〉의 경우처럼, 결론이 전제보다 앞에 나오기도 한다. 이처럼 논증에서 결론과 전제의 순서가 문제 되는 것은 아니다. 논증에서는 전제와 결론의 상관관계가 중요할 뿐이다. 우리가 논증을 사용하는 목적은 하나의 주장(결론)을 옹호하기 위한 것이다. 그래서 논증을 구성하는 전제와 결론은 상관관계를 이루며, 이 관계를 통해 좋은 논증인지 아닌지를 결정할 수 있다.

> A : 철수는 영희보다 나이가 많다. 영희는 미혜보다 나이가 많다. 그러므로 철수는 미혜보다 나이가 많다.
> B : 철수는 미혜보다 나이가 많다. 왜냐하면 철수는 영희보다 나이가 많고, 또 영희는 미혜보다 나이가 많기 때문이다.

2. 숨은 전제와 결론

논증은 전제와 결론으로 구성된다. 하지만 일상의 논증에서는 전제 혹은 결론을 생략하는 경우가 종종 있다. 다음 문장을 보자.

> "철수, 너는 이 영화를 볼 수 없어. 이 영화는 미성년자 관람 불가야."

이 문장도 논증이라 할 수 있다. 이 문장에서 화자는 '철수는 이 영화를 볼 수 없다'라고 주장하고 있다. 그리고 자신의 주장을 지지하는 근거로 '그 영화는 미성년자 관람 불가 등급임'을 말하고 있다. 위 논증에서는 '철수는 미성년자이다'라는 전제를 생략하고 있다. 이 논증의 당사자들은 모두 그가 미성년자임을 알고 있기 때문에, 그런 사실을 말하지 않아도 그 논증을 이해하는 데 문제가 되지 않는다. 이렇게 생략된 전제를 〈숨은 전제〉라고 부른다.

한편 굳이 결론을 진술하지 않아도 누구나 짐작할 수 있는 경우라면 결론도 생략할 수 있다.

> "학점 우수자는 모두 취직을 잘한다는데, 철수도 학점이 우수하다."

이 논증은 '철수도 취직을 잘할 것이다'라는 결론을 함축한다는 것을 알 수 있다.

우리는 전제의 일부와 결론을 모두 생략하는 경우도 있다. 다음의 간단한 논증을 살펴보자.

> "철수가 성공한다면, 내 손가락에 장을 지지겠다."

다음과 같이 조건문이 포함된 논증의 타당성 여부를 평가하기에 앞서, 이 논증의 숨은 전제와 결론을 찾아 다음과 같이 재구성할 수 있다.

> 전제1 : 철수가 성공한다면, 내 손가락에 장을 지지겠다.
> 전제2 : 내 손가락에 장을 지지는 일은 없을 것이다.
> 결 론 : 철수는 성공하지 못할 것이다.

특정 전제나 결론은 논증을 펼치는 사람이나 논증을 듣는 사람 모두 알고 있는 경우, 흔히 생략된다. 하지만 좋은 논증을 하려면, 누가 봐도 당연할 것 같은 전제가 아니라면 논증의 전제와 결론을 최대한 분명히 밝혀야 한다. 수사적인 멋을 부릴 필요가 있는 논증이라면 더욱 그래야 한다.

3. 논증의 유형

논증을 분석하고 평가하기에 앞서 논증의 유형을 알아야 한다. 그것은 논증의 유형에 따라 그 논증이 설득력이 있는 좋은 논증인지 아닌지를 평가하는 기준이 달라질 수 있기 때문이다. 논증은 전제와 결론 사이의 논리적 연결 방식에 따라 연역논증과 귀납논증으로 나눌 수 있다. 연역논증은 전제와 결론 사이의 관계가 필연적인 논증으로, 전제가 참이면 결론이 반드시 참인 논증이다. 귀납논증은 전제와 결론의 관계가 개연적인 논증으로, 전제가 참이라고 하더라도 결론이 반드시 참이 되지는 않는 논증이다.

3-1. 연역논증

연역논증은 흔히 증명적 논증이라 불린다. 증명적 논증은 전제들의 참이 결론의 참을 증명하는 논증이다. 이것은 전제가 참이면, 결론이 참임을 절대적으로 보증하는 논증이다. 그래서 전제가 참인지 아닌지를 아는 것으로, 그 결론을 믿을 충분한 이유가 되는지 여부를 알 수 있다. 아래의 논증을 통해 살펴보자.

> 모든 사람은 죽는다.
> 플라톤은 사람이다.
> 그러므로 플라톤은 죽는다.

위 논증의 경우, 앞의 두 전제가 참이라고 가정한다면, 결론이 반드시 참임을 알 수 있다. 즉 결론에서 주장하는 내용이 이미 전제 속에 모두 포함되어 있기 때문이다. 연역논증은 결론에서 주장하는 것이 전제에서 주장한 것을 넘어서지 않는다. 이 경우 결론의 진리성은 전제의 진리성에 의해 필연적으로 보증된다.

연역논증은 일반적으로 타당성과 건전성을 통해 평가할 수 있다. 타당성 개념은 전제의 참이 결론의 참을 필연적으로 지지하는가에 관한 것이다. 만약 전제가 참이라고 가정할 때, 반드시 결론이 참이 되는 논증은 타당한 연역논증이다. 그렇지 않다면, 그것은 부당한 연역논증이다. 연역논증에서 타당성과 부당성은 전제와 결론 사이의 논리적 관계에 관한 것이다. 그리고 우리는 전제가 실제로 참인지 물을 수 있다. 이것은 논증의 건전성을 평가하는 것이다. 논증 속의 전제가 실제로 참이라면 그것은 건전한 연역논증이며, 그렇지 않다면 건전하지 않은 연역논증이다. 전통적으로 논리학은 타당한/부당한 연역논증의 형식을 연구해 왔다. 그 연구 결과는 논증적 사고를 다루는 장에서 살펴볼 것이다.

3-2. 귀납논증

귀납논증은 전제에 포함되지 않은 새로운 내용이 결론에 포함된 논증이다. 그래서 전제의 참이 결론의 참을 증명하지 않는다. 이와 같은 귀납논증을 비증명적 논증이라 부른다. 아래 논증을 통해 살펴보자.

> 한국인의 80%는 가수 BTS를 좋아한다.
> 내 친구 철수도 한국인이다.

> 그러므로 철수도 BTS를 좋아할 것이다.

위 논증의 경우, 만일 전제가 모두 옳다고 가정해도, 그 결론이 반드시 옳다고 할 수 없다. 즉 철수는 BTS를 좋아한다고 밝힌 한국인의 80%에 속하지 않을 수 있기 때문이다. 이와 같이 귀납논증의 전제는 결론이 참임을 지지하는 필연적이거나 결정적인 증거를 제공하지 않는다. 단지 결론이 참일 개연성에 대한 증거만을 제공한다. 귀납논증의 결론은 전제 속에 포함되어 있지 않거나 함축되어 있지 않은 정보나 지식을 포함한다. 귀납논증은 논증의 필연성을 포기함으로써, 지식의 범위를 확장한다. 과학이 그 대표적인 예이다. 과학은 관찰이나 실험을 바탕으로 이미 우리에게 알려진 정보나 지식을 넘어서는 새로운 지식을 제공한다. 그래서 과학적 활동의 결과로서 얻은 지식이 반드시 참이라고는 할 수 없다.

귀납논증도 연역논증과 마찬가지로 두 가지 측면에서 평가할 수 있다. 먼저 전제가 결론을 지지하는 정도를 평가하는 것이다. 즉 만약 전제들이 모두 참이라고 가정할 때, 결론이 참일 개연성이 아주 높은가, 약간 높은가, 낮은가 등을 살펴보라. 만약 결론이 참이 될 개연성이 아주 높다면, 그 논증은 강한 귀납논증이다. 그리고 만약 그 개연성이 낮다면, 약한 귀납논증이라 할 수 있다. 이와 같이 귀납논증은 일차적으로 개연성의 정도를 평가해 보아야 한다. 그리고 그 귀납논증 속의 전제가 실제로 참인지 살펴보아야 한다. 만약 전제들이 실제로 참이라면, 그 논증은 귀납적으로 건전한 논증이며, 그렇지 않다면 불건전한 논증이라고 부를 수 있다.

4. 논증의 구조 분석

우리는 어떤 논증을 평가하기에 앞서, 그 논증이 주장하고자 하는 바가 무엇이고, 그 주장을 위해 어떤 근거를 제시하고 있는지 정확하게 이해해야 한다. 즉 논증의 이해와 분석은 논증의 평가에 앞서 해야 하는 중요한 활동이다. 이와 같이 논증을 정확하게 이해하는 과정을 〈논증의 분석〉이라고 부르자.

논증 여부 결정:
주장에 대한 근거를 제시하고 있는가?
↓
논증의 분석:
전제와 결론은 무엇이고, 전제는 어떤 구조로 결론을 지지하는가?
↓
논증의 평가:
논증의 전제들이 받아들일 만한가?
논증의 전제들이 정말로 결론을 지지하는가?

우리가 논증을 분석하는 일차적인 목적은 반박이 아니라 이해이다. 논증의 분석 단계에서 우리는 상대방의 주장(결론)을 찾고, 그 주장을 지지하는 이유(전제)를 찾아 상대방의 논증을 최대한 합리적으로 만들어 보아야 한다. 논증을 분석하기 위해, 우리는 문장과 그것들 사이의 구조를 살펴보아야 한다. 논증의 구조를 이해하고 그 논증을 표준적인 모양으로 재구성한다는 것은 힘들고 번거로운 작업이다. 하지만 그것은 그 사람의 논리가 지닌 설득력을 평가하기 위한 독자의 의무이다. 논증을 제대로 분석할 수 있는 사람은 논리적 사고 능력이 있다고 말할 수 있다.

논증 분석을 위해 많이 쓰이는 방법은 다이어그램이다. 여러 전제들과 결론에 각각 번호를 붙여 그 지지 관계를 화살표로 나타낸 것이다.

먼저 다음 논증부터 보자.

① 그는 현명하고 성실한 사람이다. ② 그러므로 그 일을 잘 해결할 것이다.

위 두 문장은 논증이며, 그 구조는 아주 간단하다. 그가 말하려는 것, 즉 결론은 ②이며, 그 결론을 지지하는 전제는 ①이다. 우리는 전제 ①이 결론 ②를 지지한다는 관계를 화살표를 이용하여 다음과 같이 나타낼 수 있다.

> ①
> ↓(*D — 연역)
> ②

조금 더 복잡한 논증을 살펴보자.

> ① 모든 사람은 틀림없이 죽는다. ② 그것은 틀림없는 사실이다. ③ 소크라테스도 죽었다. ④ 그리고 나폴레옹뿐 아니라, 스탈린도 죽었다.

먼저 결론부터 찾아보자.

> ③　　④
> ↘↙ (*I — 귀납)
> ①=②

이 논증에서 주장, 즉 결론은 ① "모든 사람은 틀림없이 죽는다"라는 것이다. 그리고 ②는 ①의 결론을 강조하는 진술이다. 그러므로 ①과 ②는 동일한 진술로 하나의 결론이라 할 수 있다. ③과 ④가 ①, ②의 근거이다. 그런데 그 근거들은 결론을 따로따로 지지한다. 예를 들어 ③은 ④없이도 ①의 근거가 될 수 있다. 물론 ③과 ④가 합해지면 ①이 더 그럴듯하겠지만 ③ 혹은 ④ 혼자서도 ①의 근거가 될 수 있다. 이 논증은 귀납논증이다. 전제가 참이어도 결론이 거짓일 수 있기 때문이다.

이제 전제와 결론 사이의 지지 관계를 화살표를 이용하여 아래 지시문의 논증 구조를 분석해 보자.

> ① 자연 선택이 없다면 진화는 멈출 것이다. ② 그런데 자연 선택은 이제 인간에게는 적용되지 않는다. ③ 자연 선택이 이루어지려면 강한 개체보다 훨씬 많은 수의 약한 개체들이 번식하기 전에 죽어야 하는데, 현대의 의학은 약한 자들도 강한 자

들에 못지않게 살아남아 또 번식할 수 있도록 만들어 놓았기 때문이다. ④ 따라서 인간은 더 이상 진화하지 않는다.

( )
↓(D)
( ) + ( )
↓(D)
( )

① 지난 30년간의 주식 시장이 보여 주듯이, ② 주식은 경기 침체 후 회복되는 첫 번째 해에 채권보다 대체로 수익성이 높다. ③ 올해가 그 해이기 때문에, ④ 주식은 채권보다 수익성이 높아야 한다.

( )
↓ (I)
( ) + ( )
↓ (D)
( )

이제 위에서 언급한 논증 분석에 대한 설명을 바탕으로 논증의 구조를 분석하는 방법을 간단히 정리하면 다음과 같다.

- 먼저 논점을 파악한 후, 결론을 찾아라.
- 결론을 지지하는 전제를 찾아라.
- 전제와 결론을 연결하는 숨은 전제를 찾아보라.
- 정의, 부연 설명, 사례 제시 등이 있는지 살펴보라.
- 전제와 결론 사이의 관계를 다이어그램으로 그려 보라.

간단한 논증들은 이와 같은 방법으로 논증의 구조를 분석할 수 있다. 하지만 모든 필자들이 자신의 논증을 체계적으로 구성한 후, 글을 쓰는 것은 아니다. 그 결과 어떤 논증은 엉성하기도 하며, 그 논증의 의도를 파악하기 힘든 경우도 많다. 어떤 쟁점이 되는 문제를 다룰 때, 정말로 중요한 부분이라고 판단되는 내용이라면, 앞의 기본 내용을 숙지하면서 그 논증의 구조를 분석하고 재구성하는 훈련을 하는 수밖에 없다. 이제 다음 절에서 논증을 분석하는 데 도움이 될 수 있는 방법론적인 지침들을 간단히 살펴보기로 하자.

제2절

논증의 분석

학술 서적이나 논문은 대개 어떤 문제에 대하여 논증을 제시하는 텍스트이다. 논증이 포함된 텍스트의 경우, 텍스트 분석의 핵심은 논증을 재구성해 보는 것이다. 논증을 확인하는 작업은 저자의 논증을 평가하기 위한 기초 단계이다. 따라서 논증의 구조를 찾고 재구성하는 것은 학술 서적이나 논문과 같이 논증을 지닌 텍스트를 비판적으로 독해할 때 유용하게 사용할 수 있는 분석의 방법이다. 신문의 사설, 논설문 등의 논증 형식을 사용하는 글을 분석하거나 비판할 때, 우리는 우선 그 글 속의 논증 구조를 확인해야 한다.

우리는 앞 절에서 논증에 대해 간단히 살펴보았다. 논증은 전제와 결론으로 구성된다. 논증의 구조는 특정 문제에 대한 주장을 담고 있는 텍스트를 비판적으로 독해할 때, 유용하게 사용될 수 있다. 비문학 영역의 자료, 신문의 사설, 논설문 등의 논증 형식을 사용하는 글을 분석하거나 비판할 때, 우리는 그 글 속의 논증 구조를 확인해야 한다. 다음은 논증이 포함된 자료를 비판적으로 분석할 때, 그 자료 속의 논증의 구조를 확인하기 위해 던져야 할 질문들이다.

1. 논점(쟁점, 이슈) 확인하기

우리가 다른 사람의 논증을 평가하려면, 우선, 우리는 그가 다루는 논점(쟁점)과 그에 대해 말하려는 것, 즉 결론(주장)을 확인해야 한다. 그것을 분명하게 하지 않으면, 그들이 의도하는 것을 왜곡하거나, 그에 잘못 반응할 수 있다.

논점이란 논의나 논쟁을 벌어지게 하는 어떤 질문 혹은 쟁점 사항이다. 우리는 이 논점에 대하여 이런저런 주장을 하게 된다. 우리가 일상적으로 접하기 쉬운 논점(쟁점)은 다음과 같다.

① 사실(fact)에 관한 논점

이것은 어떤 것의 사실 여부가 쟁점이 되는 문제이다. 이것은 세상 속에서 일어나는 특정 사실, 사태, 사건 등이 진실인지 아닌지가 쟁점이 되는 것이다. 이런 문제는 그 쟁점과 관련된 특정 사실, 정보, 지식 등을 찾아내면 해결할 수 있다. 예를 들어 "토끼는 시속 20km로 달릴 수 있을까?" 이 문제는 토끼에 관한 어떤 객관적인 정보가 있으면 해결할 수 있는 사실에 관한 논점이다.

② 개념(concept)에 관한 논점

이 논점은 사실에 관한 질문이나 논점과는 다르다. 이것은 "한 개념을 어떻게 사용하기로 결정하느냐"에 따라 커다란 차이가 생기는 문제이다. 결국 이 문제는 한 개념의 의미 혹은 그 기준을 문제 삼는 것이다. 예를 들어, "고래는 물고기인가?" 이 문제는 '물고기'라는 개념의 의미를 어떻게 설정하느냐에 따라 답이 달라진다. 즉 '물고기'라는 개념이 논란이 되는 문제이다.

③ 가치(value)에 관한 논점

이것은 가치관이나 윤리적 판단에 근거하여 '옳다'거나 '그르다' 혹은 '좋다'거나 '나쁘다' 등의 가치 판단을 담고 있는 질문이다. "공산주의는 바람직한 체계인가?" 이 문제는 공산주의 체제에 관한 가치 판단을 요구하고 있다.

④ 수단/방법/도구에 관한 논점

우리는 어떤 목적을 달성하기 위해 필요한 어떤 수단이나 방법을 선택한다. 이때 그 방법이나 수단이 목적을 달성하는 데 적절한 것인지 아닌지를 문제 삼을 수 있다. 예를 들면 "능력주의가 공정을 해결할 수 없다면 그 대안은 무엇인가"와 같은 물음이 이에 해당한다.

⑤ 정책에 관한 논점

"공공장소에서 흡연을 금지해야 하는가?" "정부는 기후 위기 극복을 위해서 탄소 중립 정책을 실행해야 하는가?" "연10%대 청년희망적금 가입 대상에 외국인도 포함해야 하는가?" 이 문제는 특정 정책의 채택과 실행 여부를 묻는 물음이며, 채택 여부의 찬반이 쟁점이다.

논점을 어떻게 찾을 수 있을까? 다음은 논점을 확인하는 데 도움이 될 단서들이다.

① 저자나 화자는 무엇이 논점인지 우리에게 직접 말하는 경우가 있다. 이 경우 우리는 텍스트 속에서 논점을 쉽게 찾을 수 있다. 저자는 텍스트의 시작 부분이나 제목에서 그것을 말하기도 한다. 즉 저자가 자신이 다루려는 문제를 분명하게 제시하고 글을 시작하는 경우이다. 이 경우는 우리는 저자의 도움으로 논점을 손쉽게 찾을 수 있다.

② 필자가 논점을 분명하게 제시하지 않는 경우, 그의 결론을 통해 논점을 추론할 수도 있다. 이러한 경우, 우리는 논점을 확인하기 위해 먼저 결론을 찾아보아야 한다. 그리고 그 결론을 의문문으로 만들어 봄으로써, 논점을 확인할 수 있다.

2. 결론(주장) 찾아내기

결론은 필자나 화자가 말하려는 것, 상대방이 수용하기를 바라는 내용이다. 결론은 "저자가 증명하려는 것은 무엇인가?" 혹은 "그가 다루는 핵심적인 논점은 무엇인가?"라는 질문에 대한 대답이다. 결론을 찾기 위해, 우리는 상대방이 믿어 주기를 바라는 어떤 진술, 추론의 과정에서 도출한 것을 찾아야 한다. 어떻게 결론을 찾을 수 있을까? 다음은 결론을 찾는 데 도움이 되는 단서들이다.

① 먼저 저자가 다루는 핵심 논점이 무엇인지를 질문해 보는 것이다. 결론은 항상 어떤 논점에 대한 반응이기 때문에, 논점을 알면 결론을 발견하는 데 도움이 된다. 저자가 우리를 설득하려는 문제를 파악하면, 그 문제에 대한 저자의 핵심 주장이 무엇인지를 아

는 것은 상대적으로 쉬워진다.

② 결론을 지시하는 단어들을 찾아보는 것이다. 흔히 논증의 결론 앞에는 결론임을 나타내는 '결론 지시어'가 먼저 나온다. 예를 들어 '따라서', '그러므로', '결국', '사실상', '...임을 알 수 있다', '...라고 생각할 수 있다' 등의 지시어가 그것이다. 우리는 이런 지시어가 나타나면 결론임을 짐작할 수 있다. 하지만 이런 지시어가 논증을 분석하는 데 도움이 되는 만병통치약은 아니며, 모든 논증에 그런 지시어가 사용되는 것도 아니다.

③ 마지막으로, 지시어를 사용하지 않고 얼마든지 논증을 할 수 있기 때문에, 지시어에 의존하기보다는 글(텍스트)의 내용과 앞뒤 맥락에 의존해서 결론을 찾아내는 훈련을 해야 한다.

3. 근거(이유, 전제) 찾아내기

근거는 결론을 지지하거나 정당화하기 위하여 제시하는 진술(명제)이다. 이 진술은 결론의 신뢰도를 평가하는 데 기초가 된다. 대개 사람들은 자신의 주장이 옳다는 것을 설득하기 위해 '왜' 그런지를 보여 주는 어떤 근거를 제시한다. 이렇게 적절한 근거를 가지고 자신의 주장을 정당화하는 것은 합리적인 사유의 한 가지 특징이다. 우리는 상대방이 말하는 주장의 근거를 확인하기 전에는 그 주장의 진위(가치)를 쉽게 결정해서는 안 된다. 이처럼 근거를 확인하는 것은 비판적 사고에서 매우 중요한 단계이다. 근거는 어떻게 확인할 수 있을까? 다음은 전제를 찾아내는 데 도움이 될 단서들이다.

① 우리가 결론을 찾았다면, 다음으로 '왜'라는 질문을 해 보라. "저자는 왜 자신의 주장이 참이라고 생각하는가?" 이 물음에 대한 대답으로 기능하는 것이 근거이다. 즉 저자의 추론 구조에서, 결론을 지지하는 데 사용되는 진술은 어떤 것이든 근거라고 말할 수 있다. 그러므로 결론을 지지하는 전제는 대단히 폭이 넓다. 그것은 또다시 쟁점이 되는 명제일 수도 있고, 이미 다른 사람들도 보편적으로 동의하는 명제일 수도 있다.

② 논증에서 근거를 기계적으로 알 수 있는 방법은 '전제 지시어'를 이용하는 것이다. 전제

지시어는 한 개의 전제 혹은 여러 개의 전제들을 도입하기 위해 사용하는 '그 근거는 ~', '그 이유는 ~', '왜냐하면 ~', '~이기 때문에' 등의 지시어들이다. 이와 같이 논증 속에 전제 지시어가 명시적으로 드러나 있는 경우, 전제를 확인하기 쉽다.

③ 모든 논증에 전제 지시어가 포함되어 있는 것은 아니다. 이때 전제를 찾기 위해서는 글의 앞뒤 맥락을 고려하거나, 독자가 글의 적절한 위치에 전제 지시어를 삽입해 보는 것도 한 방법이다.

비판적 독서 활동에서 가장 중요한 요소 가운데 하나는 주장과 근거이다. 복잡한 추론의 경우, 주장과 근거의 관계가 잘 조직화되어 있지 않은 경우가 많다. 이러한 문제를 극복하기 위해 주장과 근거를 논리적인 형태로 분명하게 조직화하는 방법을 개발해야 한다.

4. 애매모호한 표현(단어나 구) 찾기

저자는 어떤 쟁점에 대해 자신의 주장을 설득하기 위한 한 방법으로 논증을 구사한다. 논증은 전제와 결론의 구조로 되어 있다. 전제와 결론은 참이거나 거짓인 명제이다. 명제는 개념(단어)과 개념의 관계, 즉 판단을 언어적으로 나타낸 것이다. 앞의 세 방법을 통해 저자의 기본 논증을 찾았다면, 이제 그의 논증을 가능한 한 정확하게 해석해야 한다. 그가 우리에게 말하려는 것이 무엇인지 파악하기 위해 노력해야 한다. 여기서 우리가 주목해야 하는 것은 저자가 말하려는 것을 불투명하게 만드는 애매모호한 개념이나 구이다. 저자가 자신의 논증에서 사용하는 개념의 의미를 찾아 정확히 이해하고, 그 의도를 파악하는 것은 논증 분석의 중요한 요소이다. 개념의 의미는 명제의 의미를 규정하고, 나아가 논증의 가치를 결정하는 데 중요하다. 따라서 우리는 핵심 개념이나 구의 의미가 애매하거나 모호하다면, 그 의미를 명료하게 해야 한다.

다음은 핵심 개념이나 구를 찾는 데 도움이 될 단서들이다.

① 이미 확인한 논점을 살펴보고 개념에 관한 논점이 포함되어 있는지 검토하라. "TV 폭

력은 사회에 나쁜 영향을 미치는가?" 이 문제에서 'TV 폭력', '악영향'은 언급하는 사람에 따라 그 의미와 기준이 다를 수 있다. 우리는 저자의 주장에 동의하기에 앞서, 그가 그런 개념을 어떤 의미로 사용하고 있으며, 어떻게 정의하고 있는지 검토해야 한다.

② 결론은 상대방이 수용하기를 바라는 진술이다. 근거에서 결론을 추론할 때, 어떤 개념이나 구가 결정적인 역할을 하는지 확인해 보라. 그러한 개념을 확인하면, 어떤 개념의 의미가 애매한지 결정하기 쉽다.

③ '자유', '평등', '책임' 등의 추상적인 개념이나 이들 개념이 포함된 문장은 여러 가지 의미로 해석될 수 있다.

위의 단서들을 바탕으로 애매모호한 개념이나 구를 찾았다면, 이제 저자가 개념의 의미를 어떻게 이해하고 있는지 반문해 보아야 한다. 우리는 일상적으로 그들 개념에 대해 우리가 이해하고 있는 의미와 저자가 이해하고 있는 의미가 동일할 것이라고 가정한다. 이런 가정은 저자가 그 개념을 어떤 의미로 사용하고 있는지 확인해 보면 보다 분명해진다. 저자가 사용하는 애매모호한 개념이나 구의 의미를 확인하는 한 방법은 그것이 사용되는 맥락(context)에 주목하는 것이다. 특히 그들 개념이 논란이 되는 지적·사회적 배경을 생각해 보고, 그 배경 위에서 전통적으로 어떤 의미로 사용되어 왔는지를 확인하라. 그리고 애매한 개념의 앞뒤 문맥을 통해 그 의미를 유추해 보는 것이다.

5. 가정 검토하기

대부분의 논증은 얼핏 보면 '일리가 있어' 보이고, 그 논증 구조도 훌륭해 보인다. 그러나 저자가 직접 진술하고 있는 근거가 자신의 주장을 지지하는 유일한 근거는 아니다. 사람들은 자신이 보기에 확실하다고 생각하는 어떤 근거는 언급하지 않는 경우가 많다. 이와 같이 저자가 직접 진술하지 않은 생각이나 아이디어, 확신 등을 '가정'이라 부른다. 대개의 경우, 가정은 숨어 있거나 진술되지 않으며, 의심할 여지없이 확실한 것으로 생각되는 것이다. 그것은 결론의 진위를 결정하는 데 중요한 것이지만, 잠정적으로 보아 속임수인 경우가 많다.

우리는 문맥의 흐름 속에서 그것을 찾아야 한다.

우리는 비판적으로 생각하기 위해, 한 논증에 정확히 어떤 가정이 있고, 그 가정의 근거가 무엇인지를 살펴보아야 한다. 가정의 근거를 살펴보면, 그 가정이 습관이나 관례 외에는 아무런 근거가 없음을 발견할 수도 있다. 우리는 문화, 사회, 국가, 계층 등에 널리 퍼져 있는 가정들을 깨달아야 한다. 우리가 어떤 가정을 하고 있으며, 그 가정이 어떤 배경을 가지고 있는가를 아는 것은 중요한 일을 결정할 때 영향을 미친다. 편견을 생각해 보라. 편견은 상당한 증거 앞에서도 바꾸기를 꺼리는 가정 혹은 숨은 가정이라고 말할 수 있다. 우리는 사람이나 사상에 대하여 좋은 쪽이든 나쁜 쪽이든 편견을 가질 수 있다. 편견은 어떤 주장을 지지하는 좋은 근거로서의 기능을 할 수 없다. 우리는 편견을 스스로 제거하도록 노력해야 한다.

제3절

논증의 평가

앞에서 우리는 텍스트를 분석하여 독해하는 과정상의 문제를 다루었다. 텍스트 이해는 일종의 대화이다. 대화는 텍스트를 통한 독자와 저자의 상호작용이다. 우리는 텍스트 분석을 통해 저자가 말하려는 것을 충분히 이해했다면, 이제 독자 쪽에서 저자에게 말을 걸어야 할 때이다. 저자에게 말을 거는 것은 유능한 독자의 특권이다. 그것은 독자가 저자에게 응답하여 말하는 것으로서 독자에게 주어진 기회이며, 의무이기도 하다. 누구도 독자의 텍스트에 대한 평가와 판단을 가로막을 수 없다. 이제 훌륭한 독자로서 비평의 의무를 다해야 하며, 비로소 텍스트에 대한 적극적인 이해를 마무리할 수 있다.

텍스트를 비판적으로 독해한다는 것은 어떤 것일까? 텍스트에 대한 비판적 사고 혹은 독해 과정을 간단히 정의할 수는 없다. 하지만 그런 사고 과정을 확인할 수 있는 몇 가지 특징을 제시할 수 있다. 비판적 사고의 핵심은 추리(논증)하는 사고이다. 비판적 사고는 추리 과정을 분석하고, 평가하고, 필요하다면 나아가 그 대안을 찾아보는 적극적이고 능동적인 활동이다. 우리는 이 활동을 세분하여, 논증을 확인하는 과정, 논증을 평가하는 과정, 스스로 논증을 만드는 과정으로 생각해 볼 수 있다. 텍스트 속에서 논증을 확인하는 과정은 앞에서 이미 언급했다. 이제 저자가 말하려는 논증을 평가해 보는 것이다.

논증을 평가하는 작업은, 논증을 구성하는 전제(근거)와 결론(주장)의 상호관계를 따져 보는 것이다. 우리는 다음 몇 가지 조건을 통해 논증을 평가할 수 있다. 첫째, 근거들은 받아들일 만한가? 근거들은 믿을 만해야 한다. 둘째, 근거들은 주장과 관련성이 있는가? 근거는 주장을 지지한다고 간주되는 증거나 이유 등을 말해야 하며, 논증에서 다루고 있는 논점과 상관없는 것을 말해서는 안 된다. 셋째, 근거는 주장을 지지하는 충분한 이유가 되는가? 근거는 주장을 수용하는 것이 합리적이라고 생각할 만한 충분한 이유를 제시해야 한다. 넷째, 우리는 반론을 염두에 두고 예상되는 반론에 대한 대안을 제시하거나 반박할 논거를 제시해야 한다. 이런 기준을 만족하는 논증이 좋은 논증이라고 할 수 있다. 여기서는 우선 좋은 논증의 세 가지 요건들을 중심으로 간단히 살펴보자.

1. 근거의 수용 가능성

논증은 결론과 전제로 이루어진다. 여기서 결론은 주장이며, 전제는 그 주장을 지지하는 근거이다. 근거가 주장을 지지하기 위해서, 근거는 받아들일 만한 것이거나 참이라고 말할 수 있는 것이어야 한다. 어떤 종류의 진술이 근거 역할을 할 수 있는 것일까? 일상적으로 우리는 '우리 자신의 경험', '상식', '증언', '전문가의 의견', '여론 조사', '설문 조사', '통계치' 등에 근거하여 어떤 문제에 대해 주장한다. 우리는 이들 증거들을 어느 선에서 수용해야 할지 살펴보아야 한다. 이것은 우리의 인식 활동의 진리치에 대한 비판적인 검토의 과정이다. 아래는 근거를 수용하기 힘든 것에 해당하는 몇몇 오류를 소개한다.

1-1. 부적합한 권위에의 호소

어떤 주장을 지지하기 위해 누구나 인정할 수 있는 정당한 권위에 호소하는 것은 오류가 아니다. 그래서 특정 분야의 전문가의 의견은 어떤 주장을 지지하기 위한 근거로서 사용될 수 있다. 물론 우리는 그 전문가의 의견조차 실제로 사실인지 확인해야 한다. 그리고 그가 현재 쟁점이 되는 문제와 전혀 관련이 없거나 지적인 권위를 지닌 사람이 아니라면, 그가 전문가이기는 하지만 자신의 전문 영역을 벗어난 문제에 대한 의견을 말한다면, 그의 의견을 무조건 수용해서는 안 된다. 이런 종류의 잘못이 '부적합한 권위에의 호소'이다.

> 〈예〉 "UFO가 있어. 우리 삼촌이 있다고 했어. 우리 삼촌은 고시 준비생이야."

2-1. 선결 문제 요구의 오류(혹은 순환 논증의 오류)

논증에서 전제는 결론보다 더 확실한 것이어야 한다. 그래야 사람들은 전제로부터 결론을 합리적으로 받아들일 수 있을 것이다. 우리는 전제가 결론보다 의심스럽거나 쟁점이 되는 경우, 그 전제가 마치 해결된 것인 양, 참이라고 가정해서는 안 된다. 쟁점이 되는 전제를 참이라고 가정하여 수용하는 잘못을 '선결 문제 요구의 오류' 혹은 질문을 구걸한다고 하여 '거지 논증'이라 부른다.

> 〈예〉 "신은 존재한다. 왜냐하면 성경이 신은 존재한다고 하기 때문이다. 또한 성경이 말하는 것은 틀림없이 사실이다. 그것은 신의 말을 드러내는 것이기 때문이다."

3-1. 거짓 딜레마(흑백 논리, 잘못된 이분법, 모 아니면 도)

이 오류는 의심스러운 두 개의 선택지를 주고 그중 하나를 선택하도록 요구하는 경우에 발생한다. 이 경우 전제는 두 개의 선택지를 갖는 선언명제로 되어 있다. 하지만 그 선택지가 완벽한 선택지가 아니거나 수용하기 어려운 경우, 그 논증은 좋은 논증이라고 보기 어렵다.

> 〈예〉 "(정치적인 광고) 김 후보에게 투표하든지 아니면 나라를 도탄에 빠뜨리십시오."

2. 전제와 결론의 연관성

좋은 논증의 둘째 기준은 전제와 결론의 관련성이다. 전제가 아무리 참이라고 해도 결론과 관련이 없다면 그 전제는 결론을 지지한다고 볼 수 없고, 나아가 전제는 결론의 진리치

(참/거짓)에 영향을 미치지 못한다. 여기서 우리가 주의해야 할 것은, 전제가 참이라고 해서 결론과 관련이 있다고 보기 어렵다는 것이다. 그리고 전제와 결론이 관련이 있다고 해서 전제가 결론을 완벽하게 입증했다는 것은 아니다.

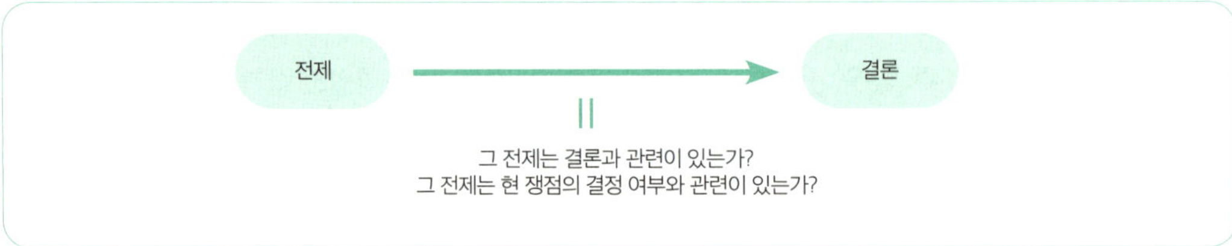

전제는 결론과의 관계에서 관련이 있든가 없든가 둘 중의 하나이다. 따라서 우리는 전제와 결론의 관련성을 판단하기 전에, 먼저 논점과 결론이 무엇인지 정확하게 해야 할 필요가 있다. 즉 결론이 무엇인지 정확하게 한 다음 전제가 그 결론과 정말로 관련이 있는지 따져 보아야 한다. 전제가 결론과 관련이 없다면, 그 전제에서 결론이 도출되지 않을 것이다. 하지만 전제의 관련성을 검토하는 방법이 그리 쉬운 일은 아니다. 전제와 결론이 관련성이 없어서 생기는 논증의 오류를 모두 논점 일탈의 오류라고 부른다. 다음의 사례들이 그러한 경우이다.

2-1. 사람에의 호소(인신공격의 오류, 정황의 오류)

우리가 어떤 사람의 주장을 논박하기보다는 그 사람을 공격하거나 비난할 때, '사람에의 호소 오류'를 저지른다. 사람들은 그 주장을 하는 사람의 인간성, 배경, 행적, 정황에 의존하여 그 주장이 잘못됐다고 결론을 내리는 경우가 많다. 그 사람의 인간성, 발언의 배경 등은 그가 말하는 주장의 진위와는 그 자체로 관련이 없다.

우리가 사람의 개인적 특성 즉 나이, 성별, 인종, 국적, 직위 등에 근거하여 그 사람의 주장을 비판할 때, 그러한 비판은 '인신공격의 오류'이다. 이 오류는 '나이가 어리므로', '여자이므로', '~출신이므로', '… 너의 주장은 틀렸다'라는 식으로 표현된다.

> 〈예〉 "네까짓 게 뭘 알어? 대가리에 피도 안 마른 놈이"
> "여자 주제에 …"

우리가 상대방이 처한 정황 혹은 상황에 근거하여 그를 비판할 때, 그러한 비판은 주로 상대방의 정황과 주장이 일치하지 않는다는 것을 지적함으로써 이루어진다. 이 같은 논증은 '정황의 오류'라고 불린다.

> 〈예〉 거리에서 침 뱉는다고 야단치는 노인에게 "할아버지는 거리에 침 뱉은 적 없어요?"라고 말하는 경우.

2-2. 대중에의 호소

우리는 자신의 주장이 옳다는 것을 보여 주기 위하여, 다수의 사람들이 그렇게 생각하거나 믿고 있다고 말하는 경우가 있다. 어떤 주장이 옳은가 그른가는 많은 사람들이 그것을 지지하느냐와 전혀 관련이 없다. 다수의 생각이나 믿음이 어떤 주장을 참이 되게 하지는 않는다. 어떤 주장이 참이고 사실이기 때문에, 다수의 사람이 그 주장을 수용해야 하는 것이다. 반대로 다수의 사람이 그렇게 생각하고 믿기 때문에, 그것이 참이 되는 것은 아니다. 어떤 주장을 지지하기 위해 이와 같이 '대중에게 호소'하는 것 역시 오류이다.

> 〈예〉 "길을 막고 물어보라. 한전이 삼성보다 경영을 잘한다고 대답할 사람은 한 사람도 없을 것이다."

2-3. 감정에의 호소

우리가 어떤 주장을 하면서 특정 감정에 호소하는 경우가 있다. 하지만 감정은 어떤 주장을 받아들이는 문제와는 관련이 없다. 상대방의 '감정에 호소'하는 것 역시 오류이다. 사람들은 교수에게 학점을 올려 달라고 부탁할 때나 법정에서 무죄를 주장할 때, 상대방의 감정(동정심)에 자주 호소한다.

> 〈예〉 "저희 회사의 제안서를 채택해 주십시오. 지난 3개월 동안 밤낮없이 준비한

> 것입니다. 직원 한 명은 이것을 준비하느라고 과로로 쓰러지기까지 했습니다."

2-4. 허수아비 공격의 오류

사람들은 상대방의 주장을 이해할 때 반박하기가 쉽게 해석해서 공격하는 경우가 있다. 이것은 '허수아비 공격의 오류'이다. 자기가 비판하는 그 허수아비는 상대방의 진짜 주장과는 관련이 없고, 따라서 허수아비가 잘못됐다고 비판하는 근거는 본래 주장이 거짓임을 보여 주는 것과 관련이 없다. 이런 오류를 범하지 않기 위해서는 상대방의 주장을 분명하게 이해하여 오해하지 않아야 한다.

> 〈예〉 "다수의 원리는 사실상 어떤 집단에서든 비조직화되고 제대로 훈련받지 못한 대중의 원리를 말한다. 그러므로 그것은 대단히 바람직하지 못한 정치적 상황이다. 따라서 민주주의의 기본 원리는 논박된다."

2-5. 무지에의 오류

우리는 세상에서 모르는 것이 많이 있다. 어떤 주장이 참 혹은 거짓임을 모른다는 사실을 전제로 그 주장의 참 혹은 거짓을 추론하는 것을 '무지에의 호소'라고 말한다. 어떤 것이 참이라는 것을 모른다고 해서 바로 거짓이 되는 것이 아니라 참인지 거짓인지가 결정되지 않을 뿐이다.

> 〈예〉 "지금까지 귀신이 없다는 것이 증명된 적이 없기 때문에 귀신은 있다."

3. 근거의 충분성

앞에서 우리는 좋은 논증의 기준으로 전제와 결론의 관련성을 다루었다. 이제 전제가 결론을 얼마나 강하게 지지하는가를 살펴볼 차례이다.

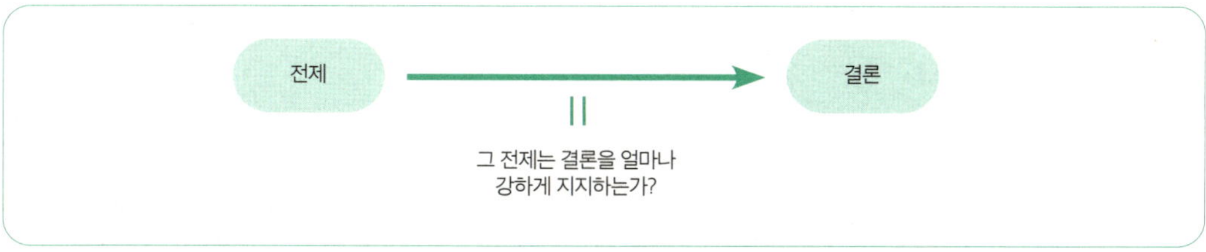

3-1. 연역논증

논증은 흔히 연역논증과 귀납논증으로 구별된다. 연역논증은 전제가 참이면 결론이 반드시 참인 논증이므로, 논증의 형식이 올바르면 그 자체 전제가 결론의 충분한 근거라고 말할 수 있다. 다음의 예를 보자.

> 전제1 : 모든 동물은 생물이다.
> 전제2 : 고양이는 동물이다.
> 결 론 : 그러므로 고양이는 생물이다.

위의 논증처럼, 논증의 전제들이 모두 참이라고 가정할 때, 결론은 이미 전제 속에 함축되어 있는 논증이 있다. 이와 같은 타당한 연역논증의 경우, 결론은 반드시 전제로부터 도출되기 때문에, 전제가 결론을 함축한다고 볼 수 있다.

3-2. 귀납논증

귀납논증은 전제가 참이라도, 그 전제에 결론이 이미 함축되어 있다고 볼 수 없는 논증이다. 이와 같이 귀납논증은 전제가 결론을 지지하는 정도에 따라 개연성이 높을 수도 있고 낮을 수도 있다. 귀납논증은 전제가 결론을 지지하는 정도에 따라 다양한 강도의 논증이 있을 수 있다. 다음의 예를 보자.

> 전제1 : 10대들의 70%는 컴퓨터 오락을 좋아한다.
> 전제2 : 철수도 10대이다.
> 결　론 : 그러므로 철수도 컴퓨터 오락을 좋아할 것이다.

위의 두 전제가 개별적으로 각각 참이라고 하더라도, 두 전제의 결합에 의해 결론이 반드시 참이라고 할 수 없다. 즉 전제2의 철수가 10대이기는 하지만, 전제1에서 말하는 70%에 속하지 않을 수도 있기 때문이다. 이와 같이 귀납논증은 전제가 결론을 지지하는 정도를 개연성이 높다 낮다, 혹은 확률이 높다 낮다 정도로 표현할 수밖에 없다.

우리는 논증적 사고를 다루며, 연역논증과 귀납논증을 보다 심도 있게 살펴볼 것이다. 이들 논증의 유형에 대한 평가와 그에 대한 오류들은 다음 장을 참고하기 바란다.

4. 오류 예방하기

오류는 추론의 함정이며, 누구든지 함정에 빠질 수 있다. 우리는 앞에서 몇 가지 오류의 종류들을 살펴보았다. 그 오류들은 우리가 부당한 추론의 함정에 빠지는 것을 막아 주는 위험 표지판이다. 하지만 앞에서 다루지 않은 다양한 종류의 많은 오류가 존재하기 때문에, 그들 오류의 이름을 다 기억하고, 그 오류를 분석하는 것은 쉬운 일이 아니다. 그리고 오류를 피할 수 있는 확실한 방법이 있는 것도 아니다. 하지만 우리는 논증을 구성할 때, 오류를 피하기 위해 노력해야 한다. 다음은 오류를 피하기 위해 우리가 고려해 볼 수 있는 간단한 예방책들이다. 그것은 논증을 평가하거나 만들 때, 토론이나 논쟁을 할 때, 다음 물음에 대한 답을 분명하게 해 두는 것이다.

첫째, 우리가 다루는 쟁점, 논점이 무엇인가를 분명하게 한다. 논점이란 무엇인가? 당신이 증명하려는 것은 무엇인가? 우리는 논점을 명료하게 밝히거나, 증명하려는 문제가 무엇인지 분명하게 함으로써, 어느 정도 논점에서 빗겨 가는 오류에 빠지는 것을 막을 수 있을 것이다. 논점을 분명히 하라.

둘째, 어디까지를 증명이라고 볼 것인가? 이 물음에 대한 답을 마련할 수 있다면, 어떤 논점이나 주장과 완전히 무관한 근거나 증거를 끌어들이는 것을 막을 수 있다. 즉 논점을 넘어선 무관한 사실을 주장하지 말라.

셋째, 지금 여기서 증명할 수 있는가? 이 물음은 해결할 수는 있지만 지금 당장 이용할 수 있는 증거가 없는 경우의 논증이나 논쟁을 피하게 해 준다. 여러 가지 증거를 통해 해결할 수 있지만 지금 그런 것을 이용할 수 없을 때, 논쟁을 벌이는 것은 시간 낭비이다. 해결할 방법이 전혀 없는 논점에 관한 논쟁은 삼가라.

제4절

논증 만들기

우리는 논증의 구조와 좋은 논증의 조건을 살펴보았다. 이제 마지막 단계는 좋은 논증을 만드는 것이다. 어떤 문제에 대해 자신의 주장을 설득시키기 위해서는 좋은 논증을 만들 수 있어야 한다. 학문은 연구 대상과 그 대상에 대해 참인 것을 주장하는 것이며, 그 주장을 정당화하는 근거를 제시하는 활동이다. 따라서 학문의 기초 활동 가운데 하나는 설득력 있는 논증을 만드는 일이다. 이제 논증을 반드는 단계와 그 단계에서 참고가 되는 지침을 간단하게 살펴보자.

먼저 다음과 같은 문제에 대하여 답해야 하는 경우를 생각해 보자. 그리고 어떻게 답을 찾아갈 것인지 각자의 문제 해결 과정을 설명해 보라.

> ① 사형 제도는 범죄 행위를 억제하는 효과적인 방법인가?
> ② 낙태를 허용해야 하는가?
> ③ 역사가는 객관적일 수 있는가?
> ④ 20세기에 진보는 필연적인가?

위 논제에 대하여 여러분은 어떤 식으로 답하겠는가? 여러분의 문제 해결 과정을 살펴보라. 위 각 논점에 대하여 좋은 글을 쓰기 원한다면 어떻게 해야 할까? 위 논점은 우리에게 각자의 주장과 그 근거를 묻는 질문이다. 즉 좋은 논증을 요구하는 질문이다. 위 물음에 답하는 좋은 논증을 만들 수 있다면, 좋은 글을 구성할 수 있을 것이다. 먼저, 논증을 구성하는 과정을 간단히 살펴보자. 글쓰기 과정에도 각 단계와 그 단계에서 요구되는 전략들이 있다. 논리적 글쓰기의 과정 역시 논증을 구성하는 기본 과정을 배경으로 한다. 이 과정을 잘 숙지하고 실제로 적용할 수 있는 사람들이 한 편의 완성된 논리적인 글을 보다 효율적으로 작성할 것이다. 논리적인 글은 대부분 우리 주변의 정치, 경제, 사회, 문화, 철학 등 다양한 분야의 문제들을 다룬다. 그리고 학문적인 글은 그런 주제 및 문제를 정확하게 이해하고, 판단하여 합리적인 해결 방안을 찾도록 한다. 논리적인 글은 주어진 논제를 이해하고 분석하기, 논점에 대한 주장과 근거 제시하기 등의 논증을 구성하는 기본 과정을 함축한다.

우리는 앞에서 논증이 포함된 글을 분석하고 평가하는 방법을 다루었다. 만약 어떤 쟁점에 대해 나의 주장을 담은 논증글을 써야 한다고 가정해 보자. 어떻게 하면 좋은 논증글을 작성할 수 있을까? 그 방법 가운데 하나는 독자가 나의 논증글에서 무엇을 알고자 하는지를 염두에 두고, 그에 해당하는 요소와 내용을 챙기는 것이다. 그 독자 역시 글 속에서 논증의 핵심 요소와 그 내용을 찾으려고 할 것이다. 따라서 논증 만들기 혹은 논증글 작성은 다음과 같은 물음에 스스로 답하는 것이다.

- 문제 제기(논제 파악과 논점 나누기) / 당신이 다루는 쟁점은 무엇인가?
- 주장 표현하기(논지 설정) / 당신이 말하려는 것이 무엇인가?
- 이유 제시하기(논거 제시) / 독자를 어떻게 설득할 것인가?
- 증거 보고 / 근거를 지지하는 증거는 무엇인가?
- 반론 예상과 반박 / 예상되는 반론에 어떻게 답할 것인가?

우리는 다음과 같은 질문에 답함으로써 논증을 만들 수 있다. 이 질문들은 이미 논증의 구조와 분석을 다룰 때 했던 것이다. 비판적 읽기가 논증의 구조를 적용하여 분석하고 해석하는 작업이라면, 논증적 글쓰기는 논증의 요소를 적용하여 논증을 만들고 글로 표현하는 과정이다.

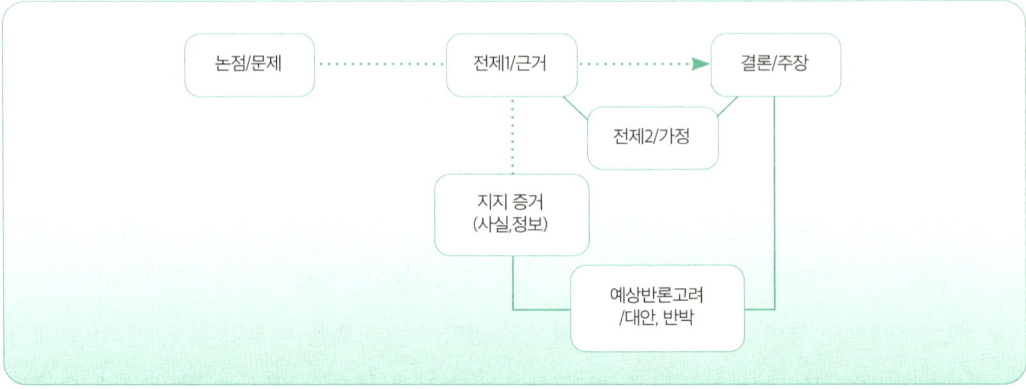

1. 문제 제기하기(논제 파악과 논점 나누기)

논증은 문제를 해결하는 과정이다. 이 과정에서 제일 우선되는 일은 문제를 이해하거나, 문제를 발견하는 것이다. 이미 주어진 문제를 풀어야 할 경우, 우리는 그 문제가 요구하는 것이 무엇인지를 알아야 한다. 그리고 연구자라면 연구 과제로서 의미 있는 문제가 무엇인가를 발견하고, 스스로 그 문제를 규정해야 한다. 어떤 경우이든 문제를 이해하고 제기하는 것이 논증 만들기의 첫 번째 작업이다. 즉 논제를 파악하고, 논점을 확인하는 것이다. 논제는 답해야 하는 문제와 주제이다. 논점은 그 논제 속에 포함된 쟁점 사항을 뜻한다.

예를 들어, "역사가는 객관적일 수 있는가?", "20세기에 진보는 필연적인가?" 등의 문제에 답해야 한다고 가정해 보자. 이들 논제에 답하기에 앞서, 쟁점이 되는 작은 단위의 문제 즉 논점을 확인하고 나누어야 한다. "역사가는 객관적일 수 있는가?"라는 문제는 특정 역사가를 평가하는 것이 아니라, '역사가는 어떤 일을 어떤 방법으로 하는가'와 그들의 연구를 '객관적'이라고 할 수 있는지를 묻고 있다. 즉 역사가들의 연구 대상과 방법, 연구 결과의 객관성 여부를 묻고 있다. 그 논제는 역사가가 하는 일, 즉 사실에 관한 쟁점과 객관성이라는 말의 기준, 즉 개념에 관한 쟁점을 함축하고 있는 문제이다. 그 논제는 이렇게 확인한 쟁점에 대한 정보와 의미 기준에 따라 해결책이 개방되어 있는 문제이다. 논제를 이해한다는 것은 곧 논점을 발견하는 것이며, 논증 만들기의 출발점이다. 여러 가지 쟁점을 지닌 논제라고 하더라도, 그 속에 포함된 핵심 논점을 찾아내는 것은 논증 글을 쓰기 위한 기초이다.

우리는 일상생활에서 많은 문제에 직면한다. 하지만 많은 사람들은 자신과 밀접한 관련이 없는 문제에는 별다른 관심조차 갖지 않는 경우가 많다. 우리가 그런 문제에 무관심할 수 있지만, 우리 삶과 무관한 문제는 드물다. 우리는 일상생활과 연구 영역에서 무엇이 문제이며, 왜 그것이 문제인지를 물어야 한다. 그것이 '왜' 문제인가? 어떤 문제를 발견하고, 그것이 문제임을 아는 태도를 문제의식이라고 부른다. 이렇게 '왜'라는 물음은 올바른 앎을 추구하는 비판적 사고의 한 요소이다.

2. 주장 표현하기(논지 설정)

논제를 분석하여 논점을 파악했으면, 이제 그 논점에 답함으로써 해결책을 제시해야 한다. 즉 그 논점에 대해 어떤 주장을 할 것인가를 분명하게 정해야 한다. 이것이 주장하기(논지 설정)이다. 주장하기는 그 논점에 대한 저자의 해결책이며, 논증의 핵심 요소이다. 어떤 문제에 대한 주장이 없다면, 그것을 논증글이라고 부르지 않는다. 주장하기는 논술의 단계에서 논지 설정에 해당한다.

논증 만들기에 익숙하지 않은 사람들은 대개 쟁점 사항에 대하여 하나의 해결책을 결정하고, 그 주장을 지지하거나 정당화하는 데 많은 시간을 낭비한다. 자신의 해결책을 확고부동한 진리나 최종적인 결론으로 결정함으로써, 다른 해결책이나 가능성에 대해 무관심하거나 공격적이게 되는 경우가 많다. 이런 실수는 일상생활 속의 논쟁에서 쉽게 확인할 수 있는 자연스러운 현상이다. 사람들은 대개 자신의 신념이나 가치에 부합하는 결론을 찾고, 다른 해결책은 자신의 신념과 가치를 위협한다고 생각하기 때문이다. 하지만 이런 태도는 논증을 통해 비판적 사고 능력을 키우려는 데 오히려 방해가 된다. 문제 해결에 익숙한 사람들은 먼저 문제가 무엇인지를 정의하고, 그 문제에 관련하여 미리 확보한 정보나 지식을 바탕으로 가능한 해결책을 잠정적으로 채택한다. 그리고 그 해결책들을 목표로 삼아 필요한 더 많은 정보를 수집하고, 그 과정에서 보다 적절한 해결책이 있다면 그것을 최종적인 결론으로 정하면 된다. 이처럼 가능한 몇몇 해결책을 하나의 작업 가설로 설정하고 시작하면, 자신의 해결책을 정당화하는 데 너무 급급하지 않아도 된다.

문제의 유형에 따라 필요한 해결책과 주장이 정해진다. 즉 문제가 다르면 해결책의 성격, 논리를 전개하는 방법도 달라질 수밖에 없다. 사실에 관한 쟁점은 그와 관련된 필요한 정보나 지식을 바탕으로 해결할 수 있지만, 개념에 관한 쟁점은 그 개념을 어떤 기준에서 사용할 것인가를 정해야 한다. 이와 같이 문제의 성격에 부합하는 해결책을 제시해야 한다. 독자가 알고자 하는 쟁점에 맞는 해결책을 명확하게 진술해야 한다. 주장을 부정어법으로 표현하거나, 여러 가지 해석 가능한 애매모호한 단어나 구가 있다면, 그 주장은 아직 확정된 것이라고 볼 수 없다.

논제의 성격에 따라서 어떤 해결책을 제시해야 할지 판단하기 어려운 경우가 있다. 그 가운데 하나는 여러 가지 작은 단위의 문제를 포함하고 있는 논제를 다룰 때이다. 즉 하나의 논제 속에 두 가지 이상의 쟁점이 함축되어 있는 복합문제가 그것이다. 그런 문제를 다룰 때, 우리는 그 문제를 다시 정의하거나 작은 단위의 질문으로 나누어야 한다. "20세기에 진보는 필연적인가?" 이 논제는 '20세기에 어떤 일들이 일어났는가'와 '진보의 기준은 무엇인가'의 두 가지 쟁점을 함축하고 있다. 즉 이 논제에 답하기 위해서는 작은 단위의 쟁점에 대한 판단이 선행해야 한다. 이들 논점에 대한 주장을 바탕으로 큰 단위의 문제, 논제에 대한 주장을 할 수 있다.

3. 이유 제시하기(근거 제시)

논증 만들기에서 논제에 대한 주장하기는 목표를 설정하는 것과 같다. 목표가 설정되면, 그 목표에 도달하기 위한 다양한 전략을 구상하게 된다. 그 전략은 다름 아닌 주장을 지지하는 설득력 있는 근거를 확보하는 것이다. 주장을 지지하는 나름의 근거를 확보함으로써, 최소한의 논증이 만들어진다. 여기서 우리는 어떤 근거를 제시해야 하는가의 문제에 직면한다. 대화나 논쟁의 경우, 상대방이 앞에 있을 때는 더 이상 근거를 묻지 않을 때까지 근거를 제시하면 된다. 하지만 글을 쓰기 위해 논증을 만들 경우, 독자가 없기 때문에 어떤 근거가 필요한지, 어느 수준의 근거를 제시해야 할지를 스스로 판단해야 한다.

우선, 주장을 지지하기 위해 제시하는 근거는 참이어야 한다. 즉 제시된 근거는 상대방이 수용할 수 있는 것이어야 한다. 물론 상대방이 수용할 근거의 수준은 상황이나 분야에 따라 다를 수 있다. 직접 관찰하거나 경험한 사실, 남에게 들은 것, 각종 매체에서 확인한 것, 전문 분야의 지식에 이르기까지 모두 근거로 활용할 수 있다. 하지만 근거로서 질적 수준을 판단하는 것은 독자이다. 독자가 요구하는 근거의 수준은 무엇일까? 독자는 정확한 정보들로 구성된 근거를 요구할 것이다. 만약 근거가 의심스럽다면 우리의 논증 자체에 대해 의심할 것이기 때문이다. 그리고 책이나 논문 등 문헌 속의 정보를 근거로 사용한다면, 그들 정보의 출처를 신뢰할 수 있어야 한다.

둘째, 주장과 관련이 있거나, 쟁점 해결에 필요한 근거를 제시해야 한다. 주장을 지지하기 위해 제시한 근거가 아무리 참이라고 해도, 그 근거가 주장과 관련이 없는 것이라면 주장을 지지한다고 보기 어렵다. 그리고 우리가 논점을 제대로 파악하지 못해 엉뚱한 주장을 하는 것도 문제지만, 주어진 쟁점의 해결에 필요하지 않은 정보들 역시 아무리 그 양이 많아도 아무런 도움이 되지 않는다. 여기서 우리는 주장과 근거의 관련성 여부를 비교하고, 그것을 위해 주장과 근거의 의미를 분석하는 활동을 하게 된다. 하지만 어떤 근거가 주장과 관련이 있고, 어떤 근거들이 관련이 없는지를 판단하기는 어렵기 때문에 세심한 주의를 기울여야 한다.

셋째, 근거는 주장을 지지하는 충분한 증거여야 한다. 즉 근거는 주장을 지지하는 강한 증거 역할을 해야 하며, 설득력이 있어야 한다. 어떤 경우 근거들이 주장을 지지하는 충분한 증거인지는 어떤 종류의 논증을 구성하느냐에 따라 달라진다.

우리는 어떤 쟁점에 대한 주장과 그 주장을 지지하는 근거들을 제시하거나, 또다시 그 근거를 뒷받침하는 증거들을 제시한다. 근거와 이유를 제시하는 것은 논증 구성의 또 다른 핵심이다. 하지만 우리가 어떤 근거를 제시했다고 하더라도, 그 근거가 주장과 어떻게 연결되는지를 알지 못한다면, 상대방은 우리의 주장을 거부할 수 있다. 아래와 같은 예를 보자.

> "인간의 태아도 하나의 생명이잖아. 그래서 인간의 태아를 죽이는 낙태는 그릇된 일이다."

낙태를 찬성하는 독자도 위 논증의 전제가 지닌 진리성을 인정할 것이다. 하지만 그 독자는 태아가 생명이라는 근거와 낙태는 그릇된 일이라는 주장의 관계를 의심할 수 있다. 이때 자신의 근거 제시가 타당하다는 것을 말하기 위해, 그 근거와 주장을 연결해 주는 또 다른 요소가 필요하다. 그것이 가정이다. 위 논증에는 '생명을 해쳐서는 안 된다'라는 가정이 숨어 있다. 그 숨은 가정에 동의하는 독자라면, 위 논증을 수용할 것이다. 하지만 그 가정에 동의하지 않는 독자라면, 그는 그 결론을 수용하기보다는 오히려 거부할 것이다. 이와 같이 가정은 근거와 주장을 연결하는 중요한 역할을 한다. 그러므로 자신의 논증을 강화하기 위해, 필요하다면 가정을 적절하게 진술해야 할 것이다.

논증 만들기의 어느 순간에 어떻게 가정을 진술해야 할까? 일반적인 논증에서 자신의 가정을 하나하나 의식하며 모두 진술하지는 않는다. 특히 말하지 않아도 알 수 있는 전제이거나, 서로가 동의하는 전제라면 굳이 자신의 가정을 밝히지 않아도 될 것이다. 하지만 서로의 기본적 경험과 가치가 다르고, 사람에 따라 논란이 될 가정이라면, 자신의 논증을 명료하게 하기 위해 그 가정을 진술해야 한다. 그리고 그 가정이 논증에서 제대로 기능하기 위해서는 상대방이 동의할 수 있는 것이어야 한다. 그 가정이 사실이 아니거나, 상대방이 동의할 수 없는 것이라면, 아마 독자는 그 가정을 의심하거나, 그와 상반되는 다른 가정을 제시할 것이다.

4. 반론 예상과 반박

좋은 논증으로 글을 구성할 때 한 가지 더 부가한다면, 자신의 논증에 대한 반론을 염두에 두는 것이다. 즉 반대 논증에 대한 대안 및 반박을 첨가하는 것이다. 예를 들어, 어떤 쟁점에 대하여 논쟁을 한다고 가정해 보라. 상대방은 분명히 여러분의 주장의 한계 혹은 반대 의견에 대해서는 어떻게 생각하는지를 물어올 것이다. 그리고 '~한 경우에는 ...' 어떻게 할 것인지 물어볼 것이다. 물론 상대방의 이런 질문은 대답하기가 까다로운 것이 사실이다.

사람들은 대부분 자신의 주장이 옳다고 확신할수록, 다른 반론에 대해서는 인정하려 하지 않는 경향이 있다. 그 이유는 무엇일까? 우리는 상대방의 학력이 낮거나 나이가 어리다는 등의 다양한 이유로 그들의 해결책이나 대안을 무시하거나 간과하는 경우가 많다. 그리고 우리는 특정 쟁점에 대한 배경지식이 없거나 비판적으로 사유하지 않기 경우, 반대 논증의 가능성을 거의 의식하지 못할 수도 있다. 사람들의 이런 태도는 어찌 보면 자연스러운 일이다. 인간은 기본적으로 보호 본능을 지니고 있기에, 다른 사람의 반론이나 반박으로부터 자신을 방어하려고 하거나, 감정적인 반응을 보일 수도 있다. 여하튼 여러 가지 이유로 우리는 상대방의 반론이나 반박에 주목하지 않는다.

쟁점이 되는 문제는 이미 그 답이 정해져 있는 수학 문제와는 다르다. 그것이 쟁점이 될 수 있는 것은 그 문제를 다루는 사람들에 따라 해결책이 달라질 수 있기 때문이다. 따라서 우리는 자신의 논증을 완성한 다음, 자신의 논증에 대해 어떤 반론이 가능한지를 생각해야 한다. 독자는 어떤 반론을 제기할까? 우선 독자는 논증의 요소 하나하나를 문제 삼을 수 있다. 즉 논증 속의 주장, 근거, 가정 등을 의심하고 비판할 수 있다. 비판적인 독자는 그 해결책이 정확히 무엇이며, 그 한계에 대해 생각해 보았는지를 물을 수 있고, 그 해결책을 지지하는 근거들이 정확하고 사실인지를 따질 것이다. 어떤 독자는 논증의 요소에 의문을 제기하는 차원을 넘어, 보다 적극적으로 반대 논증을 제시할 수도 있다. 즉 다른 근거와 다른 가정을 바탕으로 전혀 다른 주장을 제안할 수 있을 것이다. 논증글의 목적은 다른 사람을 설득하는 것이기 때문에, 항상 상대방의 반대 논증을 예상하고, 그 반대 논증을 반박할 수 있어야 한다.

연습 문제 1

논증이란 무엇인가?

1. [논증의 전제와 결론 찾기] 다음 논증에서 전제와 결론을 찾고 그 순서를 확인하라.

1) 성공도 권력이다. 왜냐하면 성공은 지혜나 혹은 행복의 명분을 부여하기 때문이다. – 토머스 홉스

2) 무정부주의자들은 세계를 자유론자의 시각에서 고찰한다. 그들은 정치적 권력은 자유를 파괴하기 때문에, 도저히 받아들일 수 없다고 본다. 즉 자유가 결여된 곳에서 사회생활이란 불가능하다고 본다. – 윌리엄 라이허트

3) 나는 한국이 강대국이 될 가능성이 전혀 없다고 생각한다. 현재 우리의 정치, 경제, 문화, 교육 등 모든 분야의 제도와 관행들이 선진국이나 강대국이 될 수 있는 여건과 가능성을 내포하고 있는가? 판단력을 갖춘 사람이라면 그렇다고 말할 수 없을 것이다.

4) 사랑하지 않는 자는 신을 알 수 없다. 왜냐하면 신은 곧 사랑이기 때문이다. – 요한 3 : 8

5) 흡연은 흡연하는 당사자의 건강에 해로울 뿐 아니라 그 연기를 들이마시는 주위 사람들의 건강까지도 해친다. 자신과 타자에게 해를 끼치는 것은 사회 전체의 문제라고 할 수 있으므로 흡연은 분명히 사회적인 문제이다. 따라서 흡연은 금지되어야 마땅하다.

6) 판결을 삼가라. 왜냐하면 우리는 모두 죄인이기 때문이다. – 윌리엄 세익스피어

7) 동물은 고통을 느낀다고 말하기 어렵다. 왜냐하면 고통은 주관적이며, 또 동물은 말을 할 수 없기 때문이다.

8) 우리는 과학적 명제들에서 서로 연관되어 있는 어떤 한 체계의 타당성을 규정하는 것이 단순한 철학함만으로 불가능하다는 것도 지적했다. 왜냐하면 그러한 체계가 과연 타당한가 하는 물음은 언제나 하나의 경험적 사실의 물음이기 때문이다. – 알프레드 줄스 에어

9) 사고 활동은 인간이 지닌 영혼의 한 기능이다. 신은 모든 남자와 인간에게 불명의 영혼을 주었지만, 다른 동물이나 기계에는 주지 않았다. 그러므로 동물이나 기계는 생각할 수 없다. – A. M. 터링

10) 나는 많은 변명과 함께 나의 문제 해결에 대한 일반적인 이론을 제시할 것이다. 나는 이 이론을 정리하고 명료하게 하는 데 많은 시간을 소비했다. 그럼에도 불구하고 이 이론이 내게는

여전히 전혀 만족스럽지 못하다. 그 이유는 부분적으로 일종의 발전이론으로서 기존의 발전 이론과 비교해 볼 때, 새로운 것이 없고, 그저 몇 개의 중점들을 다르게 강조하고 있을 뿐이기 때문이다. – 칼 포퍼

2. [논증의 재구성] 다음 논증에서 숨은 전제 혹은 숨은 결론을 찾아 논증을 재구성하라.

1) 은희는 강남에 사는 걸 보니까 부자임에 틀림없어.
전제 : 은희는 강남에 산다.
숨은전제 : ______________________________
결론 : 은희는 부자이다.

2) 낙태는 살인이다. 따라서 낙태는 범죄 행위이다.
전제 : 낙태는 살인이다.
숨은전제 : ______________________________
결론 : 낙태는 범죄 행위이다.

3) 김 씨는 학력이 높습니다. 당신은 그가 성공한 기업가라는 사실을 모릅니까?
전제 : 김 씨는 성공한 기업가이다.
숨은전제 : ______________________________
결론 : 김 씨는 학력이 높다.

4) 이 세상에는 악이 존재한다. 그러므로 이 세상은 가장 좋은 세상이 아니다.

5) 앞으로 소비 심리가 살아날 것으로 볼 수 없다. 왜냐하면 경제위기의 여파로 실업자 수가 더 늘어날 것이기 때문이다.

6) 영혼은 영원불멸의 존재이다. 영원히 운동하고 있는 것은 불멸적이다. – 플라톤, 『파이드로스』

7) 학교에서 학생의 핸드폰 사용을 규제하려는 학칙을 제정하자는 제안이 있다. 하지만 그 제안은 받아들일 수 없다. 왜냐하면 그러한 학칙은 학생의 자유를 침해하게 될 것이기 때문이다.

3. [논증의 이해] 다음 예 속에 논증이 포함되어 있는지를 살펴보라. 만약 논증이 포함되어 있다면 연역과 귀납논증 가운데 어떻게 해석하는 것이 더 합당한지를 결정하라. 그리고 전제와 결론을 가려 보라.

1) 이 목장의 초지에서는 1에이커에 3마리의 소를 키울 수 있고, 우리는 50에이커의 초지를 가지고 있다. 그러므로 여기서는 100마리의 소를 키우기에 충분한 공간이 있다.

2) 사자나 호랑이를 애완용으로 키우는 것은 현명하지 못한 일이다. 그것은 위험하다. 위험한 동물을 애완용으로 기르는 것은 결코 현명하지 못하다.

3) 우리 이웃집에 불이 켜져 있으므로, 그 집 주인이 집에 있을 것이다.

4) 내 주변에서 흰 머리카락을 가진 사람들은 모두 나이 든 사람들이다. 철수는 흰 머리카락을 가지고 있으므로, 그도 나이가 많은 사람일 것이다.

4. [논증의 구조 파악] 다음 논증을 분석하여 다이어그램으로 그려 보라.

1) ① 몇몇 사람들이 게으르고 사치스러운 생활을 하기 때문에 ② 노동자는 대체로 자신이 소비하는 것보다 더 많이 생산한다. – 버트란트 럿셀

2) ① 우리가 출발할 때는 초저녁이었으므로 햇빛이 있을 턱이 없다. ② 더구나 초승 무렵이어서 달빛도 없었다. ③ 우리는 칠흑 같은 어둠 속에서 걸어야만 했다.

3) ① 책을 많이 읽은 사람은 그렇지 않은 사람보다 대체로 어휘력이 풍부하다. ② 어휘력이 풍부하면 말하기와 쓰기 능력이 향상될 것이다. ③ 따라서 책을 많이 읽는 사람은 말하기와 쓰기를 잘한다. ④ 실제로 말하기와 쓰기는 사회에서 중요한 능력으로 간주되므로 ⑤ 책을 많이 읽으면 좋은 직장을 구하는 데도 도움이 많이 될 것이다.

4) ① 더 나은 기술은 대체로 더 나은 도덕을 창조하지 못한다. ② 도덕과 기술 사이의 관계는 일종의 고도로 매개된 관계일 뿐이다. ③ 따라서 우리의 기술적 지성의 발전과 우리의 정서적 갈등을 조정하는 능력 사이에 잘못된 관계가 성립한다면, 카산드라가 위기에 대하여 마지막으로 충고할 때와 같은 이상하고도 위험한 상황을 불러들일 것은 자명할 것이다. – 알렉산더 미처리히

5) ① 교도소는 필요하다. ② 교도소에 감금하여 감시하는 것은 범죄의 발생률이 과도하게 증가하는 것을 막는 밑거름이 되고 있다. ③ 또한 교도소는 과격한 범죄자들이 그곳에서 젊은 시절을 보내게 하는 우울한 일도 맡아 하며, 또 그들을 활동적인 삶에 필요한 생기를 맛보게 되

는 사회로 돌려보내기도 한다. ④ 마지막으로 교도소에서의 형기는 도덕적으로 정화시키고 감정을 순화시키는 역할을 하며, 이것은 그들을 범죄자들로부터 격리시켜 사람들과 어울릴 수 있도록 자기를 갈고 닦는 참회의 기회를 주는 데에 목적이 있다. – 그래함 휴지스

6) ① 인간은 누구나 자신의 자유로운 동의 없이 의학적인 실험 대상이 되어서는 안 된다. ② 그러나 죄수들은 완전히 구금된 상태이므로 자유로운 동의를 표명할 수가 없다. ③ 그러므로 죄수들은 그들의 협조를 얻은 소중한 실험 대상이라 하더라도 의학적 실험 대상에서 제외되어야 한다. – 칼 코헨

연습 문제 2

논증의 분석

1. [논점 찾기] 다음 질문과 문장을 잘 읽고, 그것이 어떤 쟁점(사실, 개념, 가치, 방법, 정책)을 포함하고 있는지 구분하시오.

1) 고래는 물고기인가? (　　　)
2) 고대 그리스인들은 여자를 남자보다 열등한 지위에 두는 것이 옳다고 생각했는가? (　　　)
3) 공공장소에서 흡연을 금지해야 하는가? (　　　)
4) 담배는 인체에 해로운가? (　　　)
5) 점성술은 과학인가? (　　　)
6) 도서정가제를 실시해야 하는가? (　　　)
7) 치타는 시속 100km로 달릴 수 있는가? (　　　)
8) 소선거구제는 민의를 반영하는 바람직한 체제인가? (　　　)
9) 2023년 대학 등록금은 얼마나 될까? (　　　)
10) 사형은 가혹한 형벌이다 (　　　)

2. [논증과 결론 찾기] 다음 글들은 하나의 논증을 포함하고 있다. 이 논증에서 결론에 해당하는 부분을 찾으시오.

1) 그녀는 현명한 여자이다. 그러므로 잘 해 낼 수 있을 것이다. 그녀의 이름은 ○○○이다. 그러

므로 그녀는 모든 사람에게 사랑받을 것이다.

2) 여러분은 한 나라의 역사와 문화를 독서를 통해 알 수도 있고 또 여행 안내서를 보고 알 수도 있다. .... 그렇지만 그 나라 사람들과 문화를 직접 보지 않고서는 제대로 이해할 수 없다. 여러분의 자녀들을 공부시키기 위해 해외로 보내는 것보다 더 나은 다른 방도가 없는 이유가 바로 여기에 있다. – 캐롤 스타인버거

3) 우리는 참된 것에 대해 오직 다음과 같이 알고 있을 뿐이라는 것이 밝혀진다. 즉 우리는 그 참된 것이 그 자체가 그러하듯이 그렇게 정확히는 파악될 수 없다는 것을 알고 있다. 왜냐하면 마치 그 자신이 그러한 것보다 더 많이도 더 적게도 될 수 없는 절대적 필연성과도 같은 상태에 진리가 있는 데 반해, 우리의 지성은 마치 가능성과도 같은 상태에 있기 때문이다. – 니콜라우스 쿠자누스

4) 인간이 약한 것은 평생 죽음을 기다려야 하기 때문일 것이다. 인간은 다른 사람들과 사물들의 죽음에서 수천 번 스스로 죽어 간다. 죽음의 위협을 의식하는 모든 존재는 미치게 되기 때문이다. – 토니 뒤베르

5) 멸종 위기에 처한 종을 보호하기 위한 감시 작업을 후원하는 단체인 북미 야생협회는 1978년과 1979년 사이 흰머리수리가 35% 더 관찰되었다고 보고했다. 1979년에는 13,127회의 관찰이 보고되었는데, 이는 1978년보다 3,400회 더 증가한 수치다. 이는 흰머리수리의 수가 상당히 증가했음을 시사한다(LSAT, 1981).

6) 인간이 된다는 것은 그리 중요하지 않은 일일 수도 있다. 우리가 원하건 원치 않건 간에 우리는 인간이기 때문이다.

7) 민주주의는 본래적인 의미에서 전제주의일 수밖에 없다. 왜냐하면 민주주의란 다수가 한 사람(거기에 찬성하지 않는)을 무시하기도 하고, 혹은 경우에 따라서 그 한 사람에 반대해서라도 의결할 수 있는 집행력을, 따라서 실은 모든 사람이 아닌 모든 사람(다수)으로서 의결할 수 있는 집행력을 허용하기 때문이다. – 임무뉴엘 칸트

3. [논증과 근거 찾기] 다음 글들은 하나의 논증을 포함하고 있다. 이 논증에서 전제(근거)에 해당하는 부분을 찾으시오.

1) 사형 제도는 더욱 강화되어야 한다. 왜냐하면 사형 제도는 살인자가 자신의 범죄를 다시 저지

르는 것을 확실하게 막을 수 있는 현실적인 방안이기 때문이다. – 프랭크 K. 캐링턴

2) 박물관이나 미술관에 들어갈 때 입장료를 내는 데 반대할 이유가 없다. 연극이나 연주회에 갈 때도 입장료를 내지 않느냐!

3) 한국의 출산율이 급격히 낮아지고 있다. 이것은 사람들이 보다 오래 살더라도, 결국 인구가 감소하여 노인 인구를 부양할 생산 연령 인구가 감소한다는 뜻이다. 따라서 은퇴 연령을 늘이거나 젊은 층의 노동 생산성을 높이도록 해야 한다.

5) 나는 저 그림이 좋다. 강렬한 색감으로 노을의 효과를 잘 표현하여 볼 때마다 기분이 좋아진다. 인물들은 매우 흥미롭고 잘 그려졌다.

6) 오늘날 현대인들은 과거 어느 때보다 탈정치적이다. 현대인들은 개인의 위협을 무릅쓰고 타인의 이익을 위해 투쟁하지 않는다. 사람들은 단지 공공의 복지를 위한 정치적인 이슈보다는 봉급 인상과 같은 개인적인 이익을 위해 시위에 참여한다. 그리고 사람들의 최근 투표 참여율이 저조하다.

7) 자연 탐구와 기술은 지난 150년 동안에 정말로 믿을 수 없는 유토피아를 실현했다. 이것을 성취시킨 산업 조직은 그 효율성 면에서 국가의 조직을 훨씬 능가하고 있다. 따라서 사람들은 정치가 모든 사회 문제를 해결해 주리라고 기대하지 않는다.

4. [가정 찾아내기] 다음 진술들 가운데 여러분이 동의하는 주장을 고른 후, 그렇게 생각하는 이유를 옆 사람에게 말해 보라. 그리고 당신의 주장에 어떤 가정이 숨어 있는지 찾아보도록 하라.

1) 학교 교실에서 핸드폰을 사용하지 못하도록 해야 한다.
2) 컴퓨터 게임은 단순한 시간 낭비이다.
3) 학교에서 성교육을 해야 한다.
4) 낙태를 허용해서는 안 된다.
5) TV는 바보상자이다.

5. [가정 찾아내기] 다음 글을 읽고, 저자가 당연하게 여기는 기본 가정 혹은 함축된 가정을 찾아보고, 그 가정을 평가해 보라.

1) 20세기 후반 대학생들은 정기적으로 시국 관련 시위를 벌였다. 그러나 요즘 대학생들은 더 이

상 그런 시위를 하지 않는다. 오늘날 대학생들은 과거의 대학생보다 덜 정치적이다.

2) 신문이나 TV 기자가 자신의 취재원을 밝히기를 거부하는 것을 합법화해야 하는가? 당연히 합법화해야 한다. 기자와 정보 제공자의 관계는 결국 변호사와 사건 의뢰자, 의사와 환자의 관계와 비슷하다. 이들 관계에서는 사생활의 권리가 어느 정도 법으로 보장되어 있다. 만약 그런 관계가 보호받지 못하면 대중이 필요로 하는 정보원은 말라 버릴 것이다.

3) 휴가는 긴장을 풀고 즐기는 시간이다. 올해는 서해안 원유 유출 사고로 수만 명의 사람들이 휴가를 망치게 될 것이다.

4) 노인들은 도둑을 두려워한다. 그러므로 침대 아래에 돈을 숨겨서는 안 된다.

연습 문제 3

논증의 평가

1. [논증 평가] 다음의 논증을 평가해 보라. 어떤 부분이 오류인지 지적해 보라.

1) 이번 사원 모집에서 김창수 씨를 합격시켜야 한다. 그는 네 자녀를 둔 가장인데 팔순 노모까지 모시고 있으며 아내도 병들어 입원해 있는 처지이다.

2) 하이데거의 예술에 대한 존재론적 주장은 받아들이기 어렵다. 왜냐하면 그는 나치에 동조한 철학자이기 때문이다.

3) 우리 옆에 있는 염색 공장에서 우리 공장이 강을 가장 심하게 오염시킨다고 고발했다. 그런데 그것은 부당하다. 그 공장에서 배출하는 폐수도 만만치 않은 실정이다.

4) 이 화장품을 한 번 써 보세요. 이것은 할리우드 스타들이 쓰는 것이랍니다.

5) 오늘 조간신문에 10대들이 카드빚을 갚기 위해 강도를 저질렀다는 기사가 났다. 요즘 10대들은 무서운 아이들이다.

2. [논증 평가-논증의 문제점 찾기] 다음 논증글을 읽고, 그 논증에 들어 있는 문제점을 찾아보라.

> ① 먼저 최종 결론(주장)과 그 결론을 지지하는 전제(근거)를 확인한다.
> ② 전제가 결론을 지지하는 방식을 검토한다.
> ③ 주어진 전제로부터 결론이 도출되는지 살펴보고, 아니라면 그 이유를 생각해 본다.

1) 만약 최고 팀의 최고 선수들만으로 새 클럽을 만들게 되면, 환상적인 농구팀이 만들어질 수 있을 것이다. 그러면 농구는 어느 팬들에게나 흥미로운 경기가 될 것이다(LSAT, 1985).

2) 오늘날의 젊은이들은 할아버지 세대보다 더 많은 정규 교육을 받았다. 월마는 젊다. 따라서 월마도 할아버지보다 더 많은 정규 교육을 받고 있음이 분명하다(LSAT, 1982).

3) 마리화나나 LSD는 해롭지 않다. 왜냐하면 의사들이 암 환자의 고통을 줄이기 위해 그것들을 사용하고 있기 때문이다(LSAT, 1982).

4) 인간은 도덕적으로 전혀 진보하지 못했다는 견해가 있다. 그러나 이는 잘못이다. 왜냐하면 인간은 야만의 상태에서 문명의 상태로 진보해 왔고 또 진보할 것이기 때문이다. 지금 이 시간에도 실험실에서 수많은 과학자들이 연구에 몰두하고 있다는 사실을 상기해 보면 알 수 있는 일이다.

5) 한국인의 기대 수명은 과거에 비해 많이 늘어났다. 비만 인구도 훨씬 많아졌다. 그러므로 비만으로 인해 기대 수명이 증가했을 것이다.

6) 야구 경기장의 입장권 가격이 계속 오르고 있다. 많은 야구 선수들이 예전에 비해 높은 연봉을 받는다. 그러므로 오늘날 관중들은 야구 선수들이 더 많을 연봉을 받을 수 있도록 더 비싼 입장료를 물고 있다.

7) 인간 세포의 복제(클론)는 절대 허용해서는 안 된다. 또 다른 프랑켄슈타인을 만들 수 있기 때문이다. 우리는 그런 괴물을 원하지 않는다..

연습 문제 4

논증 만들기

1. [문제 이해하기] 다음과 같은 사회적 상황이 왜 문제가 된다고 생각하는가? 이런 상황이 문제가 된다면, 왜 문제가 된다고 생각하는지 설명해 보라.

1) 음주 운전
2) 대학 등록금 인상
3) 4대강 사업
4) 에이즈
5) 비만
6) 청년 실업

2. [문제 이해하기] 다음과 같이 논란이 되는 개념의 기준, 정의에 관한 쟁점이 왜 문제가 된다고 생각하는지 설명해 보라.

① 인간의 사망 기준은 무엇인가?

인간의 사망 기준을 설정하는 문제에는 여러 가지 포괄적인 이론적 근거를 요구한다. 얼마 전까지만 해도 우리나라는 '인간의 사망'을 '심폐 기능의 영구한 상실'로 정의했었다. 하지만 최근 인간의 사망을 '뇌 기능의 완전하고 불가역적인 상실'로 정의하고 있다. 이처럼 인간의 사망 기준이 달라짐으로써, 사회적으로 어떤 변화가 생겼을까?

② 인간이란 무엇인가?

임신 중절을 반대하는 핵심 논변 가운데 하나는 '태아 역시 인간이며, 태아를 죽이는 것은 그릇된 일'이라는 주장이다. 이 문제는 '태아는 인간인가 아닌가'라는 문제를 제기하며, 나아가 인간 생명이 언제 시작되느냐에 대한 논의로 귀속되고도 한다. 여러분은 인간 생명의 기준을 정해는 것이 왜 문제가 된다고 생각하는가?

3. [논증 만들기] 다음 논제를 분석하고, 아래의 논증 작성표를 참고하여 자신만의 논증을 만들어 보라.

1) IQ 검사는 장래의 성공을 예측할 수 있는가?
2) 유전자 검사는 허용해야 하는가?
3) 우리는 동물 실험을 계속해서 허용해야 하는가?
4) 마리화나를 합법화해야 하는가?
5) 인터넷을 검열해야 하는가?
6) 낙태는 나쁜가?
7) 사형 제도는 범죄 행위를 저지하는 효과적인 방법인가?

제 4 장

연역논증

- 정언논리
- 명제논리

제1절

정언논리

정언논리 체계는 '정언명제(categorical proposition)'로 이루어진 논리 체계를 말한다. 정언명제란 주어와 술어, 두 단어(개념, 집합 혹은 범주)의 포함과 배제 관계를 서술하는 명제이다. 예를 들면 "모든 철학자는 과학자이다"와 같은 형식으로 표현되는 명제를 말한다. 이 정언명제는 주어 집합에 속하는 모든(또는 일부) 원소가 술어 집합에 포함되거나 배제된다는 것을 나타내고 있다.

1. 정언명제의 구조

일상 언어의 문법에서 명제는 주부(subject)와 술부(predicate)로 구분되지만, 표준 형식의 정언명제는 양화사(한량사, quantifier), 주어 명사(subject term), 술어 명사(predicate term), 계사(copular)로 나뉜다. 예를 들면 "모든 철학자는 과학자이다"라는 명제에서 '모든'은 양화사, '철학자'는 주어 명사, '과학자'는 술어 명사이며, '~은 이다'는 계사이다. 이를 정형화하면 "모든 S는 P이다"와 같은 형식으로 나타낼 수 있다. 여기서 주어의 'S'와 술어의 'P'는 각각 논의되는 개념(범주, 집합)을 가리키며, 명사나 명사형으로 나타낸다. 양화사는 '모든'과 '어떤'이며, 명제에서 주어 집합이 논의되는 범위를 정한다. '모든'은 주어 집합의 모든 원소에 대해 논의한다는 것을 뜻하고, '어떤'이라는 양화사는 주어 집합에서 전부는 아니지만 적어도 하나 이상의 원소에 대해 논의함을 뜻한다. 그리고 '이다'와 '아니다'는 계사로서 긍정과 부정을 나타낸다.

일상 언어 문법의 구분	주부(subject)		술부(predicate)	
정언명제	"모든/어떤 ↑	S는 ↑	P ↑	이다/아니다" ↑
정언논리의 구분	양화사 (quantifier)	주어 명사 (subject term)	술어 명사 (predicate term)	계사 (copula)

2. 정언명제의 4가지 표준 형식

정언명제는 양(quantity)과 질(quality)로 구분할 수 있다. 양에는 '전칭'과 '특칭'이 있다. 어떤 명제가 주어 집합의 모든 원소에 대해 논의하고 있으면 그 명제는 전칭이고, 일부에 대해 논의하고 있으면 특칭이다. 전칭을 나타내는 양화사는 '모든'이며, 특칭을 나타내는 양화사는 '어떤'이다. 전칭 양화사가 포함된 명제를 전칭명제(universal proposition)라 하고, 특징 양화사가 포함된 명제를 특칭명제(particular proposition)라고 한다. 정언명제의 질은 '긍정'과 '부정'으로 구분한다. 주어 집합의 원소가 술어 집합에 포함되면 그 명제는 긍정명제이며, 주어 집합의 원소를 술어 집합이 배제하면 그 명제는 부정명제이다.

정언명제는 포함과 배제의 방식에 따라 4가지 형식–전칭긍정명제, 전칭부정명제, 특칭긍정명제, 특칭부정명제–으로 구분할 수 있다. 이 네 가지 표준 형식들 중 전칭긍정명제와 특칭긍정명제는 라틴어의 긍정을 뜻하는 'affirmo'에서 'A'와 'I', 전칭부정명제와 특칭부정명제는 부정을 뜻하는 라틴어 'nego'에서 'E'와 'O'를 취하여 A(전칭긍정명제), E(전칭부정명제), I(특칭긍정명제), O(특칭부정명제) 유형으로 구분한다.

정언명제	양	질	명제의 유형
모든 S는 P이다.	전칭	긍정	A
모든 S는 P가 아니다.	전칭	부정	E
어떤 S는 P이다.	특칭	긍정	I
어떤 S는 P가 아니다.	특칭	부정	O

그런데 우리가 일상적으로 쓰는 명제(단순명제)들은 대부분 이런 표준 형식으로 표현되어

있지 않다. 이런 명제들을 정언논리 체계로 다루려면 우선 정언명제의 표준 형식으로 바꾸어야 한다. 그렇지 않으면 타당성을 검사하는 작업을 제대로 할 수 없게 된다. 다시 말해 추리의 타당성을 올바로 검토하기 위해서는 그 추리에 쓰인 명제들이 어떤 맥락에서 어떤 내용으로 제시되어 있는지를 잘 파악하여 그것이 귀속될 정언명제의 유형을 결정해야 하는 것이다.

2-1. 전칭긍정명제(A 명제)

전칭긍정명제는 'A 명제'로 약칭되며, "모든 S는 P이다"의 형식이 대표적인 표현이다. 예를 들어 '철학자'를 S로, '진리를 탐구하는 사람'을 P로 잡는다면, "모든 철학자는 진리를 탐구하는 사람이다"라는 모범적인 전칭긍정명제가 된다. 이와 같은 표준형 이외에도 일상적인 A 명제의 예는 무수히 많다. 앞서 말했듯이 만약 표준형으로 진술되지 않은 명제들은 표준형으로 바꾸어야 타당성을 평가할 수 있게 된다.

> 〈전칭긍정명제로의 환원〉
> - 인간은 본래 낙천적이다. → 모든 인간은 본래 낙천적인 존재이다.
> - 사람은 양심이 있다. → 모든 사람은 양심을 가진 존재이다.
> - 강철은 전류를 흐르게 한다. → 모든 강철로 된 것은 전도체(전류를 흐르게 하는 매체)이다.
> - 인간은 죽게 마련이다. → 모든 인간은 죽는 존재이다.

2-2. 전칭부정명제(E 명제)

E 명제로 약칭되는 전칭부정명제의 표준형에 대해서는 특별한 주의가 필요하다. 전칭부정명제의 표준형은 "모든 S는 P가 아니다"지만, 이 표현은 다의적이어서 "어느(어떤) S도 P가 아니다"라는 형식으로 바꾸는 것이 좋다. 가령 "모든 서울 사람은 경상도 출신이 아니다"와 "모든 여대생은 남자가 아니다"라는 두 명제를 비교하면 둘 다 같은 형식이기는 하지만 그 내용은 아주 다르다. 전자의 "모든 서울 사람은 경상도 출신이 아니다"라는 명제는 서울 사람 가운데는 경상도 출신이 한 명도 없다는 뜻으로 해석될 수도 있고, 서울 사람 가운데 일

부만이 경상도 출신이라는 의미로 해석될 수도 있다. 반면 후자의 "모든 여대생은 남자가 아니다"라는 표현은 여대생 집합에는 남자 원소가 하나도 없다는 뜻으로 해석된다. 이를 정확하게 오해가 없도록 표현하면 "어느(어떤) 여대생도 남자가 아니다"라고 해야 한다. 마찬가지로 "모든 서울 사람은 경상도 출신이 아니다"는 "어느(어떤) 서울 사람도 경상도 출신이 아니다"라고 표현해야 정확한 전칭부정명제의 형식이 된다.

> 〈전칭부정명제로의 환원〉
> - 소금은 쓴 맛이 나지 않는다. → 어느 소금도 쓴 것이 아니다.
> - 거짓말을 하는 승려는 없다. → 어느 승려도 거짓말을 하는 사람이 아니다.
> - 개는 주인을 배반하지 않는다. → 어느 개도 주인을 배반하는 짐승이 아니다.

2-3. 특칭긍정명제(I 명제)

특칭긍정명제는 I 명제로 약칭되며, 표준형은 "어떤 S는 P이다"로 나타낸다. 예를 들면 "어떤 과학자는 무신론자이다"와 같은 명제가 특칭긍정명제이다. 그런데 이 명제의 '어떤' 속에는 '약간의', 혹은 '대부분'의 양을 모두 포함한다. 그래서 "약간의 과학자는 무신론자이다"와 "대부분의 과학자는 무신론자이다" 모두 특칭긍정명제로, I명제는 주어의 외연의 크기를 구분하려는 것이 아니라 술어 명사에 속하는 주어 명사의 원소가 적어도 하나는 있다는 뜻을 나타낸다.

> 〈특징긍정명제로의 환원〉
> - 교통경찰은 대부분 친절하다. → 어떤 교통경찰은 친절한 경찰이다.
> - 몇몇 사람을 제외하고는 모두가 나의 의견에 찬동했다.
>
> → 어떤 사람은 나의 의견에 찬동한 사람이다.
> - 자신의 잘못을 인정하는 사람이 드물다.
>
> → 어떤 사람은 자신의 잘못을 인정하지 못하는 사람이다.

2-4. 특칭부정명제(O 명제)

특칭부정명제는 O 명제로 약칭되며, 표준형은 "어떤 S는 P가 아니다"로 표시된다. 전칭부정명제(E 명제)를 논할 때 언급했듯이, "모든 서울 사람은 경상도 출신이 아니다"라는 서울 사람 모두에 대해 부정하는 것이 아니라 일부 서울 사람들에 대한 부정이므로 특칭부정명제로 보는 것이 옳다. 마찬가지로 "약간의(일부) 정치인은 도덕적이지 못하다"든지 "진정한 목사는 대체로 이해타산적인 인물이 아니다" 등도 O형으로 환원되는 명제들이다.

> 〈특칭부정명제로의 환원〉
> - 육식을 하지 않는 사람들도 있다. → 어떤 사람들은 육식을 하는 사람이 아니다.
> - 반짝이는 것이라고 모두 금은 아니다. → 어떤 반짝이는 것은 금이 아니다.
> - 우울증 환자가 아닌 연예인도 있다. → 어떤 연예인은 우울증 환자가 아니다.

2-5. 벤 다이어그램

명제의 기본적 관계를 보다 더 쉽게 이해하기 위해서, 벤(Venn, John, 1834~1923)이라는 현대 영국의 논리학자가 고안해 낸 다이어그램 (diagram)을 이용하는 것이 보편화되어 있다.

벤 다이어그램에서는, 아래와 같이 하나의 원을 그려 명제 내의 명사를 표시한다.

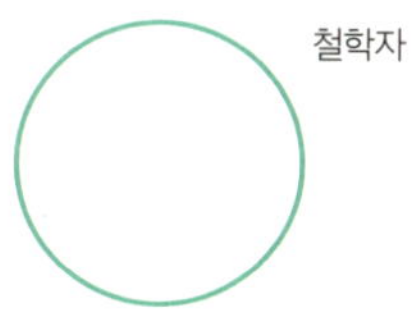

만약에, 적어도 철학자 집단의 구성원이 한 명 이상 있으면 x를 원 안에 표시하고, 철학자 집단의 구성원이 하나도 없으면 빗금을 쳐서 나타낸다.

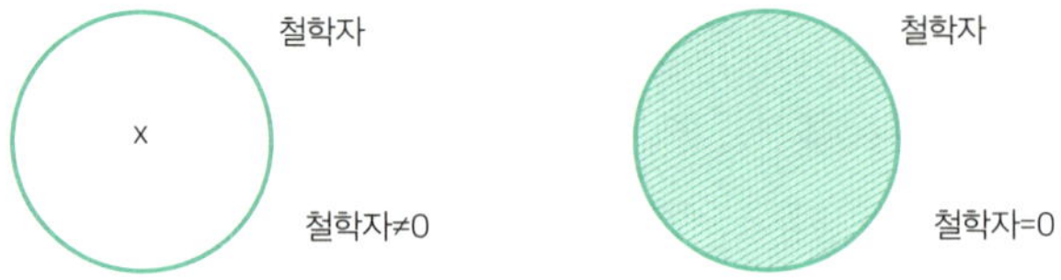

위의 왼쪽 그림은 철학자 집단의 구성원이 있다는 것이고, 오른쪽은 없다는 것을 나타낸다. 그런데, 기본적인 명제는 두 개의 명사(주어 명사와 술어 명사)로 되어 있으므로, 그 관계를 표시할 때 두 개의 원이 필요하다. "모든 철학자는 과학자이다"라는 명제를 가지고 살펴보자.

아래의 그림에서 우리는 세 다른 집단(a, b, c)을 발견할 수 있다.

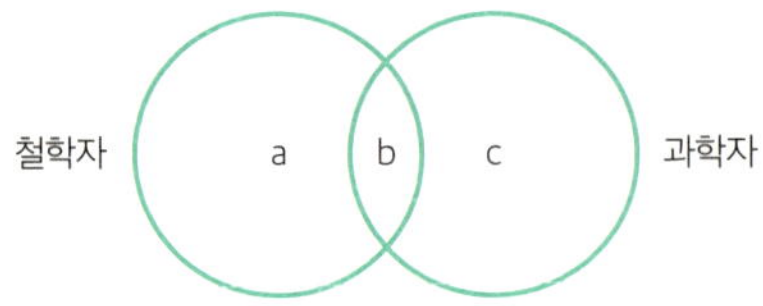

> a는 철학자 집단 중 과학자 집단에 속하지 않는 부분이고
> b는 철학자 집단 중 과학자 집단에도 속하는 부분이며,
> c는 과학자 집단 중 철학자 집단에는 속하지 않는 부분이다.

위의 세 가지 분류에서, "모든 철학자는 과학자이다"라는 명제는, 분명히 a를 배제하고 있다. 따라서 도표를 다시 그리면 아래와 같이 된다.

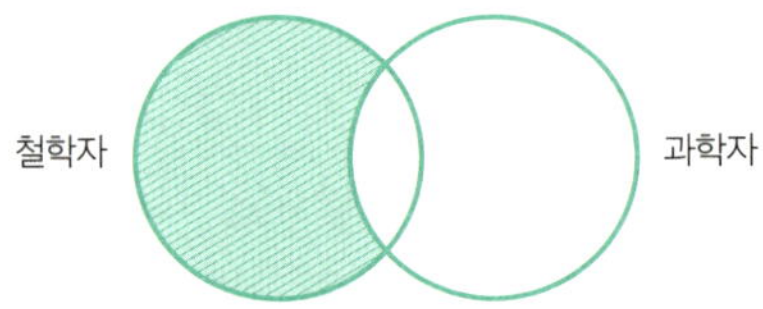

A 명제의 벤 다이어그램

a 부분에 속하는 철학자 집단의 구성원은 없으므로, 그 부분은 빗금을 쳐서 없다는 것을 표시하면, 이 그림은 "모든 철학자는 과학자이다"라는 A 명제를 나타내게 된다. 같은 방법

으로 명제, "어느 철학자도 과학자가 아니다"는 아래와 같이 나타낼 수 있다.

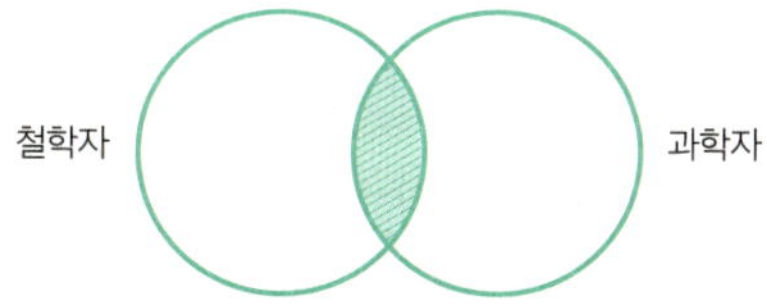

E 명제의 벤 다이어그램

위의 그림은 철학자와 과학자 집단에 동시에 속하는 구성원이 없다는 것을 나타내고 있다.

I 명제 "어떤 철학자는 과학자이다"는, 적어도 한 명 이상의 철학자가 과학자라는 뜻을 가지고 있으므로, 아래와 같이 나타낸다.

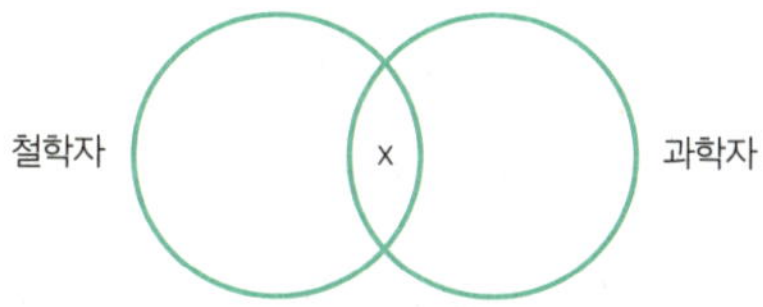

I 명제의 벤 다이어그램

O 명제, "어떤 철학자는 과학자가 아니다"는 아래와 같이 나타낼 수 있다. 이것은 한 명 이상의 철학자가 과학자의 집단에 속하지 않는다는 것을 나타내고 있다.

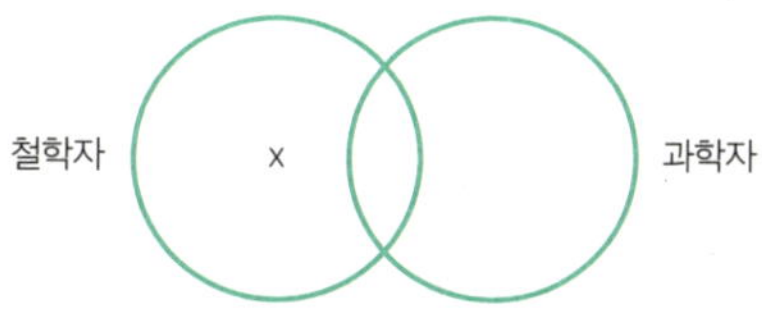

O 명제의 벤 다이어그램

2-6. 주연과 부주연

정언논리를 구성하는 정언명제는 주어 명사와 술어 명사의 포함(배제)관계가 대단히 중요하다. 왜냐하면 정언논리에서는 이 정언명제들의 포함 관계에 따라 논증의 타당성 여부가 결정되기 때문이다. 정언명제의 포함 관계는 그 명제를 구성하고 있는 두 명사, 즉 주어 명사와 술어 명사의 외연을 확인하는 일에서부터 시작된다. 가령 '철학자'라는 명사가 있을 때, 이 명사가 모든 철학자에 대해서 언급하고 있는지 아니면 일부의 철학자에 대해 언급하고 있는지가 매우 중요한 문제가 된다. 왜냐하면 한 명제에서 주어 명사와 술어 명사가 전체에 대해 언급하는지, 또는 일부분에 대해 언급하는지에 따라 주어 명사와 술어 명사의 포함과 배제가 결정되고 이는 곧 삼단논법의 타당성 증명으로 이어지기 때문이다.

삼단논법을 이해하는 데 필요한 요건 중의 하나는 각각의 명사들이 그 대상에 대하여 어느 범위까지 적용되는지를 분명히 밝히는 일이다. A, E, I, O 명제에서 주어 명사나 술어 명사가 전체 대상을 언급하는지 혹은 일부분을 언급하는지를 구별하는 데 사용되는 용어가 주연(distribution)이다. 다시 말해 주연 관계는 하나의 명제를 구성하고 있는 명제의 주어 명사와 술어 명사의 외연 관계를 규정한 것이다.

'주연되어 있다'는 표현은 사용된 명사가 그 대상 집합 전체에 대해서 언급할 때 사용한다. 반면 사용된 명사가 그 대상 집합 일부에 대해서만 언급할 때 '부주연되었다(주연 안 됨)'고 한다. 예를 들어 보자. "모든 철학자는 과학자이다"(A 명제)라는 명제는 철학자 집단의 모든 구성원에 대해 언급하고 있지만(주연), 과학자 집단의 모든 구성원에 대해서 언급하고 있지는 않다(부주연). 또 "어느 철학자도 과학자가 아니다"(E 명제)라는 명제는 철학자 집단의 모든 구성원과 과학자 집단의 모든 구성원에 대해 언급하고 있음(모두 주연)을 알 수 있다. 즉 철학자 집단에 속해 있는 구성원은 아무도 과학자 집단에 속해 있지 않으며, 반대로 과학자 집단의 어느 누구도 철학자 집단에 속하지 않는다는 뜻이다. 또 "어떤 철학자는 과학자이다"(I 명제)라는 명제는 철학자나 과학자 어느 것도 전체에 대해서 언급하고 있지 않다. 단지 각각의 집단 일부에 대해서만 말하는 것이다(모두 부주연). 그러나 "어떤 철학자는 과학자가 아니다"(O 명제)는 명제는 일부의 철학자(부주연)와 모든 과학자 집단의 구성원(주연)에 대해서 언급하고 있다. 즉 적어도 한 사람 이상의 철학자가 과학자 집단으로부터 분리되어 있음을 의미한다.

이러한 주연 관계를 도표로 그리면 다음과 같다.

주연 관계의 도표

명제 유형	주어 명사	술어 명사	비고
A 명제	주연	부주연	전칭명제인 경우는 주어 명사가 주연되고, 부정명제의 경우에는 술어 명사가 주연된다.
E 명제	주연	주연	
I 명제	부주연	부주연	
O 명제	부주연	주연	

3. 명제들의 관계

정언명제들을 기준으로 한 추리의 타당성을 검토하기 위해서는 4가지 정언명제 표준 형식들 간에 관계를 살펴볼 필요가 있다. 이 관계를 대당 관계(對當關係)라고 한다. 다시 말해 대당 관계란 기본명제(A, E, I, O 명제) 상호 간의 관계를 말한다. 가령 A명제가 참일 경우와 거짓일 경우, 그 경우마다 E, I, O 명제가 참인지 거짓인지, 아니면 참·거짓을 결정지을 수 없는지의 관계를 말한다. 전통적으로 대당 관계 전체를 알아보기 위해 사각형을 그려 그들의 상호관계에 대한 명칭을 부여해 왔다. 이렇게 사각형을 그려 기본 명제 사이의 관계를 고찰하는 것을 대당 사각형이라고 부른다.

대당 사각형

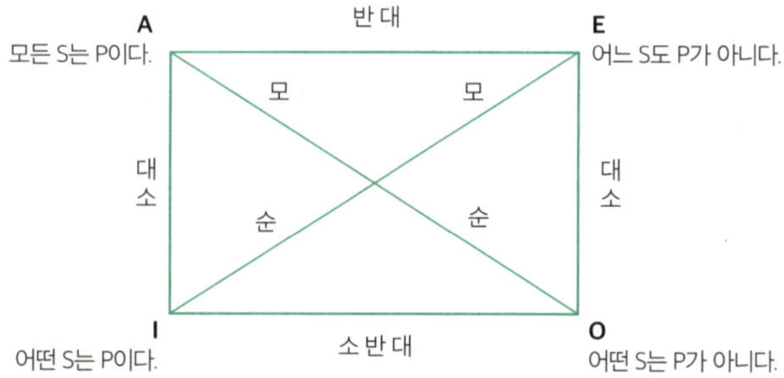

3-1. 모순대당 : A 명제—O 명제, E 명제—I 명제

모순대당이란 A와 O의 관계, 그리고 E와 I의 관계를 말하며, 이것은 한쪽이 참이면 다른

쪽은 반드시 거짓이며, 한쪽이 거짓이면 다른 한쪽은 반드시 참이 되는 관계이다. 예를 들어 A 명제 "모든 사람은 이성적 동물이다"가 참이면, O 명제 "어떤 사람은 이성적 동물이 아니다"는 반드시 거짓이다. 그리고 I 명제 "어떤 여대생은 남자다"가 거짓이면 E 명제 "어떤 여대생도 남자가 아니다"는 반드시 참이 된다.

3-2. 반대대당: A 명제—E 명제

반대대당은 A 명제와 E 명제의 관계로서 둘 다 거짓일 수는 있어도 둘 다 참일 수는 없는 관계이다. 예를 들면 A 명제 "모든 대학생은 남자다"가 거짓이면 그에 대한 E명제 "어느 대학생도 남자가 아니다"도 동시에 거짓이다. 그리고 A 명제 "모든 여대생은 여자다"가 참이면, 그에 대한 E 명제 "어느 여대생도 여자가 아니다"는 함께 참일 수 없다.

3-3. 소반대대당 : I 명제—O 명제

소반대대당은 I와 O의 관계로서 양쪽이 다 참일 수는 있어도 양쪽 모두 거짓일 수는 없는 관계이다. 예를 들어 I 명제 "어떤 대학생은 여자다"가 참이면, 동시에 그에 대한 O 명제 "어떤 대학생은 여자가 아니다"도 참일 수 있으나, I 명제 "어떤 여대생은 남자다"가 거짓이면 그에 대한 O 명제 "어떤 여대생은 남자가 아니다"가 거짓일 수는 없다.

3-4. 대소대당 : A—I, E—O

대소대당은 A와 I의 관계, 그리고 E와 O의 관계를 말하는데, 여기서는 전칭이 참이면 특칭은 반드시 참이고, 특칭이 거짓이면 전칭은 반드시 거짓이며, 나머지 경우는 참, 거짓을 판별할 수 없다. 가령, 전칭긍정명제(A) "모든 여대생은 여자다"가 참이면 그에 대한 특칭긍정명제(I) "어떤 여대생은 여자다"는 반드시 참이고, 특칭부정명제(O) "어떤 여대생은 여자가 아니다"가 거짓이면 그 전칭부정명제(E) "어느 여대생도 여자가 아니다"는 반드시 거짓이다. 그러나 그 나머지, 전칭이 거짓인 경우와 특칭이 참인 경우는 그에 대응하는 명제가 참인지 거짓인지를 확실히 결정할 수 없다. 가령 전칭이 거짓인 "모든 대학생은 여자다"에서는 그 특칭인 "어떤 대학생은 여자다"가 참이 되었으나, 전칭이 거짓인 "모든 여대생은 남자다"의 경우는 해당 특칭 "어떤 여대생은 남자다"도 거짓이 된다.

3-5. 대당 관계 표

지금까지 논의한 대당 관계들에서 나타난 '참', '거짓', 그리고 참·거짓을 가릴 수 없는 '미정'의 관계를 모두 정리해 보면 아래의 표와 같다.

평가되는 명제	A		E		I		O	
	T일 때	F일 때	T일 때	F일 때	T일 때	F일 때	T일 때	F일 때
A	T	F	F	미정	미정	F	F	T
			반대		대소		모순	
E	F	미정	T	F	F	T	미정	F
	반대				모순		대소	
I	T	미정	F	T	T	F	미정	T
	대소		모순				소반대	
O	F	T	T	미정	미정	T	T	F
	모순		대소		소반대			

4. 명제의 변형

앞에서 논의된 대당 관계에서, 한 명제의 참 · 거짓이 다른 명제의 참 · 거짓에 관련됨을 보았다. 즉, "모든 철학자는 과학자이다"라는 명제가 참이라면, "어떤 철학자는 과학자다"라는 명제도 참이 된다. 앞의 명제를 전제라 하고 뒤의 명제를 결론이라고 한다면, 위의 예는 하나의 전제에서 결론이 도출됐다고 할 수 있다. 흔히, 이런 도출의 형식을 '직접 추리(immediate inference)'라고 한다. 이러한 직접 추리는 명제의 변형을 통해 이루어진다. 명제의 변형(transformation)이란, 한 명제의 본래의 뜻은 변하지 않고, 그 명제를 다른 형태의 명제로 고칠 수 있는가를 보는 것이다. 따라서 이런 논의에서는, 긍정 형식의 명제를 그 본래의 뜻이 바뀌지 않고도 부정 형식으로 고칠 수 있는가, 주어 명사와 술어 명사의 위치를 서로 바꾸면 그 본래의 뜻은 어떻게 될까, 다른 방식으로 명제를 바꿀 수는 없을까 등이 주요 관심사가 된다. 물론, 명제의 변형 방법은 여러 가지가 있지만 가장 중요한 것들이 환위(換位, conversion), 환질(換質, obversion)이다.

4-1. 환위(換位, conversion)

환위란, 명제의 주어 명사와 술어 명사의 위치를 바꾸는 것을 말한다. 예를 들어, "모든 사람은 동물이다"라는 명제를, "모든 동물은 사람이다"라는 명제로 바꾸게 되면, 환위한 것이 된다. 그러나 이 경우, 환위되기 이전의 명제와 환위된 명제의 뜻은 다르게 된다. 즉, 모든 사람이 동물임이 사실이라는 것을 알고 있지만, 모든 동물이 사람이라는 것은 받아들일 수 없다. 결국 A 명제를 환위하면 그 본래 명제와는 전혀 다른 뜻의 명제가 되어 버린다는 것을 알 수 있다. 그래서 A 명제는 환위가 불가능하다고 말한다.

그러나 양을 나타내는 '모든'이라는 천칭을 '어떤'이라는 특칭으로 바꾸어 놓으면 환위될 수 있다. 즉, "어떤 동물은 사람이다"라고 한다면, "모든 사람은 동물이다"를 환위시켜 그 뜻이 변하지 않았다고 말할 수 있다. 그러나 이 경우 '모든'을 '어떤'으로 임의적으로 바꾸었기 때문에 제한이 가해졌다. 그래서 이 경우를 제한에 의한 환위라고 부른다.

E 명제의 경우를 들어 보자. "어느 과학자도 무신론자가 아니다"라는 명제는 '과학자'와 '무신론자' 두 명사가 모두 전체의 대상에 대해 언급하고 있다. 따라서, '과학자'와 '무신론자'의 위치를 서로 바꾸어 "어느 무신론자도 과학자가 아니다"라고 해도 그 뜻에는 변함이 없게 된다. 다시 말해 E 명제는 환위해도 원래의 의미를 잃지 않는다.

I 명제의 경우도 환위가 가능하다. 예를 들어 "어떤 철학자는 과학자이다"라는 명제는 '철학자', '과학자'라는 두 명사가 모두 전체 구성원에 대하여 언급하고 있는 것은 아니다. 이를 환위하면 "어떤 과학자는 철학자이다"가 되며, 원래 명제의 뜻은 바뀌지 않는다.

반면 O 명제는 환위가 불가능하다. 가령 "어떤 서울 사람은 경상도 출신이 아니다"라는 명제는 '경상도 출신'이 전체의 대상에 대해 언급되고 있는 반면에, '서울 사람'은 그렇지 못하다. 따라서, 명제를 환위시켜 "어떤 경상도 출신은 서울 사람이 아니다"와 같이 표현했을 경우, 그 본래 명제의 참·거짓과는 전혀 다른 경우가 나타난다. A 명제의 경우는 제한된 환위가 가능했으나, O 명제는 그렇지 못하다.

이상의 환위를 정리하면 아래와 같다.

> A 명제 : 모든 S는 P이다. → 어떤 P는 S이다(제한).
> E 명제 : 어느 S도 P가 아니다. → 어느 P도 S가 아니다.

> I 명제 : 어떤 S는 P이다. → 어떤 P는 S이다.
> O 명제 : 어떤 S는 P가 아니다. → 타당하지 않음.

4-2. 환질(換質, obversion)

환위는 명제의 주어 명사와 술어 명사의 위치를 바꾸어 원래 명제의 진리값과 동일한 새로운 명제를 도출하는 추리를 말한다. 반면 환질법은 전제가 되는 명제의 위치를 바꾸는 것이 아니라 전제가 되는 명제의 질을 바꾸어서 동치의 명제를 결론으로 이끌어 내는 방법이다. 과연 명제의 질(긍정과 부정)을 바꾸는 것이 타당할까?

A 명제 “모든 성직자는 도덕적인 사람이다”를 E 명제로 바꾸어 보자. “모든 성직자는 도덕적인 사람이다”라는 전칭긍정명제를, “어느 …도 ~ 아니다”라는 천칭부정명제로 바꾸기 위해서는 부정이 한 번 더 필요하다. 즉, A 명제 “모든 S는 P이다”의 환질은 E 명제 “어느 S도 ~P(non P, 非p; 여기에서 비(非)는 부정을 의미)가 아니다”가 된다. 따라서, “어느 성직자도 비도덕적인 사람이 아니다”가 된다. 같은 방법으로 E 명제를 A 명제로 바꿀 수 있다. E 명제 “어느 S도 P가 아니다”를 A 명제 “모든 S는 ~P이다”로 바꾸어 놓아도 그 뜻은 변하지 않는다. 따라서 “어느 성직자도 도덕적인 사람이 아니다”는, “모든 성직자는 비도덕적인 사람이다”로 된다. 부분 긍정의 I 명제를 부분 부정의 O 명제로 바꾸는 경우, “어떤 S는 P이다”가 “어떤 S는 ~P가 아니다”로 된다. 따라서, “어떤 성직자는 도덕적인 사람이다”가, “어떤 성직자는 비도덕적인 사람이 아니다”로 되며, 두 번 부정을 통하여 본래의 긍정의 뜻을 갖게 되어 I 명제의 환질은 타당하다. 같은 방법으로, O 명제 “어떤 S는 P가 아니다”를, I 명제 “어떤 S는 ~P이다”로 바꿀 수 있다. 즉, “어떤 성직자는 도덕적인 사람이 아니다”가, “어떤 성직자는 비도덕적인 사람이다”로 된다. 위에서 본 바와 같이, 기본 명제 A, E, I, O의 환질은 타당하다. 이를 정리해 보면 다음과 같다.

> A 명제 : 모든 S는 P이다. → E 명제 : 어느 S도 ~P가 아니다.
> E 명제 : 어느 S도 P가 아니다. → A 명제 : 모든 S는 ~P이다.
> I 명제 : 어떤 S는 P이다. → O 명제 : 어떤 S는 ~P가 아니다.
> O 명제 : 어떤 S는 P가 아니다. → I 명제 : 어떤 S는 ~P이다.

4-3. 이환(contraposition)

이환이란 주어 명사와 술어 명사의 위치를 바꾸고, 주어 명사와 술어 명사를 각각 부정하는 것이다. 예를 들어 "모든 철학자는 과학자이다"라는 명제를 이환하면 "모든 과학자가 아닌 사람(비과학자)은 철학자가 아닌 사람(비철학자)이다"가 된다. 또 "모든 가수는 음악가이다"라는 명제를 이환하면 "모든 음악가가 아닌 사람(비음악가)는 가수가 아닌 사람(비가수)이다"와 같이 된다. 이와 같은 이환의 방법은 명제 변형의 기본 방법에 포함되지 않는다. 왜냐하면 이환의 방법은 환질과 환위의 방법으로 대신할 수 있기 때문이다. 한 명제를 이환해서 얻는 명제는 그것을 환질한 후 환위하고, 다시 환질해서 얻는 명제와 같다. 다시 말하면 이환은 '환질→환위→환질'을 순서대로 적용하는 것과 같은 것이다.

주어진 명제를 이환했을 때 어떤 결과가 얻어지는지 살펴보자.

> "모든 S는 P이다."(A 명제) —(환질)→ "어느 S도 ~P가 아니다."(E 명제) —(환위)→ "어느 ~P도 S가 아니다."(E 명제) —(환질)→ "모든 ~P는 ~S이다."(A 명제)

일반적으로 A 명제는 이환해도 동일한 진리값을 보존한다. 그러나 E 명제의 이환은 제한된 형태에서만 타당하다.

> "어느 S도 P가 아니다."(E 명제) —(환질)→ "모든 S는 ~P이다."(A 명제) —(제한환위)→ "어떤 ~P는 S이다."(I 명제) —(환질)→ "어떤 ~P는 ~S가 아니다."(O 명제)

이 경우 E 명제를 환질하여 A 명제가 되는 것은 문제가 없지만, 그 A 명제를 환위하는 데는 제한이 따르기 때문에 E 명제의 이환은 제한된 형태로만 타당하다.

> 반면 I 명제의 이환은 타당하지 않다. 왜냐하면 I 명제 "어떤 S는 P이다"의 환질은, O 명제 "어떤 S는 ~P가 아니다"로 되지만, 이것을 환위하는 것은 타당하지 않기 때문이다.

이에 반해 O 명제의 이환은 타당하다.

> "어떤 S는 P가 아니다."(O 명제) —(환질)→ "어떤 S는 ~P이다."(I 명제) —(환위)→ "어떤 ~P는 S이다."(I 명제) —(환질)→ "어떤 ~P는 ~S가 아니다."(O 명제)

이상의 이환을 정리하면 다음과 같이 된다.

> A : "모든 S는 P이다." → A: "모든 ~P는 ~S이다."
> E : "어느 S도 P가 아니다." → O : "어떤 ~P는 ~S가 아니다."(제한)
> I : "어떤 S는 P이다." → 타당하지 않음
> O : "어떤 S는 P가 아니다." → O : "어떤 ~P는 ~S가 아니다."

평소 우리가 접하는 다양한 논의는 기호가 아닌 언어의 형태로 되어 있다. 어떤 경우에는 언어로 된 논증이 다소 혼란스러울 수도 있고, 또 경우에 따라서는 위와 같은 논증이 더 혼란스러울 수도 있다. 그러나 찬찬히 검토해 보면 어렵지 않게 이해할 수 있다. 우리가 위와 같이 명제를 조작하는 방법을 배우는 이유는 정언명제를 조작하는 방법을 알고 있다면 논증을 훨씬 수월하게 다룰 수 있기 때문이다.

5. 정언논증(삼단논법)

5-1. 표준 형식

삼단논법은 가장 기본적인 추론 형식이다. 삼단논법은 두 개의 전제와 하나의 결론으로 구성된, 즉 세 개의 기본적인 명제를 가진 연역 추리이다. 삼단이라고 한 것은 두 개의 명제(전제)로부터 세 번째 명제(결론)을 이끌어 내기 때문이다. 삼단논법에는 여러 가지 종류가 있지만, 앞서 설명한 A, E, I, O 형식으로 표현되는 정언명제들로만 이루어진 삼단논법을 정언적 삼단논법이라 한다. 이 정언적 삼단논법은 세 개의 명제를 가져야만 하고, 세 가지 명사만을 가져야 한다.

아래의 예는 정언적 삼단논법의 가장 단순한 예이다.

(1) 모든 음악가는 예술가이다.

(2) 모든 가수는 음악가이다.

따라서 (3) 모든 가수는 예술가이다.

이 예에서는 세 개의 명사 — '음악가', '예술가', '가수'—가 사용되었고 세 개의 명제 —"모든 음악가는 예술가이다.", "모든 가수는 음악가이다.", "모든 가수는 예술가이다."—로 구성되어 있다. 이 세 명제는 전제와 결론으로 구분된다. (1)과 (2)는 전제이고, (3)은 결론이다. 먼저 결론의 주어 명사를 소명사(minor term, S)라 하고, 결론의 술어 명사를 대명사(major term, P)라 하며, 이를 이어 주는 제3의 명사를 중명사(middle term, M)이라 한다. 위의 예에서 가수는 소명사(S)이고, 예술가는 대명사(P)이며, 음악가는 중명사(M)이다. 그리고 전제도 둘로 구분된다. 대명사가 포함된 전제를 대전제(major premise)라 하고, 소명사가 포함된 전제를 소전제(minor premise)라고 한다. 위의 예에서 (1)의 "모든 음악가는 예술가이다"는 대전제이고, (2)의 "모든 가수는 음악가이다"는 소전제가 된다. 기본적인 형태의 삼단논법은 편의상 대전제, 소전제, 결론의 순서로 배치하는 것이 상례이다.

이제 위의 논증을 기호화하면 아래와 같은 표준 형식이 된다.

모든 M은 P이다.

모든 S는 M이다.

따라서 모든 S는 P이다.

5-2. 식(式, mood)과 격(格, figure)

모든 삼단논법은 하나의 식을 갖는다. 삼단논법의 식은 그것이 포함하고 있는 정언명제의 형식(A, E, I, O)을 삼단논법의 표준 형식의 순서에 따라 나타낸 것이다. 위의 삼단논법에서 대전제인 '모든 M은 P이다'는 A 명제이고, 소전제인 '모든 S는 M이다'도 A 명제이며, 결론인 '모든 S는 P이다'도 A 명제이므로 이 삼단논법의 식은 AAA이다.

그런데 삼단논법의 식이 그 삼단논법의 형식을 완전히 결정하는 것은 아니다. 동일한 식을 갖는 삼단논법이라고 하더라도 중명사(매개념)의 위치에 따라 타당성이 달라지게 된다. 삼단논법의 형식에서 두 전제에 나타나는 중명사의 위치에 따라 네 가지 유형이 있으며, 이렇게 다르게 나타나는 삼단논법을 격(格, figure)이라고 표현하여 구분한다.

제1격	제2격	제3격	제4격
M−P	P−M	M−P	P−M
S−M	S−M	M−S	M−S
S−P	S−P	S−P	S−P

5-3. 벤 다이어그램에 의한 타당성 검토

삼단논법의 타당성은 명제들의 형식, 즉 그 명사들 간의 관계에 의해 좌우된다. 삼단논법이 타당하다는 뜻은, 두 전제가 긍정하고 있는 명사들 간의 관계가 결론에서도 두 명사 간의 관계를 긍정할 수 있을 만큼 충분함을 뜻하는 것이다. 다시 말해서 삼단논법이 타당하다는 뜻은, 두 전제에서 결론이 자연스럽게 귀결된다는 의미인 것이다. 삼단논법의 타당성을 증명하는 방법에는 여러 가지가 있지만, 여기서는 벤 다이어그램을 이용해 그 타당성을 증명해 보는 방법을 알아보기로 한다.

① 우선 세 개의 원을 서로 중첩되게 그린다. 정언명제로 이루어진 삼단논증은 세 개의 명제로 이루어지며, 서로 다른 세 개의 명사가 포함되어 있음은 앞서 언급한 바 있다. "모든 음악가는 예술가이다. 모든 가수는 음악가이다. 그러므로 모든 가수는 예술가이다"라는 논증을 살펴보자. 이 논증에서는 가수, 음악가, 예술가라는 세 개의 명사가 등장한다. 이에 우리는 세 개의 명사를 각기 집합으로 생각하고, 각 집합을 나타내는 원들을 서로 중첩되게 그린다. 이 경우 주의할 것은 세 원들이 동시에 교차하는 부분이 다

이어그램의 가운데에 나타나도록 해야 하는 것이다. 그리고 분석을 위한 보조적인 수단으로 각 영역에 순차적으로 번호를 붙인다.

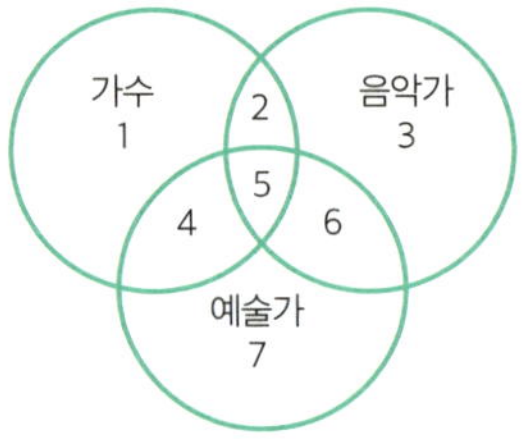

② 그리고 두 전제가 의미하는 바를 각기 다이어그램 상에 표시한다. 이때 전제가 전칭과 특칭으로 되어 있으면 편의상 전칭부터 표시하는 것이 좋다.

우선 "모든 가수는 음악가이다"라는 진술은 다음 왼쪽과 같이 영역 1과 4에 빗금을 쳐 표시한다. 그리고 여기에 "모든 음악가는 예술가이다"라는 진술을 같은 방식으로 표시하면, 영역 1, 2, 3, 4에 빗금을 친 다이어그램이 완성된다.

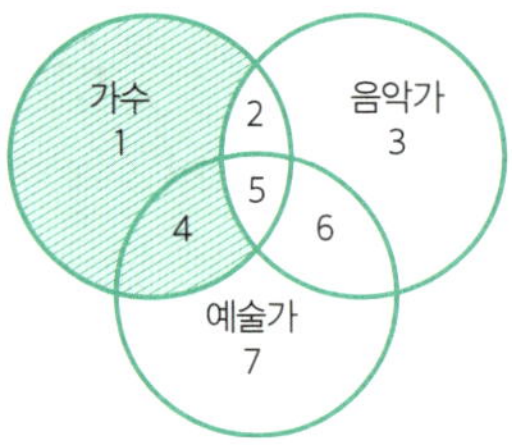

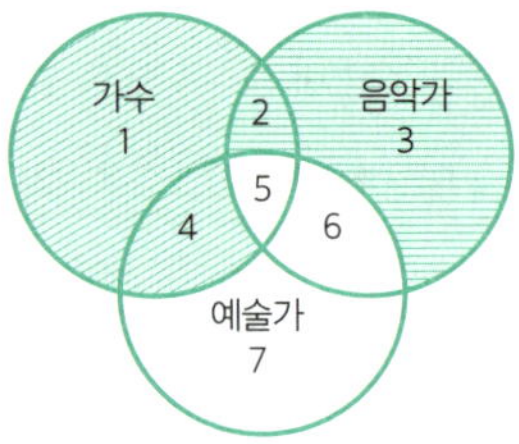

③ 마지막으로 완성된 다이어그램에 결론의 진술이 의미하는 바가 함축되어 있는지 살펴본다. 만일 함축되어 있으면 그 논증은 타당하고, 그렇지 않은 경우에는 부당하다.

이 도식에 우리는 논증의 결론인 "모든 가수(영역5)는 예술가(영역5, 6, 7)이다"라는 주장, 달리 말해 "예술가가 아닌 가수는 존재하지 않는다"라는 주장이 포함되어 있음(빗금 쳐진 영역 1과 2)을 알 수 있다. 그러므로 이 논증을 타당한 것으로 판정한다.

다른 사례로 "모든 과학자는 무신론자이다. 어떤 철학자는 과학자가 아니다. 그러므로 어떤 철학자는 무신론자가 아니다"라는 논증을 검토해 보자. 우선 "모든 과학자는 무신론자이다"라는 명제는 영역 1과 4에 빗금 친 식으로 도식된다. 그리고 "어떤 철학자는 과학자가 아니다"는 명제는 과학자가 아닌 철학자가 —최소한 한 명 이상— 존재한다는 의미이며, 이는 영역 6이나 7에 원소가 있다는 뜻이다. 따라서 영역 6이나 7에 x 표시를 해 준다. 그러나 그 원소가 정확히 어디에 해당하는지 알 수 없기 때문에, 6과 7의 경계선상에 x 표를 한다. 이렇게 하여 다음 오른쪽의 다이어그램이 완성된다.

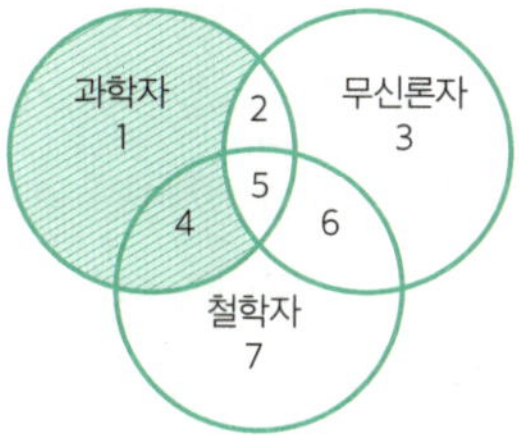

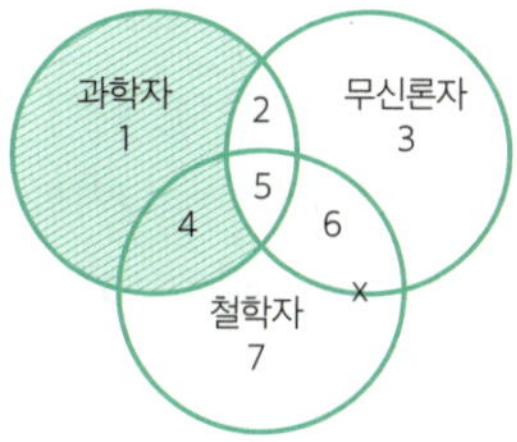

결론은 "어떤 철학자는 무신론자가 아니다"인데, 이는 무신론자가 아닌 철학자가 최소한 한 명 있다는 의미이다. 이는 도식적으로 x가 7의 영역에 있어야 한다는 것을 말한다. 그러나 x는 6과 7의 경계선상에 있으며, 그것은 x가 7에 속한다는 것을 명시하지 않는다. 따라서 이 논증은 부당하다.

"어떤 여자는 대학생이다. 모든 여대생은 대학생이다. 그러므로 어떤 여자는 여대생이다"라는 논증을 검토해 보자. 이 논증의 두 전제는 다음과 같이 도식된다.

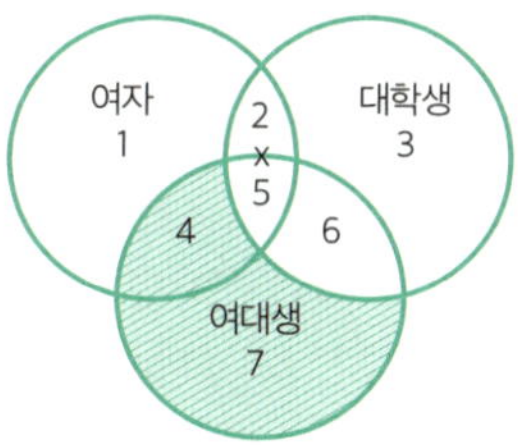

이 도식에서 결론인 "어떤 여자는 여대생이다"라는 내용은 함축되어 있지 않다. "어떤 여자가 여대생이다"라는 내용이 함축되어 있으려면, 영역 4나 5에 x 표시가 있어야 한다. 그러나 그렇지 못하다. 영역 2와 5 사이의 경계에 있는 x 표시는 그것이 5에 속한다는 것은 밝혀 주지는 않는다. 따라서 이 논증은 타당하지 않다.

참고

정언명제에 대한 전통적인 해석(아리스토텔레스의 해석)과 현대적 해석(부울의 해석)에는 차이가 있다. 특칭 명제의 경우 전통적인 해석이나 현대적인 해석 모두 그 명제가 특정한 존재(대상)를 적시하는 것이지만 전칭명제의 경우는 그렇지 않다. 전통적인 해석에 따르면 전칭명제가 존재를 함축하고 있다고 보는 반면 현대적인 해석은 전칭명제가 존재를 함축한다고 보지 않는다. 따라서 특칭명제의 경우 그 해석에는 아무런 의미 변화가 없지만 전칭명제의 경우 의미 변화가 생기게 된다. 다시 말하면 전통적인 방식으로 해석하면 전칭명제는 주어에 해당하는 집합 S의 모든 원소가 실제로 존재한다고 가정한다. 그래서 A 명제(모든 S는 P이다)는 집합 S의 모든 원소가 P에 속하게 되며, 집합 S의 원소가 실제로 있다는 것을 의미한다. 마찬가지로 E 명제(어느 S도 P가 아니다)는 집합 S의 어떤 원소도 집합 P의 원소가 아니며, 집합 P에 속하는 집합 S의 원소가 하나도 없음을 의미한다. 그러니까 전통적으로는 말(명제)이 실제 존재를 함축(existential import)한다고 생각했던 셈이다. 반면 현대적 해석은 전칭명제의 주어 집합 S의 원소가 실제로 존재하는지 존재하지 않는지에 대해서 중립적이다. 그래서 A 명제를 조건 명제로 이해해서 '만약 어떤 것이 S의 원소라면 그것은 P의 원소이다'라는 말로 해석된다. 또 E 명제의 경우에도 '만약 어떤 것이 S의 원소라면 그것은 P의 원소가 아니다'라는 말로 해석된다. 그러니까 현대적인 관점은 말(명제)은 말일뿐 그 말이 대상이 실재함을 나타내는 것은 아니라고 보는 것이다. 이러한 해석의 차이는 벤 다이어그램을 통한 타당성 증명에서도 해석이 달라지기 때문에 타당성 평가가 달라질 수 있다. 여기서는 현대적 관점을 취하여 해석한다.

제2절

명제논리

연역논증의 타당성은 논증을 구성하고 있는 진술들의 내용에 의해서가 아니라 논증의 형식 즉 형식 논리에 의해 결정된다. 타당한 논증은 타당한 형식을 갖는 논증으로, 전제들이 모두 참이라면 결론 또한 참일 수밖에 없는 논증이다. 다시 말하면 타당한 논증에서는 전제가 모두 참일 경우에는 결론의 참이 절대적으로 보장된다. 반면, 부당한 논증은 전제들이 모두 참일지라도 반드시 결론의 참이 보장되지는 않는다.

명제논리의 체계(논리적 형식)는 논증의 타당성 여부를 쉽고 간단하게 판단하고 평가할 수 있도록 만드는 형식 논리의 체계이다. 이 체계는 단순한 명제를 나타내는 기호와 그 명제를 연결해 주는 기호인 논리 연결사와 괄호로 구성되어 있으며, 기본 단위는 명제이다.

일상 언어에서는 두 개 이상의 명제들을 연결할 때는 접속사를 사용한다. 명제논리 체계에서도 명제들을 연결해서 사용하는데, 이 명제들을 연결하는 접속사를 '논리 연결사(logical connective)'라고 한다.

명제논리의 가장 기본적인 단위로, 논리 연결사를 포함하지 않은 명제를 단순명제라고 하며, 단순명제와 하나 이상의 논리 연결사로 구성되는 명제를 복합명제라고 한다.

1. 논리 연결사

명제논리에는 일상 언어의 표현을 위한 가장 기본적인 5개의 논리 연결사가 있다.
'~'(부정기호), '&' (연언기호), '∨'(선언기호), '→'(조건기호), '↔'(쌍조건기호)이다.

논리 연결사	논리적 기능	종류	일상적 표현
~	부정	부정문	…이 아니다.
&	연언	연언문	그리고, 그러나, 그럼에도 불구하고
∨	선언	선언문	또는
→	단순 함축	조건문	만일…이라면, …이다.
↔	단순 동치	쌍조건문	…일 경우 그리고 그 경우에만…

논리 연결사로 구성된 복합명제를 만들 때 부정의 기능을 하는 논리 연결사 '~'는 항상 그것이 부정하려는 명제 앞에 놓여야 한다. 예를 들면 "그들은 우리 집에 왔다(p)"라는 문장을 부정한다고 해 보자. 그러면 그 문장의 부정은 '~p'로 표현될 수 있다. 또한 괄호로 묶인 복합명제인 경우에는 괄호로 묶인 명제 전체를 부정한다. 예를 들면, "그들은 우리 집에 왔으며, 우리는 그들에게 접대를 했다(p&q)"라는 명제의 부정은 '~(p&q)'로 표현된다.

일상 언어에서는 세 개 이상의 단순명제가 연결될 경우에는 그 명제가 애매하지 않게 하기 위해서 쉼표를 사용하지만 명제논리에서는 명제가 애매하지 않도록 괄호를 사용한다. 이것은 수학에서 괄호를 사용하는 방식과 같다. '(20×3)÷2'의 경우를 보면, 괄호 속의 '(20×3)'을 먼저 계산을 한다. 명제논리에서도 이와 같은 방식을 사용한다.

명제논리에는 여러 종류의 괄호로 묶인 복잡한 구조를 가진 복합명제들이 있다. 이런 복합명제에서는 두 개 이상의 논리 연결사와 괄호들이 사용되기도 하는데, 이때 주요 부분을 연결해 주는 논리 연결사를 '주 논리 연결사(main logical connective)'라고 한다. 주 논리 연결사를 중심으로 복잡한 복합명제는 두 부분으로 구성된다.

① ~ {(p∨q)→r} : 부정문
② (p→q) & ~(r∨s) : 연언문
③ {p→(q↔r)} ∨ s : 선언문
④ (p∨q) → ~r : 조건문
⑤ (p&q) ↔ (r→z) : 쌍조건문
↑
주 논리 연결사

①의 경우에서 부정기호는 논리 연결사로 간주되기 때문에 복합명제가 된다. ①의 경우처럼 부정기호 이외의 논리 연결사는 항상 두 구성 요소를 연결한다. ③은 복합명제와 단순명제로 이루어져 있지만, ②, ④, ⑤는 복합명제와 복합명제가 결합된 경우이다.

규칙에 따라 표현되는 여러 가지 논리적 형식들의 명칭, 일상 언어적 의미, 진리 조건들을 정리해 보면 다음과 같다.[9]

	종류	일상적 표현	진리 조건
p	단문	p는 참이다.	p가 참일 경우에만 참
~p	부정문	p가 아니다. p는 거짓이다. p는 참이 아니다. p하지 못한다.	p가 참일 경우에 거짓 p가 거짓일 경우에 참
p&q	연언문	p 그리고 q p이면서 동시에 q p일지라도 q p인 반면에 q	p와 q가 모두 참일 경우에만 참(p와 q 중 하나만 거짓이면 거짓)
p∨q	선언문	p 또는 q p이든지 q p 아니면 q p이든지 q이든지 적어도 둘 중 하나이다.	p와 q가 모두 거짓일 경우에만 거짓(p와 q 중 하나만 참이면 참)
p→q	조건문	만일 p라면, q p일 경우에, q q의 경우에만 p p는 q의 충분조건이다. q는 p의 필요조건이다. p는 q를 단순하게 함축한다.	p가 참이고 q가 거짓일 경우에만 거짓(p가 거짓이면 참. q가 참이면 참)
p↔q	쌍조건문	p일 경우 그리고 그 경우에만 q 꼭 q인 경우에 p p와 q는 단순하게 동치이다. p는 q의 필요충분조건이다. q는 p의 필요충분조건이다.	p와 q가 같은 값을 가지면 참, 다른 값을 가지면 거짓

충분조건: p가 q이기 위한 충분조건이다.: p가 발생할 때마다 q가 발생한다.: p→q
필요조건: p가 q이기 위한 필요조건이다.: p의 발생 없이 q가 발생하지 않는다.: q→p
필요충분조건: p가 q이기 위한 필요조건이고 동시에 충분조건이다.: p의 발생 없이 q가 발생하지 않으며, p가 발생할 때마다 q가 발생한다.: p↔q

9 '∼'(부정), '∘'(연언), '⊃'(조건), '≡'(쌍조건) 등을 사용하는 표기법도 있다.

1-1. 부정기호(~)

'부정기호(~)'는 부정기호 다음에 오는 명제가 참이면 부정기호와 결합된 명제는 거짓이 된다. 반대로 부정기호 다음에 오는 명제가 거짓이면 부정기호와 결합된 명제는 참이 된다. 가령 'p'의 부정인 '~p'는 'p'가 참일 경우에는 거짓이 되고, 'p'가 거짓일 경우에는 참이 된다. 이것을 진리표로 나타내면 다음과 같다.

p	~p
T	F
F	T

1-2. 연언기호(&)

'연언기호(&)'는 연언기호가 연결하는 앞뒤의 두 구성 요소 모두가 참인 경우에만 그 복합명제는 참이 되고, 두 구성 요소 중 적어도 하나가 거짓이면 그 복합명제는 거짓이 된다. 가령 'p'와 'q'의 복합명제인 'p&q'는 구성 요소인 'p'와 'q'가 모두 참일 경우에만 그 복합명제는 참이 되고, 'p'와 'q' 둘 중 하나만 거짓이더라도 그 복합명제는 거짓이 된다. 이것을 진리표로 나타내면 다음과 같다.

p	q	p&q
T	T	T
T	F	F
F	T	F
F	F	F

1-3. 선언기호(∨)

'선언기호(∨)'는 선언기호가 연결하는 두 구성 요소들 중 적어도 하나의 구성 요소가 참이면 그 복합명제는 참이 되며, 두 구성 요소 모두가 거짓인 경우에만 그 복합명제는 거짓이 된다. 가령, 'p'와 'q'의 복합명제인 'p∨q'는 'p'와 'q' 둘 중 적어도 하나만 참이면 참이 되며, 'p'와 'q' 모두가 거짓일 경우에만 그 복합명제는 거짓이 된다. 이것을 진리표로 나타내면 다음과 같다.

p	q	p∨q
T	T	T
T	F	T
F	T	T
F	F	F

여기서 주의할 점이 있다. 선언문에는 포괄적 선언문(inclusive disjunction)과 배타적 선언문(exclusive disjunction)이 있다. 선언문을 만드는 접속어, 즉 '또는', '~이든지' 등은 포괄적으로 사용되기도 하고 배타적으로 사용되기도 한다.

예를 들면, "그 남자는 미남이거나 지성적이다"라고 했을 때, 그 남자가 미남이거나 지성적인 것 중에서 하나만 갖추어도 이 주장은 참이 되며, 그 남자가 두 가지 모두를 갖추어도 참이 된다. 이러한 선언문은 포괄적인 선언문이다.

반면, "그것은 사자든지 사람이다"의 경우에서 그것이 사자이면서 동시에 사람인 경우는 참이 될 수 없다. 선언지 모두가 참이라는 주장은 거짓인 것이다. 이와 같은 선언문을 배타적인 선언문이라고 한다.

정리하면, 두 선언지 모두 참일 수 있는 논리적 가능성을 포괄하는 선언문을 포괄적 선언문이라고 하고, 두 선언지 모두 참인 경우를 배척하는 선언문을 배타적 선언문이라고 한다. 명제논리에서는 포괄적인 의미의 선언문, 즉 포괄적 선언문을 사용한다.

1-4. 조건기호(→)

'조건기호(→)'는 조건기호가 연결하는 명제의 전건이 참이고 후건이 거짓일 경우에만 그 조건문은 거짓이 되며, 그렇지 않은 경우의 나머지 조건문은 참이 된다. 즉 조건문은 전건이 참일 경우에는 후건이 참이면 참이 되고, 후건이 거짓이면 거짓이 된다. 전건이 거짓인 경우에는 후건의 참과 거짓에 상관없이 모두 참이 된다. 가령 'p'와 'q'의 조건문의 형식인 'p→q'는 전건인 'p'가 참이고 후건인 'q'가 거짓일 경우에만 거짓이 된다. 전건인 'p'가 참일 경우에는 후건인 'q'가 참일 때 참이 되지만, 전건인 'p'가 거짓일 경우에는 후건인 'q'가 참이건 거짓이건 상관없이 모두 참이 된다. 이것을 진리표로 나타내면 다음과 같다.

p	q	p→q
T	T	T
T	F	F
F	T	T
F	F	T

조건문은 다음의 네 가지 조건문, 즉 정의적 조건문(definitional conditional), 인과적 조건문(causal conditional), 논리적 조건문(logical conditional), 단순 조건문(material conditional)이 있다.

① 정의적 조건문: 정의적 조건문은 조건문을 이루고 있는 단어의 정의에 의해 그 조건문이 참임을 알 수 있는 조건문이다. 조건문의 후건은 전건에서 표현된 단어의 정의로 설명된다. 예를 들면, "만약 그가 유부남이라면 그는 결혼을 했다"에서 '유부남'이라는 정의는 '결혼한 성인 남자'라는 뜻의 말이기 때문에, 어떤 사람이 유부남이라고 하면 그의 사생활을 살펴보지 않더라도 그가 결혼한 사람임을 알 수가 있다.

② 인과적 조건문: 인과적 조건문은 조건문의 전건과 후건 사이에 인과적인 관계가 있기 때문에 참임을 알 수 있는 조건문이다. 전건의 사건이 일어나면 후건의 사건이 일어난다는, 즉 전건과 후건 사이에 인과적 관계가 있다는 것을 주장하는 조건문이다. 예를 들면, "만약 기온이 영하 10도로 내려가면 얼음이 얼 것이다."

③ 논리적 조건문: 논리적 조건문은 전건과 후건의 관계가 인과적 관계나 정의에 의한 관계가 아니다. 그것은 조건문의 내용과는 상관없이 조건문의 전건은 후건과 논리적으로 연결되어 있어서 후건은 전건의 논리적 필연성에 의해 도출된다. 논리적 조건문은 내용과는 관계없이 단지 조건문의 형식 때문에 참임을 알 수 있는 조건문이다. 예를 들면, "만약 사람이 죽는다면, 그가 사람이라면 그는 죽는다."

④ 단순 조건문: 단순 조건문은 전건과 후건 사이에 어떤 인과적인 관계도, 정의적 관계도, 논리적인 관계도 없이 조건문의 전건이 참이면서 후건이 거짓일 수 없다는, 즉 '전건이 참이면서 후건이 거짓이면 거짓이다'라는 사실을 주장하는 조건문이다. 예를 들면, "만일 나랑 같이 영화를 보러 가면, 저녁을 사겠다."

위에서 살펴본 모든 조건문의 공통점은 전건이 참이면서 후건이 거짓일 때만 조건문이 거짓이 된다는 것이다.

1-5. 쌍조건기호(↔)

'쌍조건기호(↔)'는 쌍조건기호가 연결하는 두 구성 요소가 같은 진리값을 가지고 있을 경우에는 쌍조건문의 진리값이 참이 되고, 서로 다른 진리값을 가지고 있을 경우에는 쌍조건문의 진리값은 거짓이 된다. 즉 두 구성 요소들이 모두 참 또는 거짓일 때, 오직 그때에만 참이 된다. 가령 'p'와 'q'의 쌍조건문의 형식인 'p↔q'는 '(p→q)&(q→p)'를 줄인 표현으로, 'p'와 'q'가 같은 진리값을 가지고 있으면 참이 되고, 'p'와 'q'가 다른 진리값을 가지고 있으면 거짓이 된다. 그래서 'p'와 'q'의 관계는 상호 필요충분조건의 관계이다. 이것을 진리표로 나타내면 다음과 같다.

p	q	p↔q
T	T	T
T	F	F
F	T	F
F	F	T

2. 타당성 평가

지금까지 우리는 진리표를 이용하여 논리 연결사의 의미와 용법에 관해 살펴보면서 논리 연결사의 의미를 이해할 수 있었다. 진리표는 논리 연결사의 정확한 의미와 용법을 잘 보여준다. 진리표는 논리 연결사로 결합된 복합명제가 참 또는 거짓으로 해석될 수 있는 모든 가능한 경우를 일정한 규칙에 맞게 나타낸 표이다.

이제 진리표를 작성하는 방법을 알아보자. '참'을 'T'로, '거짓'을 'F'로 나타내어 진리 함수적 형식들의 진리치를 계산해 보면 다음과 같다.

p	~p
T	F
F	T

<진리표 A>

p	q	~p	~q	p&q	p∨q	p→q	p↔q
T	T	F	F	T	T	T	T
T	F	F	T	F	T	F	F
F	T	T	F	F	T	T	F
F	F	T	T	F	F	T	T

<진리표 B>

진리표를 작성할 때, 먼저 우리는 복합명제의 모든 가능한 진리값을 보여 주기 위해서 논리적 형식이 참 또는 거짓이 될 수 있는 가능한 모든 경우, 즉 몇 줄이 필요한지 알아야 한다. 일반적으로 명제 변항이 n개인 논리적 형식의 진리표는 2^n줄의 진리표가 된다. 진리표의 계산법은 2^n이다. 'p'가 참일 가능성도 있고, 거짓일 가능성도 있으며, 'q' 또한 참일 가능성과 거짓일 가능성이 있다. 또한 'p'와 'q'가 동시에 참일 가능성과 거짓일 가능성이 있다. 따라서 두 종류의 단순명제로 구성되어 있다면 4줄이 필요하고, 세 종류의 단순명제로 되어 있다면 8줄이 필요하다.

〈진리표 A〉는 단순명제가 'p' 한 종류이므로 '$2^1=2$'에 의해서 두 줄이면 된다. 반면 〈진리표 B〉는 'p'와 'q' 두 종류이므로 '$2^2=4$'에 의해 네 줄이 필요하다.

2-1. 진리표법

우리는 진리표를 이용하여 논증의 타당성 여부를 조사할 수 있다. 이제 진리표를 이용하여 논증의 타당성을 검토해 보자. 다음의 단순한 연역논증을 가지고 진리표를 그린 다음, 그 논증의 타당성을 평가해 보자.

> (A) 만약에 눈이 온다면, 스키장에 갈 것이다.
> 눈이 온다.
> 그러므로 스키장에 갈 것이다.

“눈이 온다”라는 명제를 p로, “스키장에 간다”라는 명제를 q로 나타내기로 하자. 이에 따라 논증 (A)는 다음과 같이 기호화된다.

> (A) : p→q
> p
> ―――
> ∴q

이제 진리표를 조사하여 (A)논증이 타당한지 살펴보자. 이 논증에 나타난 단순명제의 유형이 둘이므로, 네 줄이 필요하다(2^2=4).

		전제1	전제2	결론
p	q	p→q	p	q
T	T	T	T	T
T	F	F	T	F
F	T	T	F	T
F	F	T	F	F

진리표를 보고 논증의 타당성 여부를 어떻게 판단하는지 살펴보자. 전제가 참(T)으로만 나타나 있는 줄에서 결론이 참(T)인지 거짓(F)인지를 살펴보면 된다. 전제가 모두 참이면서 결론도 참이면, 그 논증은 타당한 논증이며, 전제가 모두 참인데도 결론이 거짓인 줄이 있으면 그 논증은 부당한 논증이다. 왜냐하면, 연역논증은 전제들이 참일 경우 결론도 반드시 참이기 때문이다.

그렇다면 (A)논증의 진리표를 살펴보자. (A)논증은 타당하다. 왜냐하면 (A)논증의 진리표는 전제가 모두 참이면서 결론도 참이기 때문이다. 또한 이 진리표를 살펴보면 결론이 거짓일 경우 전제들 모두가 참일 수 없다는 사실도 보여 준다.

조금 더 복잡한 논증의 타당성을 평가해 보자

(B) 만약 네가 성적이 80점을 넘지 않는다면, 너는 회사에 합격할 수 없게 된다
만약 네가 회사에 합격할 수 없게 되면 나는 너와 결혼을 할 수 없다.
너는 성적이 80점을 넘지 않는다.
그러므로 나는 결혼을 할 수 없다.

"네가 성적이 80점을 넘지 않는다"라는 명제를 p로, "너는 회사에 합격할 수 없다"라는 명제를 q로, "나는 너와 결혼을 할 수 없다"라는 명제를 r로 나타내기로 하자.

이에 따라 논증(B)는 다음과 같이 기호화된다.

(B) $p \rightarrow q$
$q \rightarrow r$
p

$\therefore r$

이제 진리표를 조사해서 (B)논증이 타당한지 살펴보자. 이 논증의 진리표는 단순명제의 유형이 셋이므로 모두 여덟 줄이 필요하다($2^3=8$).

			전제1	전제2	전제3	결론
p	q	r	p→q	q→r	p	r
T	T	T	T	T	T	T
T	T	F	T	F	T	F
T	F	T	F	T	T	T
T	F	F	F	T	T	F
F	T	T	T	T	F	T
F	T	F	T	F	F	F
F	F	T	T	T	F	T
F	F	F	T	T	F	F

위 논증의 타당성을 평가해 보자. 전제가 모두 참이면서 결론이 거짓인 경우가 있는지와 전제가 모두 참이면서 결론도 참인 경우가 있는지를 살펴보자. 위의 진리표에서는 전제가

모두 참이면서 결론이 거짓인 경우는 없고, 전제가 모두 참이면서 결론 또한 참이므로, 이 논증은 타당하다.

지금까지 우리는 진리표를 사용하여 타당성 여부를 살펴보았다. 이제부터는 타당성 여부를 살펴보는 또 다른 방법인 약식 증명법을 살펴보기로 하자.

2-2. 약식 증명법

논증의 타당성을 평가하는 데 진리표가 사용되고 있지만 복잡한 논증의 경우에서는 진리표를 사용하여 논증의 타당성을 평가하기는 적당하지 않다. 진리표는 어떤 논증의 타당성 여부를 눈으로 보여 주는 장점은 있으나 변항이 많아지고 논증이 복잡해지면 진리표를 그리는 것이 매우 번거로워지기 때문에 논증의 진위 여부의 과정에서 오류를 범할 가능성이 높다.

반면 약식 증명법은 진리표를 이용하지 않고도 타당성 여부를 판단할 수 있는 방법으로서, 이 방법은 진리표를 이용하는 것보다 간단하고 오류의 가능성도 낮다. 약식 증명법은 논증의 전제들이 모두 참이라고 가정할 경우에 결론도 참일 수밖에 없다는 사실과, 결론이 거짓이라고 가정할 경우에 전제 모두가 참일 수 없다는 사실을 조사하면 되는 것이다.

다음 논증의 타당성을 조사해 보자.

> 만일 네가 늦게 일어난다면, 너는 지각을 할 것이다.
> 너는 지각을 했다.
>
> ---
>
> 그러므로 너는 늦게 일어난 것이다.

"네가 늦게 일어난다"라는 명제를 'p'로, "너는 지각을 한다"라는 명제를 'q'로 나타내기로 하자.

이 논증의 논리적 형식은 다음과 같이 기호화된다

> $p \rightarrow q$
> q
> ―――
> $\therefore p$

만약 이 논증이 연역적으로 타당하다면, 전제 모두를 참으로 만들 경우에는 결론을 거짓으로 만들 수 없다는 사실과 또한 결론을 참으로 만들 경우 전제 모두가 참이 될 수밖에 없다는 사실을 기초로 하여 논증의 타당성 여부를 조사하면 된다.

먼저 전제로부터 시작해 볼 수 있다. 전제를 모두 참으로 만들어 보자. 그러면 전제2에서 'q'는 참이 된다. 'q'가 참이면 전제1에서 'p'는 참이든지 거짓이든지 상관없이 참이 된다. 왜냐하면, 조건문의 진리값을 볼 때, 전건이 참이고 후건이 거짓인 경우에만 거짓이기 때문이다. 만약 'q'가 참이고 'p'가 거짓이라면, 전제1과 전제2는 참이 되지만 결론은 거짓이 된다. 따라서 전제가 모두 참인데 결론은 거짓이 되므로, 이 논증은 부당하다.

또 다른 방법으로는 결론을 거짓으로 만들어 보자. 이 경우 전제 모두가 참일 수 없다. 결론이 거짓이면 'p'는 거짓이 된다. 전제1에서 'p'가 거짓이면 조건문의 진리값에 따라서 'q'는 참이든 거짓이든 상관없이 전제1은 참이 된다. 만약 'p'가 거짓이고 'q'가 참이라면, 전제1도 참이 되고 전제2도 참이 되지만 결론은 거짓이 된다. 전제가 모두 참이면서 결론이 거짓이 되는 경우는 부당한 논증이다. 따라서 이 논증은 부당하다.

3. 자연 연역

논리학에서 논증의 타당성을 검토하는 것은 중요한 일이다. 진리표와 약식 증명법과 더불어 논증의 타당성을 증명하는 또 하나의 방법이 자연 연역(Natural deduction)이다. 자연 연역은 논증의 타당성을 정해진 추론 규칙에 따라서 단계별로 증명하는 방법이다.

3-1. 연역 규칙

연역 규칙은 타당한 논증 형식으로 된 규칙, 즉 결론을 전제로부터 이끌어 내는 것으로 연역추리의 전형이다. 연역적으로 타당한 논증은 결론이 전제들로부터 연역적으로 도출될 수 있는 논증을 말한다.

① **전건긍정법**(Modus ponens)

> 만일 눈이 온다면, 스키를 타러 갈 수 있다.
> 눈이 온다.
>
> ---
>
> 그러므로 스키를 타러 갈 수 있다.

이 논증의 논리적 형식은 다음과 같다.

> $p \rightarrow q$
> p
>
> ---
>
> $\therefore q$

전건긍정법과 후건긍정의 오류

$p \rightarrow q$	$p \rightarrow q$	예) 만일 당신이 원숭이라면, 당신은 동물이다.
p	q	당신은 동물이다.
$\therefore q$	$\therefore p$	그러므로 당신은 원숭이이다.

※ 후건긍정의 오류 : 후건을 긍정하여 전건을 긍정한 것을 결론으로 도출해 내는 오류로, p를 거짓으로 하고, q를 참으로 했을 때, 이 전제가 모두 참이면서 결론이 거짓이 되기 때문에 이 형식은 부당하다.

② **후건부정법**(Modus tollens)

> 만일 네가 늦게 일어난다면, 너는 지각을 할 것이다.
> 너는 지각을 하지 않았다.
> 그러므로 너는 늦게 일어나지 않았다.

이 논증의 논리적 형식은 다음과 같다.

> p→q
> ~q
> ———
> ∴~p

후건부정법과 전건부정의 오류

p→q	p→q	예) 만일 이순신이 깊은 바다에 빠졌다면, 이순신은 죽었다.
~q	~p	이순신은 깊은 바다에 빠지지 않았다.
∴~p	∴~q	그러므로 이순신은 죽지 않았다.

※ 전건부정의 오류 : 전건을 부정하여 후건을 부정한 것을 결론으로 도출해 내는 오류로, p를 거짓으로 하고, q를 참으로 할 때, 전제가 모두 참이면서 결론이 거짓이 되기 때문에 이 형식은 부당하다.

③ **선언지제거법**(Modus tollendo ponens; 선언적삼단논법)

> 내가 결혼을 하는 것은 꿈이든지 현실이다.
> 내가 결혼을 하는 것은 꿈이 아니다.
> ———
> 그러므로 내가 결혼을 하는 것은 현실이다.

이 논증의 논리적 형식은 다음과 같다.

> p∨q
> ~p
> ———
> ∴q

선언지제거법과 선언지긍정의 오류

p∨q	p∨q	예) 강아지는 귀여운 동물이든지 똑똑한 동물이다.
~p	p	강아지는 귀여운 동물이다.
∴q	∴~q	그러므로 강아지는 똑똑한 동물이 아니다.

※ 선언지긍정의 오류 : 선언문의 한 선언지를 긍정하여, 긍정되지 않은 다른 선언지의 부정을 도출해 내는 오류로, p와 q를 모두 참으로 했을 경우, 전제들이 모두 참이면서 결론이 거짓이 되기 때문에 이 형식은 부당하다.

④ **가언삼단논법**(Hypothetical syllogism; 가정적삼단논법)

> 만일 비가 온다면, 소풍을 가지 않는다.
> 만일 소풍을 가지 않는다면, 우리는 학교에 가야 된다.
> ———
> 그러므로 만일 비가 온다면, 우리는 학교에 가야 된다.

이 논증의 논리적 형식은 다음과 같다.

$p \to q$
$q \to r$

$\therefore p \to r$

⑤ **단순양도논법**(Simple dilemma)

> 나는 혼자 여행을 가든지 도서관에 갈 것이다.
> 만일 내가 여행을 가면, 나는 외로울 것이다.
> 만일 내가 도서관에 가면, 나는 외로울 것이다.
>
> ---
>
> 그러므로 나는 외로울 것이다.

이 논증의 논리적 형식은 다음과 같다.

$p \vee q$
$p \to r$
$q \to r$

$\therefore r$

⑥ **복합양도논법**(Complex dilemma)

> 나는 결혼을 하든지 독신녀로 살 것이다.
> 만일 내가 결혼을 한다면, 부모님께서 서운해하실 것이다.
> 만일 내가 독신녀로 산다면, 내 남자 친구가 서운해할 것이다.
>
> ---
>
> 부모님께서 서운해하시든지, 내 남자 친구가 서운해할 것이다.

이 논증의 논리적 형식은 다음과 같다.

> $p \vee q$
> $p \rightarrow r$
> $q \rightarrow s$
> ―――
> $\therefore r \vee s$

⑦ **간접추리법**(Indirect argument)

> 만일 이 결혼이 행복한 것이라면, 이 결혼은 행복한 것이 아니다.
> ―――
> 이 결혼은 행복한 것이 아니다.

이 논증의 논리적 형식은 다음과 같다.

> $p \rightarrow \sim p$
> ―――
> $\therefore \sim p$

⑧ **귀류법**(Reductio)

> 만일 불치병의 환자가 웃으면, 그 주변 사람들은 기쁘면서도 기쁘지 않았다.
> ―――
> 그러므로 불치병의 환자는 웃지 않았다.

이 논증의 논리적 형식은 다음과 같다.

> $p \rightarrow (q \& \sim q)$
>
> ---
>
> $\therefore \sim p$

⑨ **선언지첨가법**(Addition)

> 바람이 분다.
>
> ---
>
> 그러므로 바람이 불거나 비가 온다.

이 논증의 논리적 형식은 다음과 같다.

> p
>
> ---
>
> $\therefore p \vee q$

⑩ **연언화**(Adjunction)

> 바람이 분다.
> 비가 온다.
>
> ---
>
> 그러므로 바람이 불고, 비가 온다.

이 논증의 논리적 형식은 다음과 같다.

> p
> q
> ―――
> ∴p&q

⑪ **단순화**(Simplification)

> 바람이 불고, 비가 온다.
> ―――
> 그러므로 바람이 분다.

이 논증의 논리적 형식은 다음과 같다.

> p&q
> ―――
> ∴p

위의 규칙들을 사용하여 논증의 타당성을 어떻게 증명하는지 살펴보자. 주어진 규칙들을 사용하여 결론을 도출하면 된다.

다음 논증을 살펴보자.

> p→q

p
q→~r
s→r
s∨t

∴t

이 논증을 자연 연역의 방법으로 증명하기 위해서 다음과 같이 정리된다.

1. p→q	전제
2. p	전제
3. q→~r	전제
4. s→r	전제
5. s∨t	전제/t
6. q	1,2, 전건긍정법
7. ~r	3,6, 전건긍정법
8. ~s	4,7, 후건부정법
9. t	5,8, 선언지제거법

먼저 전제들을 열거하고, 마지막 전제에 '/'를 표기하고 결론을 나타낸다. 이 논증의 전제는 1에서 5까지이며, 결론은 오른쪽 슬래시('/') 다음에 나온 명제 t이다. 앞서 살펴본 연역 규칙들을 이용하여 전제들을 고려하여 결론을 도출한다. 그리고 오른편에는 어떤 규칙에 의해 각 명제들이 도출되었는지 명시한다.

우선 전제1과 전제2를 살펴보자. 전제1과 전제2를 전건긍정법을 대입해 보면 'q'를 도출할 수 있다. 이어서 전제3과 전제6을 전건긍정법을 대입하면 '~r'을 도출할 수 있다. 그런 다음 전제4와 전제7을 후건부정법에 대입해 보면 '~s'를 도출할 수 있다. 마지막으로 전제5와 전제8을 선언지제거법을 이용해서 결론 't'를 도출할 수 있다.

이와 같이 주어진 추론 규칙을 사용하여 결론을 도출하면 증명은 끝난 것이다.

3-2. 논리적 동치(Logical equivalence)

논리적인 동치에 의한 규칙을 말하는 것으로써 논리적으로 동치인 명제를 바꾸는 데 사용된다. 논리적 동치란 어떤 주장의 형식 S1과 S2가 가능한 세계에서 같은 위치를 가지는 경우에, 그리고 그 경우에만 논리적 동치적 관계에 있다고 한다.

① **이중부정**(Double Negation)

$P \equiv \sim(\sim p)$

② **결합규칙**(Associativity)

$[p \& (q \& r)] \equiv [(p \& q) \& r]$

$[p \lor (q \lor r)] \equiv [(p \lor q) \lor r]$

③ **한마디법**(Idemponency; 동어 반복)

$(p \& p) \equiv p$

$(p \lor p) \equiv p$

④ **분배규칙**(Distribution)

$[p \& (q \lor r)] \equiv [(p \& q) \lor (p \& r)]$

$[p \lor (q \& r)] \equiv [(p \lor q) \& (p \lor r)]$

⑤ **드모르간 규칙**(De Morgan)

$\sim(p \lor q) \equiv (\sim p \& \sim q)$

$\sim(p \& q) \equiv (\sim p \lor \sim q)$

⑥ **자리 뒤집기**(Contraposition; 대우 규칙)

$(p \rightarrow q) \equiv (\sim q \rightarrow \sim p)$

⑦ 자리 바꾸기(Transposition; 교환 법칙)

$(p \leftrightarrow q) \equiv (q \leftrightarrow p)$

$(p \& q) \equiv (q \& p)$

$(p \vee q) \equiv (q \vee p)$

⑧ 전건규칙(Importation-Exportation; 수출입 규칙)

$[(p \& q) \rightarrow r] \equiv [p \rightarrow (q \rightarrow r)]$

⑨ 선언화/조건화(단순함축)

$(p \rightarrow q) \equiv (\sim p \vee q)$

⑩ 조건문의 정의[단순함언, Material Implication]

$(p \rightarrow q) \equiv \sim(p \& \sim q)$

⑪ 쌍조건문의 정의[단순동치, Material Equivalence]

$(p \leftrightarrow q) \equiv [(p \rightarrow q) \& (q \rightarrow p)]$

⑫ 쌍조건문의 부정

$\sim(p \leftrightarrow q) \equiv (p \leftrightarrow \sim q)$

이 규칙들을 사용하여 논증의 타당성을 어떻게 증명하는지 살펴보자. 다음 논증을 살펴보자.

> 만일 오늘 눈이 온다면 스키장에 갈 것이다.
> 오늘 눈이 오거나 스키장에 갈 것이다.
>
> ---
>
> 그러므로 오늘 스키장에 갈 것이다.

$p \rightarrow q$
$p \lor q$

$\therefore q$

위의 논증에서 전제들로부터 결론을 도출해 보자.

1. $p \rightarrow q$	전제
2. $p \lor q$	전제/q
3. $\sim\sim p \lor q$	2, 이중부정
4. $\sim p \rightarrow q$	3, 선언화(조건화)
5. $\sim q \rightarrow \sim\sim p$	4, 자리 뒤집기
6. $\sim q \rightarrow p$	5, 이중부정
7. $\sim q \rightarrow q$	1,6, 가언삼단논법
8. $\sim\sim q \lor q$	7, 선언화
9. $q \lor q$	8, 이중부정
10. q	9, 한마디법

우선 전제를 살펴보자. 전제2를 이중부정을 하면, '$\sim\sim p \lor q$'를 도출할 수 있다. 이어서 전제3을 선언화(조건화)를 적용하면 '$\sim p \rightarrow q$'를 도출할 수 있다. 이어서 전제4를 자리 뒤집기를 적용하면 '$\sim q \rightarrow \sim\sim p$'를 도출할 수 있다. 그런 다음 전제5를 이중부정하면 '$\sim q \rightarrow p$'를 도출할 수 있으며, 이어서 전제1, 6을 가언삼단논법에 적용하면 '$\sim q \rightarrow q$'를 도출할 수 있다. 그리고 전제7을 선언화에 적용하면 '$\sim\sim q \lor q$'를 도출할 수 있으며, 전제8을 이중부정하면 '$q \lor q$'를 도출할 수 있다. 마지막으로 한마디법을 적용하여 결론 'q'를 도출할 수 있다.

이와 같이 주어진 규칙을 사용하여 결론을 도출하면 증명은 끝난 것이다.

3-3. 조건 증명법과 간접 증명법

앞서 연역 규칙과 논리적 동치에서 보여 준 추론 규칙은 주어진 전제를 이용하여 결론의 참을 도출해 내는 것으로써, 이것을 직접 증명법이라고 한다. 그러나 직접적인 방법으로 쉽지 않은 경우에는 간접적인 방법으로 결론의 참을 밝혀야 하는데, 이때 사용되는 증명법이 '조건 증명법'과 '간접 증명법'이다.

① **조건 증명법**: 조건문인 결론의 전건을 가정하여 그 후건을 도출해 내는 추리 방법을 말한다.

다음 기호화된 논증을 보자.

$p \to (q \lor r)$
$q \to (t \to \sim p)$
$r \to (t \to \sim p)$

$\therefore p \to \sim t$

조건 증명법을 사용하여 위의 논증을 증명해 보자. 조건 증명법은 먼저 전건을 가정하는 데에서 시작한다. 여기서 결론은 조건문이다. 결론은 "만약 p라면 ~t이다($p \to \sim t$)"이다. 우리는 여기서 'p'를 참이라고 가정하면서, 전제1, 2, 3으로부터 '~t'를 도출해 내면 된다. 4단계에서 결론의 전건 'p'를 참이라고 가정한다. 'p'를 참이라고 가정하면, 우리는 전제1과 4(p)로부터 전건긍정법을 이용하여 '$q \lor r$'을 도출할 수 있다. 그런 다음 전제2와 전제3과 5($q \lor r$)로부터 단순양도논법을 이용하여 '$t \to \sim p$'를 도출할 수 있다. 이어서 4(p)와 6($t \to \sim p$)으로부터 후건부정법을 이용하여 '~t'를 도출할 수 있다.

위의 가정을 다시 정리해 보면 다음과 같다.

1. $p \to (q \lor r)$	전제
2. $q \to (t \to \sim p)$	전제
3. $r \to (t \to \sim p)$	전제/$p \to \sim t$
4. p	조건 증명 가정(가정 들어가기)
5. $q \lor r$	1,4, 전건긍정법
6. $t \to \sim p$	2,3,5, 단순양도논법

7. ~t   4,6, 후건부정법
8. p→~t   4-7, 조건 증명법(가정 나오기)

위에서 살펴본 바와 같이, 조건 증명법은 조건문의 전건을 참으로 가정하면서 시작하여 그 조건문의 후건을 도출해 내면 조건 증명법은 마무리된다. 조건문의 전건을 가정하여 그 후건이 도출되면 조건 증명을 닫아야 하는데, 8번이 조건 증명을 닫는 단계이다.

② 간접 증명법: 어떤 추론이든 도출하려는 결론을 부정하여 모순을 유도하는 것이다. 조건 증명법은 조건문이나 조건문으로 대치할 수 있을 때 사용하지만, 간접 증명법은 조건문이든 조건문이 아니든 상관없이 명제논리의 모든 타당한 논증의 결론을 도출하는 데 사용된다. 간접 증명법은 결론을 부정하여 모순된 결과가 됨을 보여 주어서 결론을 부정할 수 없음을 나타내어 전제를 참으로 받아들이면 결론도 참인 것으로 받아들일 수밖에 없음을 간접적으로 증명하는 방법이다. 간접 증명법은 결론을 부정한다는 점을 제외하고는 조건 증명법의 방식과 같다. 이 증명법을 '귀류법(reductioad absurdum)'이라고 부른다.

다음 기호화된 논증을 보자.

p∨(q→t)
t→r
(q→r)→p

∴p

간접 증명법을 사용하여 위의 논증을 증명해 보자. 간접 증명법은 먼저 결론을 부정하는 데에서 시작한다. 4번 단계에서 결론 'p'의 부정인 '~p'를 가정한다. 그리고 전제1과 전제2와 전제3으로부터 모순을 유도한다. 어떤 식으로든 여기서 유도된 모순은 'p&~p'의 형식을 지니면 목표에 도달한 것이다. 전제1과 4(~p)로부터 선언지제거법을 이용하여 'q→t'를 도출할 수 있다. 그런 다음 전제2와 5(q→t)를 가언삼단논법을 이용하여 'q→r'을 도출할 수 있다. 이어서 전제3과 6(q→r)을 이용하여 'p'를 도출할 수 있다. 그리하여 4(~p)와 7(p)을 연언화

를 이용하여 'p&~p'를 도출할 수 있다.

위의 가정을 정리해 보면 다음과 같다.

1. p∨(q→t)	전제
2. t→r	전제
3. (q→r)→p	전제/p
4. ~p	간접 증명 가정(가정 들어가기)
5. q→t	1,4, 선언지제거법
6. q→r	2,5, 가언삼단논법
7. p	3,6, 전건긍정법
8. p&~p	4,7, 연언화
9. p	4-8, 간접 증명법(가정 나오기)

위에서 살펴본 바와 같이, 결론을 부정하여 'p&~p'의 모순된 형식을 보여 줌으로써 결론 부정의 가정은 모순임을 나타내어 원래의 결론은 참으로 증명하는 것이다. 모순이 도출되고 나면 원래의 결론을 써 주면서 간접 증명을 닫아야 하는데, 9번이 간접 증명을 닫는 단계이다.

연습 문제 1

정언논리

1. 아래의 진술은 참인가 거짓인가?

1) 정언명제란 주어 집합에 속하는 원소가 술어 집합에 포함되거나 배제된다는 것을 나타낸다.	참	거짓
2) 어떤 명제가 주어 집합의 모든 원소에 대해 논의하고 있으면 긍정명제이고 일부에 대해서 논의하고 있으면 부정명제이다.	참	거짓
3) 주어 집합의 원소가 술어 집합에 포함되면 그 명제는 전칭명제이고, 주어 집합의 원소를 술어 집합이 배제하면 그 명제는 특칭명제이다.	참	거짓
4) 명제들을 정언논리 체계로 다루려면 정언명제의 표준 형식으로 바꾸어야 한다. 그렇지 않으면 타당성을 검사하는 일을 제대로 할 수 없게 된다.	참	거짓
5) A명제의 표준적 형식은 "모든 S는 P이다"이다.	참	거짓
6) E명제의 표준적 형식은 "어떤 S는 P가 아니다"이다.	참	거짓
7) I명제는 주어의 외연의 크기를 구분하려는 것이 아니라 술어 명사에 속하는 주어 명사의 원소가 적어도 하나는 있다는 뜻을 나타낸다.	참	거짓
8) "어떤(어느) S도 P가 아니다"라는 O명제의 표준적 형식이다.	참	거짓
9) 모순대당은 A와 O의 관계 그리고 E와 I의 관계를 말한다.	참	거짓
10) 반대대당은 A명제와 E 명제의 관계로서 둘 다 참일 수는 있어도 둘 다 거짓일 수는 없는 관계이다.	참	거짓
11) 소반대대당은 E와 O의 관계로 양쪽 다 참일 수는 있어도 양쪽 모두 거짓일 수는 없는 관계이다.	참	거짓
12) 대소대당은 전칭이 참이면 특칭은 거짓이고 특칭이 거짓이면 전칭은 참이 되는 관계이다.	참	거짓
13) 하나의 전제에서 바로 결론을 도출하는 형식을 직접 추리(immediate inference)라고 한다.	참	거짓
14) 명제의 변형 방법에는 환위(conversion), 환질(obversion), 이환(transposition) 등이 있다.	참	거짓
15) A명제는 환위가 불가능하다.	참	거짓
16) E명제는 환위하면 원래의 의미가 바뀌게 된다.	참	거짓

17) I 명제와 O 명제는 환위가 가능하다.

18) 환질법은 전제가 되는 명제의 질을 바꾸어 동치의 명제를 결론으로 이끌어 내는 방법이다.

19) 삼단논법은 두 개 이상의 전제와 하나의 결론으로 구성된다.

20) "주연되어 있다"라는 표현은 사용된 명사가 그 대상 집합 일부에 대해서 언급할 때, "부주연되었다"라는 표현은 그 대상 집합 전체에 대해서 언급할 때 사용한다.

21) 전칭부정명제는 주어 명사와 술어 명사 모두 주연되었다.

22) 벤 다이어그램은 명제의 기본적인 관계를 보다 쉽게 이해하기 위해 사용하기도 하고 삼단논법의 타당성을 증명하기 위해 사용하기도 한다.

2. 다음 물음에 답하라.

1) 정언명제의 양(quantity)과 질(quality)을 설명하라.
2) 주연(distribution)이란 무엇인가?
3) A, E, I, O의 주어 명사와 술어 명사의 주연 여부를 밝히는 표를 만들어라.
4) A, E, I, O 명제를 벤 다이어그램으로 나타내라.

3. 아래의 문장을 명제의 표준 형식으로 고쳐 써라.

1) 등잔 밑이 어둡다.
2) 장미에는 가시가 있다.
3) 태양을 쳐다보는 사람은 자기 그림자를 볼 수 없다.
4) 사람은 이성을 잃을 때 폭력을 쓴다.
5) 뿌린 대로 거두리라.
6) 자기 자신의 한계를 아는 사람이야말로 현명한 사람이다.
7) 만나는 사람에게마다 친절을 베풀 수는 없다.
8) 자유로운 토론이 허용되지 않은 한 합리적인 해결은 불가능하다.
9) 민심은 천심이다.

4. 다음 각 명제들에서 주어 명사와 술어 명사를 찾아내고, 각 명제의 형태를 말하라.

1) 자신의 경기에 대해서 보수를 받은 적이 있는 운동선수는 그 누구도 아마추어가 아니다.
2) 혈통이 없는 개는 어떤 것도 애견협회가 주최하는 명견선발대회에 참가할 자격이 없다.
3) 현재 지상 일만 마일 이내의 궤도상에 있는 인공위성은 모두 정교한 기구들로서 제작에 수천 달러가 드는 것들이다.
4) 스스로 창조적인 예술품을 만들어 내지 못한 사람은 그 누구도 믿을 만한 비평가일 수 없다.

5. 다음 각각의 명제들을 벤 다이어그램을 그려서 나타내라.

1) 어떤 조각가는 화가이다.
2) 어느 봇짐장수도 백만장자가 아니다.
3) 모든 상인은 투기꾼이다.
4) 어떤 음악가는 피아니스트가 아니다.
5) 어떤 점원도 회사원이 아니다.
6) 유명한 정치인 중 어떤 사람은 불한당이다.
7) 고객들에게 주식 투자에 대해 조언하는 어떤 주식 중개인은 증권회사가 추천한 사람들이 아니다.

6. 다음 명제들의 양과 질을 말하고 그 주어와 술어가 주연인지 부주연인지 구분하라.

1) 어떤 대통령 입후보자는 큰 실망을 안겨 주는 사람이 될 것이다.
2) 여성해방운동의 지도자는 그 누구도 정부 관료나 사업가가 아니다.
3) 정치, 사회, 경제적인 대폭적 개혁을 외치는 어떤 사람들은 현 상태의 유지에 기대를 거는 책임 있는 사람이 아니다.
4) 모든 반짝거리는 신형 고성능 자동차는 공해의 주범이다.

7. 대당 관계를 이용하여 직접 추리를 했을 때, 결과의 진위를 판단하여 괄호 속에 참(T), 거짓(F), 진위불명(U)인지를 밝혀라.

1) "어떤 민물고기는 포유동물이다"가 거짓이면, "어떤 민물고기는 포유동물이 아니다"가 (　　)이다.

2) "어느 느티나무도 동백나무가 아니다"가 참이면, "어떤 느티나무는 동백나무가 아니다"가 (　　)이다.

3) “어떤 식물은 열매를 맺는 것이 아니다”가 거짓이면, “어떤 식물은 열매를 맺는 것이다”가 (　　)이다.

4) “모든 정치인이 파렴치한이다”가 거짓이면, “어느 정치인도 파렴치한이 아니다”가(　　)이다.

8. 다음 명제들을 환위하라.

1) 어떤 외제차들은 값만 비싸고 힘은 없는 것들이다.
2) 어느 파충류도 항온동물이 아니다.
3) 어떤 프로레슬러는 일상적인 일도 제대로 할 수 없는 노인이다.

9. 다음 중 잘못 환위한 것을 모두 가려내어라.

1) 모든 S는 P이다. → 어떤 P는 S이다.
2) 어느 S도 P가 아니다. → 어느 P도 S가 아니다.
3) 어떤 S는 P이다. → 어떤 P는 S이다.
4) 어떤 S는 P가 아니다. → 어떤 P는 S가 아니다.

10. 다음 명제들을 환질하라.

1) 대학의 어떤 운동선수들은 프로선수이다.
2) 어느 유기화합물도 금속이 아니다.
3) 어떤 목사는 금욕 생활을 하지 않는다.

11. 다음 중 잘못 환질한 것을 모두 가려내어라.

1) 모든 S는 P이다. → 모든 S는 ~P가 아니다.
2) 어느 S도 P가 아니다. → 모든 S는 ~P이다.
3) 어떤 S는 P이다. → 어떤 S는 ~P가 아니다.
4) 어떤 S는 P가 아니다. → 어떤 S는 ~P이다.

12. "어떤 S는 P가 아니다"를 이환하여 얻은 명제는 다음 중 어느 것인가?

① 어떤 S는 ~P이다.
② 어떤 ~P는 ~S이다.
③ 어떤 ~P는 ~S가 아니다.
④ 어떤 ~P는 S이다.

13. 다음 명제들을 이환하라.

1) 모든 저널리스트는 염세주의자이다.
2) 어떤 군인은 장교가 아니다.
3) 신사는 모두 비타락자이다.

14. 다음에 주어진 명제들의 집합에서 첫 번째 명제가 참이라면 나머지 명제들의 진위는 어떻게 되는가? 또 첫 번째 명제가 거짓이라면 어떻게 되는가? (명제의 변형이나 대당 관계를 이용하여 밝혀라.)

1)
a. 성공한 CEO는 모두 똑똑한 사람들이다.
b. 어느 성공한 CEO도 똑똑한 사람이 아니다.
c. 어떤 성공한 CEO는 똑똑한 사람이다.
d. 어떤 성공한 CEO는 똑똑한 사람이 아니다.

2)
a. 뿔 달린 동물은 어느 것도 육식동물이 아니다.
b. 어떤 뿔 달린 동물은 육식동물이다.
c. 어떤 뿔 달린 동물은 육식동물이 아니다.
d. 뿔 달린 동물은 모두 육식동물이다.

3)
a. 어떤 철학자는 과학자이다.
b. 어떤 철학자는 비과학자가 아니다.
c. 모든 철학자는 과학자이다.

d. 어떤 비과학자는 철학자가 아니다.
e. 모든 비과학자는 철학자이다.

4)
a. 어떤 철학자는 실존주의자가 아니다.
b. 어떤 철학자는 비실존주의자이다.
c. 어느 철학자도 비실존주의자가 아니다.
d. 어떤 비실존주의자는 철학자이다.
e. 어느 비실존주의자도 철학자가 아니다.

15. 다음의 삼단논법 형식은 타당한가? 벤 다이어그램을 사용해서 검토하라.

1) 어떤 개혁가는 광신주의자이다. 모든 개혁가는 이상주의자이다. 그러므로 어떤 이상주의자는 광신주의자이다.

2) 어떤 철학자는 행동가이다. 모든 군인은 행동가이다. 그러므로 어떤 군인은 철학자이다.

3) 어느 말도 반인반마의 괴물이 아니다. 반인반마의 괴물은 모두 포유동물이다. 따라서 어떤 포유동물은 말이 아니다.

4) 어떤 신경증 환자는 기생 인간이다. 그런데 모든 범죄자는 기생 인간이다. 그러므로 어떤 신경증 환자는 범죄자가 아니다.

5) 어느 음악가도 활동적인 체육인이 아니다. 모든 음악가는 야구광이다. 그러므로 어떤 활동적인 체육인도 야구광이 아니다.

6) 선거에서 이기는 것이 주 관심사인 어떤 사람도 진정한 진보주의자가 아니다. 그런데 모든 적극적인 정치인은 선거에서 이기는 것이 주 관심사인 사람이다. 그러므로 진정한 진보주의자는 그 누구도 적극적인 정치인이 아니다.

7) 모든 개는 포유동물이다. 모든 고양이는 포유동물이다. 그러므로 모든 고양이는 개다.

8) 모든 예술가는 이기주의자이다. 어떤 예술가는 가난하다. 그러므로 모든 가난한 사람은 이기주의자이다.

9) 모든 위대한 과학자는 대졸자이다. 어떤 프로 육상선수는 대졸자이다. 그러므로 어떤 위대한

과학자는 프로 육상선수이다.

10) 성공적인 사람은 모두 자신의 일에 큰 관심을 가지고 있는 사람이다. 자기의 일에 큰 관심을 가지고 있는 사람은 누구도 일할 때 주의가 산만하지 않다. 그러므로 일할 때 주의가 산만한 사람은 누구도 성공적인 사람이 아니다.

응용 문제 1.

1. 다음 각 논증에서 사용된 전제들이 항상 참이라고 할 때, 결론이 필연적으로 도출되지 않는 것을 모두 고르면?[2002년 11월 PSAT 제2차 실험 평가 문제]

ㄱ. 철수는 결코 휴머니스트가 아니야. 휴머니스트는 모두 남의 자유를 존중하지만 철수는 그렇지 않거든.
ㄴ. 민수는 호주제를 반대해. 호주제를 반대하는 사람은 모두 여성의 권익을 존중하는데 민수도 예외는 아니거든.
ㄷ. 미인은 박명(薄命)이야. 영숙이도 미인인데 역시 박명(薄命)일 거야.
ㄹ. 창호가 시험에 합격했다면 창호 엄마는 여행을 갔을 텐데, 창호 엄마가 여행을 가지 않았으니까 창호가 시험에 합격하지 않은 게 분명해.
ㅁ. 허무주의자들은 모두 인간성을 신뢰하지 않아. 그런데 어떤 염세주의자들도 마찬가지야. 그렇다면 염세주의자들 중 일부는 허무주의자라 할 수 있지.

① ㄱ, ㄷ ② ㄴ, ㅁ ③ ㄱ, ㄴ, ㅁ ④ ㄴ, ㄷ, ㅁ ⑤ ㄷ, ㄹ

2. 다음 ㄱ~ㄹ의 진술로부터 추리되는 결론을 바르게 말한 것은?[2003년 6월 시행 PSAT 실험 평가 문제]

ㄱ. 자신이 읽은 글을 제대로 분석할 줄 모르는 사람은 모두 인문적 소양을 잘 갖추지 못한 사람이다.
ㄴ. 논리학을 공부한 어떤 사람은 자신이 읽는 글을 제대로 분석할 줄 모른다.
ㄷ. 균형 잡힌 비판 능력을 결여한 사람은 그 누구도 정부의 고위 관리 자격을 갖춘 사람이 아니다.

ㄹ. 인문적 소양을 잘 갖추지 못한 사람은 모두 균형 잡힌 비판 능력을 결여한 사람이다.

① 인문적 소양을 갖추기 위해서는 논리학을 잘 공부할 필요가 있다.
② 어떤 정부의 고위 관리는 자신이 읽은 글을 제대로 분석할 줄 모른다.
③ 논리학을 공부한 어떤 사람은 정부의 고위 관리 자격을 갖추지 못했다.
④ 균형 잡힌 비판 능력을 결여한 사람들은 인문적 소양을 갖추고 있다.
⑤ 정부의 고위 관리라고 해서 인문적 소양을 잘 갖추어야 하는 것은 아니다.

3. <보기> 중 다음 글의 주장과 양립하기 어려운 내용으로만 묶인 것은?[2003년 6월 시행 PSAT 실험 평가 문제]

시집(詩集)이 곧잘 베스트셀러가 된다는 사실은 고무적인 일이다. 하지만 그 내막을 알고 나면 이내 실망하게 된다. 몇 예외를 제외하면 그 베스트셀러가 되고 있는 시집이란 것들이 대개 우리가 상징적으로 알고 있는 좋은 시와는 거리가 먼 것들로 채워져 있기 때문이다.

〈보기〉
ㄱ. 어떤 시집은 베스트셀러이다.
ㄴ. 어떤 좋은 시집은 베스트셀러가 아니다.
ㄷ. 좋은 시집 가운데에는 베스트셀러도 있다.
ㄹ. 좋은 시집은 모두 베스트셀러가 아니다.
ㅁ. 베스트셀러는 대체로 좋은 시집이다.
ㅂ. 베스트셀러가 모두 나쁜 시집은 아니다.

①ㄱ, ㄴ ② ㄴ, ㄷ ③ ㄷ, ㅁ ④ ㄹ, ㅁ ⑤ ㅁ, ㅂ

연습 문제 2

명제논리

1. 다음 복합명제의 형식을 말하시오.

1) 만약 그가 여행을 간다면, 나는 도서관에 가서 공부를 할 것이다.
2) 만약 그가 배가 아파서 학교에 오지 않는다면, 그는 결석이 될 것이다.
3) 아버지는 식사를 끝낸 후 출장을 가셨다.
4) 철수는 유학을 가거나 휴학을 할 것이다.
5) 어떤 것이 사자라는 것은 동물이 되기 위한 충분조건이다.

2. 일상 언어의 명제를 논리 연결사들을 이용하여 명제논리의 명제로 나타내시오.

1) 만약 비가 온다면, 소풍은 취소될 것이다.
2) 그는 미모가 뛰어나거나 마음이 착하다.
3) 만약 내가 그를 사랑할 경우 그리고 오직 그 경우에만 나는 그의 청혼을 받아들일 것이다.
4) 그는 지금은 조용히 음악 작업을 하고 있지만 그럼에도 불구하고 그는 의사가 되는 것이 꿈이다.
5) 그녀는 소풍을 가거나 도서관에 갈 것이다.

3. 다음 명제논리의 복합명제의 형식을 말하시오.

1) $\sim[p \vee (q \rightarrow r)]$
2) $p \& \{[(q \leftrightarrow r) \vee (s \& t)] \vee u\}$
3) $\sim(p \vee q) \rightarrow \sim(\sim r \vee s)$
4) $p \vee [(q \vee r) \leftrightarrow (s \& t)]$
5) $\sim[(q \& r) \rightarrow (s \vee p)]$

4. 일상 언어의 명제를 명제논리의 명제로 기호화하시오. (괄호 안의 소문자는 하나의 긍정 단순 문장을 대표한다.)

1) (p)그는 도서관에 갔지만, (q)나는 도서관에 가지 않았다.

2) (p)그가 합격했다는 것은 사실이 아니다.
3) 간식으로 (p)과일이나 (q)아이스크림을 먹을 수 있지만, 둘 다는 먹을 수 없다.
4) (p)미숙이나 (q)경석이가 올 것이다. 물론 둘 다 올 수도 있다.
5) (p)수철이와 (q)수진이는 도서관에 갔다.
6) (p)네가 학교에 가지 않는다면, (q)너는 결석이 될 것이다.
7) (p)오직 그가 우리 집에 오는 경우에만, (q)너는 결석이 될 것이다.
8) 만약 (p)내일 비가 온다면, 그리고 오직 그 경우에만 (q)야외 행사는 취소될 것이다.
9) (p)수진이가 도서관에 가고, (q)수철이가 그곳에 가지 않고 그리고 오직 그런 경우 (r)경수는 그 도서관에 갈 것이다.
10) (p)수철이나 (q)병수는 모범생이 아니고, (r)미숙이는 모범생이라는 것이 사실이 아니다.

5. 다음 진술에 대해 참, 거짓으로 답하시오.

1) 'p→q'는 p가 참이고 q가 거짓일 때에만 거짓이 된다.
2) 'p↔q'는 p와 q가 모두 거짓이면 참이 된다.
3) 'p∨q'는 p와 q 중 하나만 거짓이면 거짓이 된다.
4) 'p&q'는 p와 q 중 하나만 참이면 참이 된다.
5) '~p'는 p가 참이면 거짓이 된다.

6. 다음 논증의 타당성 여부를 진리표를 이용하여 판별하시오.

1) ~p∨~q
p↔~q
———
∴p

2) p↔q
r∨~q
———
∴r→p

3) $p \rightarrow q$
$\sim p \vee r$
$\sim r$

$\therefore q$

4) $\sim(p \& q)$
$q \vee \sim p$

$\therefore \sim p$

5) $p \leftrightarrow q$
$\sim p \vee r$
$\sim r$

$\therefore \sim q$

7. 다음 논증을 명제논리의 명제로 기호화하고, 진리표를 그려서 논증의 타당성 여부를 판별하시오.

1) 만약 네가 아침을 먹는다면 너는 건강해질 것이다. 너는 건강해졌다. 그러므로 너는 아침을 먹었다.

2) 만약 네 말이 사실이라면 우리는 그것을 할 수 없다. 만약 그것을 할 수 있다면 우리는 성공할 수 있을 것이다. 네 말이 사실이 아니었다. 따라서 우리는 성공할 수 없을 것이다.

3) 만약에 저축을 많이 하면 그만큼 더 부유할 것이다. 만약 저축을 많이 하지 않는다면 소비가 많을 것이다. 소비는 많았고 더 부유해지지 않았다. 따라서 저축을 많이 하지 않았다.

4) 그는 냉면을 먹지 않거나 콜라를 마실 것이다. 만약에 콜라를 마시는 경우 그리고 그 경우에만 커피를 마시지 않을 것이다. 따라서 그는 냉면을 먹지 않거나 커피를 마실 것이다.

8. 다음 각 논증의 타당성 여부를 약식 증명법에 의해 조사하시오.

1) $p \rightarrow q$
$\sim q$

$\therefore \sim p$

2) $p \rightarrow (q \vee r)$
$q \rightarrow p$

$\therefore p \rightarrow r$

9. 다음은 각각 전제들만 제시해 놓은 글이다. 이 전제들로부터 어떤 형식의 연역 규칙에 따라 어떤 결론을 도출할 수 있는지 생각해 보시오.

1) 만일 철수가 나무에서 떨어질 때 구급차가 왔다면, 철수는 아직 죽을 운명은 아니었다. 철수는 나무에서 떨어질 때 구급차가 왔다.

2) 만일 배 안에 의사가 타고 있었다면, 의사는 환자를 구했을 것이다. 만일 의사가 환자를 구했다면, 환자는 새로운 삶을 찾았을 것이다.

10. 다음 논증이 가진 형식의 이름이 무엇인지 11가지 타당한 논증 형식들 중에서 골라 보시오.

1) $(\sim p \rightarrow q) \vee (\sim r \rightarrow s)$
$\sim(\sim p \rightarrow q)$

$\therefore \sim r \rightarrow s$

2) $\sim p \rightarrow (q \rightarrow r)$
$(s \vee t) \rightarrow \sim p$

$\therefore (s \vee t) \rightarrow (q \rightarrow r)$

11. 연역 규칙을 이용하여 각 논증이 연역적으로 타당함을 증명하시오.

1) $(p \rightarrow r) \& (r \rightarrow \sim p)$
$p \vee r$
$\sim r$

$\therefore q \& p$

2) $\sim p \to [p \lor (q \to p)]$
$(q \lor r) \to \sim p$
$q \lor r$

$\therefore r$

3) $p \to (q \to r)$
$r \lor p$
$\sim r$

$\therefore \sim q$

4) $p \to q$
$q \to \sim q$

$\therefore \sim p$

5) $(p \to q) \& (r \to p)$
$(q \to p) \& (s \to r)$
$q \lor s$

$\therefore p \lor q$

12. 자연추리(연역 규칙, 논리적 동치)를 이용하여 각 논증 형식이 타당함을 증명하시오.

1) $(p \lor s) \lor q$
$(p \lor q) \to \sim r$
$\sim s$

$\therefore \sim (s \lor r)$

2) $(p \& q) \to r$
$p \lor t$
q

$\therefore r \lor t$

3) $\sim(p \leftrightarrow q)$
q
$p \lor r$

$\therefore r$

4) $p \rightarrow q$
$\sim p \rightarrow (q \& \sim q)$
$r \rightarrow \sim(p \& q)$
$s \rightarrow r$
$s \lor t$

$\therefore t$

5 $p \rightarrow (\sim q \rightarrow r)$
$q \rightarrow \sim p$
$\sim r$

$\therefore \sim p$

13. 자연추리(연역 규칙, 논리적 동치)를 이용하여 각 논증 형식이 연역적으로 타당함을 증명하되, 조건 증명법, 간접 증명법을 이용하시오.

1) $p \rightarrow r$
$r \rightarrow n$
$\sim(q \rightarrow n)$

$\therefore \sim p$

2) $\sim p \rightarrow q$
$p \rightarrow q$

$\therefore q$

3) $p \rightarrow (r \vee s)$
$r \rightarrow (t \rightarrow \sim p)$
$s \rightarrow (t \rightarrow \sim p)$

$\therefore p \rightarrow \sim t$

4 $\sim(p \leftrightarrow \sim r)$
$\sim(\sim p \vee s) \rightarrow \sim q$
$s \rightarrow (\sim t \rightarrow t)$

$\therefore (r \& q) \rightarrow t$

응용 문제

2004년도 PSAT '언어 논리 영역'

1. 다음 추론 중 논리적으로 타당한 것은?

① 운동을 열심히 하면 체중이 줄어든다. 영희는 최근 운동을 전혀 하지 않았다. 그러므로 영희는 체중이 늘었음에 틀림없다.

② 코페르니쿠스의 지동설이 옳다면 행성의 운동을 설명하기 위해서 주전원의 존재를 가정해야 한다. 그러므로 주전원의 존재를 가정하지 않고는 행성의 운동을 설명할 수 없다.

③ 박쥐가 후각 능력이 약하거나 탁월한 청각 능력이 없다면, 어둠 속을 빠르게 날아갈 수 없다. 박쥐는 빠르게 어둠 속을 날아갈 수 있다는 것이 확인되었다. 그러므로 박쥐의 청각 능력이 탁월함이 분명하다.

④ 광학에 관하여 우리가 믿고 있는 이론이 옳고, 무지개에 대한 우리의 관찰을 비롯한 초기 조건이 정확하다면, 무지개의 색에 대한 정확한 설명을 할 수 있다. 우리는 관찰되는 무지개의 색에 대하여 정확하게 설명을 해내고 있다. 그러므로 우리가 믿고 있는 광학 이론은 옳다.

⑤ 이해나 감정 등을 비롯한 인간의 모든 정신 현상이 일종의 입력된 정보에 대한 계산적 처리 과정이라고 주장하는 계산기능주의자들의 주장이 옳다면, 인간의 모든 정신 현상은 기계적으로 실현될 수 있다. 그런데 인공 지능이란 인간처럼 느끼고 이해할 뿐만 아니라 자율적으로 판단하고 행동할 수 있는 인공물을 말한다. 그러므로 결국 머지않아 인공 지능이 우리 눈앞에 현실로 등장하게 될 것이다.

2. 다음 사실이 지방 소도시 X에서 성립한다고 가정하자. 철수가 X시에 살고 있는 왼손잡이라고 가정할 때, 반드시 참인 것은?

ㄱ. 이 도시에는 남구와 북구, 두 개의 구가 있다.
ㄴ. 아파트에 사는 사람들은 모두 오른손잡이다.
ㄷ. 남구에서 아파트에 사는 사람들은 모두 의심이 많다.
ㄹ. 남구에서 아파트에 살지 않는 사람들은 모두 가난하다.
ㅁ. 북구에서 아파트에 살지 않는 사람들은 의심이 많지 않다.

① 철수는 가난하지 않다.
② 철수는 의심이 많은 사람이 아니다.
③ 만일 철수가 가난하지 않다면, 철수는 의심이 많지 않다.
④ 만일 철수가 북구에 산다면, 철수는 의심이 많다.
⑤ 만일 철수가 남구에 산다면, 철수는 의심이 많다.

3. 다음 중 동시에 참일 수 없는 주장을 담고 있는 것은?

① 만약 철수의 말이 옳다면, 민혁이는 그날 모임에 가지 않았다. 철수의 말이 틀렸다. 민혁이는 그날 모임에 가지 않았다.

② 만약 철수의 말이 옳다면, 민혁이는 그날 모임에 가지 않았다. 철수의 말이 옳은 것으로 드러났다. 민혁이는 그날 모임에 갔다.

③ 만약 철수의 말이 옳다면, 민혁이는 그날 모임에 가지 않았다. 민혁이는 그날 모임에 갔다. 철수의 말이 틀렸다.

④ 만약 철수의 말이 옳다면, 민혁이는 그날 모임에 가지 않았다. 민혁이는 그날 모임에 가지 않았다. 철수의 말이 옳다.

⑤ 만약 철수의 말이 옳다면, 민혁이는 그날 모임에 가지 않았다. 철수의 말이 옳다. 민혁이는 그날 모임에 가지 않았다.

4. 다음의 내용이 사실이라면 이 중에서 입찰 부정에 실제로 가담한 사람은 누구라고 볼 수 있는가?

광역 지방자치단체인 A도는 지난번 지방정보화 사업과 관련한 입찰 의혹 사건으로 인해 감사원으로부터 집중 감사를 받았다. 감사원에서는 이 사건에 연루된 변 국장, 김 과장, 이 계장, 박 계장, 입찰담당자 최 씨를 조사하여 최종적으로 다음과 같은 결론을 내렸다.

- 입찰 부정에 가담한 사람은 정확히 두 명이다.
- 김 과장과 이 계장은 함께 가담했거나 혹은 가담하지 않았다.
- 변 국장이 가담하지 않았다면 김 과장과 입찰담당자 최 씨도 가담하지 않았다.
- 박 계장이 가담하지 않았다면 이 계장도 가담하지 않았다.

• 박 계장이 가담했다면 입찰담당자 최 씨도 분명히 가담했다.

① 변 국장, 김 과장
② 김 과장, 이 계장
③ 이 계장, 박 계장
④ 박 계장, 입찰담당자 최 씨
⑤ 변 국장, 입찰담당자 최 씨

5. 다음의 조건이 성립한다고 가정할 때, 만일 F가 목요일 아침 모임에 참석할 수 없다면, 그 모임에 참석할 수 있는 이사는 최대한 몇 명까지 가능한가?

X물산 주식회사에 A, B, C, D, E, F, G 7명의 이사가 있고, 이들은 이사회를 위해 간혹 모임을 가져야 한다. 이 모임은 화요일, 목요일, 그리고 금요일에만 열릴 수 있고, 아침 모임 또는 오후 모임만 가능하다. 그리고 다음의 조건이 성립한다. B는 목요일에는 어떤 모임에도 참석할 수 없다. G는 화요일에는 어떤 모임에도 참석할 수 없다. 만약 A가 모임에 참석하면, B는 반드시 그 모임에 참석해야 한다. 만일 D가 모임에 참석하면, B와 F 또한 반드시 그 모임에 참석해야 한다. C는 아침 모임에는 결코 참석할 수 없다.

① 1명 ② 2명 ③ 3명 ④ 4명 ⑤ 5명

6. 다음의 제시문을 읽은 네 사람이 각자 자신의 의견을 <보기>와 같이 말하고 있다. 제시문에 나타난 견해와 대립적인 입장을 유지하고 있는 사람과, 일관되지 못한 진술을 하고 있는 사람의 순서로 짝지어진 것은?

지현이는 뛰어난 색채 과학자다. 그러나 그녀는 어떤 이유에선지 태어나면서부터 흑백과 회색의 색조로만 구성된 공간 속에 갇힌 채 성장했고, 거기서 모든 것을 흑백 모니터를 통해 배웠다. 지현이는 신경 생리학을 전공했으며, 우리가 잘 익은 토마토나 하늘을 보면서 '빨강'이나 '파랑' 같은 모든 색채 단어를 사용할 때 발생하는 우리 내부의 두뇌 생리학적 상태에 대해 과학이 제공할 수 있는 모든 정보를 가지고 있다. 그런데 지현이가 이 회색 공간을 빠져나와서 총천연색의 세계를 경험하게 된다고 해 보자. 과연 지현이는 색과 색 감각에 대해 이제껏 모르던 무엇인가를 새로 알게 될까? 엄격하게 따져 본다면 우리는 그렇다고 말할 이유가 없다는 사실을 확인하게 될 것이다. 그녀가 이미 다양한 색들의 특성과 우리의 색 감각에 관한 과학적인 지식을 빠짐없이 갖고 있다는 점을 우리는 잊어서는 안 된다.

갑: 흥미로운 사고 실험인데! 나는 당연히 지현이가 엄청난 충격을 받을 것이라고 생각해. 그야말로 전혀 알지 못했던 세계를 경험하는 데서 오는 충격이지.

을: 확실히 두뇌 생리학은 오늘날 최대의 관심사야. 두뇌에 대한 탐구가 완성될 때 우리는 우리의 감각과 정서, 기억, 판단… 이런 것들에 대해 모든 것을 알게 될 거야.

병: 그런데 지현이가 신경 생리학을 전공한 색채 과학자라는 것은 주도면밀한 성질이군. 빨간색을 직접 경험하지는 못했지만 빨간색에 대해 모든 것을 알 수 있다는 말이지.

정: 그러면 대상을 직접 경험하지 않고도 그 대상을 알 수 있다는 거야?

을: 그렇고말고. 하지만 과학적인 지식이 지식의 전부라고는 할 수 없잖아. 빨간색 빛의 파장과 빨강을 볼 때 우리 몸에서 일어나는 과정에 대해 알고 있다고 해도 거기서 빨간색이 주는 그 자극적인 느낌이 도출되는 것은 아니지.

병: 그렇지만 지현이가 이상적인 과학적 지식과 정보를 전부 가지고 있다면 빨간색이 주는 느낌 역시 추론될 거야. 느낌도 우리의 뇌를 통해 일어나는 현상이니까 말야.

정: 하지만 지식이 반드시 직접 경험을 통해서만 얻어지는 것은 아니잖아. 독서나 추론을 통한 지식도 성립할 수 있다.

① 갑–을　② 갑–병　③ 을–병　④ 정–을　⑤ 정–병

제 5 장

귀납논증

- 유비논증
- 귀납적 일반화
- 통계적 삼단논법
- 인과논증
- 최선의 설명으로의 추론

논증(argument)은 전제가 결론을 지지하는 방식에 따라 연역논증과 귀납논증으로 구분된다. 논리적 필연성에 의해 그 결론이 전제의 진리에 전적으로 기대어 있는 연역논증과 달리, 귀납논증은 전제의 참이 결론의 참을 절대적으로 보증해 주지 않는다. 즉, 귀납논증에서 전제는 결론의 참임에 대한 결정적인 증거를 제공하지 않는다. 그것은 단지 결론이 참이 될 가망성(likelihood)에 대한 증거만 제공할 뿐이다. 이 논증에서, 만일 전제들이 모두 옳다면 그 결론은 옳음직할 뿐, 반드시 옳지는 않다. 귀납논증은 전제에 포함되어 있지 않은 새로운 정보가 결론에서 도출될 여지가 항상 존재한다. 그러므로 귀납논증은 필연성을 포기함으로써 지식의 범위를 확장한다. 따라서 '타당하다' 혹은 '부당하다'로 평가하는 연역논증과 달리, 귀납논증은 매우 강한 것부터 매우 약한 것에 이르기까지 개연성의 정도에 따라 평가한다. 귀납논증의 전제는 그 결론을 매우 강하게 지지하는 것으로부터, 전혀 지지하지 않는 것까지 다양하다. 그러므로 귀납논증의 결론은 개연적이고 확률적이다.

다음은 귀납논증의 전형적인 예시이다.

> 지금까지 우리가 관찰한 백조는 모두 흰색이었다.
> 따라서 만약 남극에서 백조가 발견된다면, 그 백조도 흰색일 것이다.

이러한 귀납논증은 우리가 일상적 추리법에서 자주 사용하는 것으로서 그것은 반복되어 온 현상으로부터 반복되는 결과에 대한 기대를 가진다는 사실에 기초한다. 지금까지 비 오는 날이면 늘 방문해 주던 단골손님이 비가 오는 오늘도 나타날 것을 기대하는 것과 같다. 또 지금까지 매일 해가 떠올랐던 것을 기억하면서 내일도 해가 솟아오를 것이라고 믿는 믿음도 귀납의 원리에 기초한 것이다. 우리가 일상적 추리에서나 학문적 추론에서 자주 사용하는 유추법도 실은 귀납적 추리의 한 가지다.

다음은 귀납에 대한 버트런드 러셀(Bertrand Russell, 1872~1970)의 유명한 예화이다.

> 칠면조 한 마리가 어느 농장으로 팔려 가게 되었다. 그곳에서 농장 주인은 매일 아침 7시가 되면 칠면조에게 먹이를 주었다. 주인의 이러한 행동은 비가 오나 눈이 오나 변함없이 실행되었다. 주인에 대한 반복된 경험을 통해, 칠면조는 마침내 '나

> 는 항상 아침 7시에 먹이를 먹는다'는 사실을 결론으로 내리고, 매일 밤 '내일 아침 7시에도 먹이를 먹게 되겠지' 하는 행복한 기대를 하게 되었다. 12월 23일에도 칠면조는 여느 때와 마찬가지로 '내일 아침 7시에 먹을 먹이'를 기대하며 행복한 밤을 보낸다. 그러나 칠면조는 불행하게도 그 다음 날인 크리스마스 이브 아침에 목이 비틀려 죽고 만다.

위 이야기에서 칠면조의 추론은 '기대'한 바대로 일어나지 않는다. 우리가 경험하는 많은 일들은 수없이 반복되어 일어난다. 하지만 그 경험이 또다시 일어날 것이라는 개연성의 정도가 '거의' 확실성에 가깝다 하더라도 '완전한' 확실성에 도달하지는 못한다. 목이 비틀린 칠면조의 경우처럼 아무리 자주 되풀이되는 일이라도 어느 순간 되풀이되지 않을 수도 있기 때문이다. 그래서 경험적 사실로부터 우리가 추구해야 하는 것은 개연성뿐이다. 이 개연성의 논리에는 항상 새로운 결과가 내포되어 있다. 위 이야기에서 칠면조가 살아남으려면 어떻게 해야 했을까? 사실, 크리스마스 이브에 농장 사람들이 칠면조 고기를 먹지 말자고 작정했으면, 칠면조는 살아남았을 것이다. 아니면 칠면조는 '오늘까지'의 아침 식사 시간과는 다른 '내일'이 올 수 있다는 사실을 생각할 수 있어야 한다. 그렇게 하려면 칠면조는 더 많은 경험적 증거들을 모아야 할 것이며 그 증거들로 최선의 판단을 내려야 할 것이다.

귀납논증에서 고려해야 하는 중요한 문제는 반복된 법칙이 '다음에도' 일어날 것인가 하는 것이다. 이는 그 법칙이 실현된 횟수가 어느 정도 되어야 그것이 또다시 실현될 가능성에 대한 증거가 될 수 있는가 하는 문제이다. 따라서 귀납논증은 반복된 전제로부터 어떤 사실이 실현되어야 한다는 것을 '증명'하려는 논증이기보다, 실현될 가능성을 높이는 데 유리한 근거들을 찾으려는 논증이라 할 수 있다.

우리는 경험을 통해 많은 지식을 얻는다. 경험은 우리에게 직접적으로 어떤 사실을 알려주지만, 세계에는 우리가 경험하지 못하거나 알려지지 않은 지식 또한 많다. 귀납적 추론은 이미 경험한 전제로부터 결과를 추론해 내지만, 우리는 그 결과가 절대적으로 옳다고 말할 수 없다. 하지만 결론의 지식이 이미 전제 속에 함축적으로 보존되어 있는 연역논증과는 달리, 귀납논증은 지식을 확장하는 기능을 한다. 다시 말해서 귀납적 추론의 형식은 새로운 지식을 발견할 수 있는 기능을 내포하고 현재의 사실로부터 새로운 사실로 도약할 수 있는 가능성을 내포하고 있다.

제1절

유비논증

유비(analogy)란 어떤 사물과 다른 사물 사이의 유사성에 주목함으로써 그 둘을 연결하는 것이다. 달리 말해서 어떤 특정한 대상, 사물, 현상들 사이의 유사성을 찾아서, 그것들을 서로 비교하는 것이다. 유비는 지루한 표현과 대화에 생동감을 가져온다. 어떤 것을 다른 것과 비교하는 일은 우리가 어떤 것을 설명하려고 할 때도 크게 도움이 된다. 사람들은 자신이 이미 친숙한 것과 비교함으로써 새로운 대상이나 개념을 쉽게 이해할 수 있다. 따라서 우리는 유비를 사용하여, 어떤 대상 혹은 현상에 대한 주장을 이끌어 내기도 하고, 어떤 사건을 설명하거나 예측하기도 한다. 이렇게 우리가 유비를 이용하여 어떤 것을 논증하는 경우에, 우리는 그러한 논증을 유비논증이라고 한다.

유비논증은 일상생활에서도 많이 사용된다. 예를 들어, 우리는 A전자 회사에서 출시된 휴대폰을 구입하여 사용해 보고, 그 제품이 만족스러웠다면, 다음에도 동일한 회사의 제품을 구입할 가능성이 높다. 이는 이전의 제품에 대한 경험을 통해 나중에 선택할 제품 또한 동일한 만족을 줄 것이라고 추론하는 것이다. 이러한 추론은 유사성에 근거한 판단이다. 이와 같이, 유비추론은 과거의 경험을 토대로 미래의 상태를 추론하는 일상적 추론의 기초가 된다.

1. 유비논증의 형식

유비논증은 둘 혹은 그 이상의 사물들 사이에서 발견되는 몇 가지 유사성을 토대로 새로운 유사성에 대한 주장으로 나아가는 논증이다. 다음의 예를 살펴보자.

> 영철, 그의 형 서철, 그리고 그의 부모님은 10대부터 하루에 담배를 두 갑 이상 피웠으며, 기름기 많은 음식을 즐겨왔다.
> 영철의 부모님과 그의 형 서철은 50대에 심장마비로 사망했다.
> 따라서 영철도 심장마비로 사망할 것이다.

이 논증은 다음과 같은 형식을 가지고 있다.

> 대상 a, b, c, 그리고 d는 P, Q의 속성을 가지고 있다.
> 대상 a, b, c 는 R의 속성을 가지고 있다.
> 그러므로 대상 d는 R의 속성을 가지고 있다.

여기서

> a, b, c는 준거 대상(Analogue)
> d는 주 대상(Primary Subject)
> P, Q는 공유 속성(Shared Attributes)
> R은 목표 속성(Target Attribute)

이라고 하자.

이 논증에서 주 대상(결론의 주어)은 영철이다. 목표 속성(결론의 술어)은 심장마비로 사망하는 것이다. 준거 대상(주 대상과 비교되는 대상들)은 영철의 형 서철, 영철의 아버지, 영철의 어머니이며, 공유 속성(주 대상이 준거 대상과 공유하는 속성)은 기름기 많은 음식, 10대 이후의 흡연이다.

이 논증에서는 세 개의 준거 대상과 두 개의 공유 속성이 사용되었다.

그러면 다음의 예를 보자.

> 김성수 씨와 나는 집안도 좋고, 대인 관계도 좋으며, 지식도 풍부하다.
> 그런데 김성수 씨는 성공한 정치인이다.
> 따라서, 나도 성공한 정치인이 될 것이다.

> 대상 a와 b는 P, Q, R의 속성을 가지고 있다.
> 대상 a는 S의 속성을 가지고 있다.
> 그러므로 대상 b는 S의 속성을 가지고 있다.

이 유비논증에서 주 대상은 '나'이다. 목표 속성은 '성공한 정치인이 되는 것'이다. 준거 대상은 '김성수 씨'뿐이다. 공유 속성(주 대상이 준거 대상과 공유하는 속성)은' '집안이 좋음', '대인 관계가 좋음', '지식의 풍부함'이다.

이 논증에서는 단 하나의 준거 대상과 세 가지 공유 속성이 등장한다. 그러므로 여기서 알아야 할 것은 유비논증이 단지 몇 가지 준거 대상이나 몇 가지 공유 속성으로 제한되는 것은 아니라는 점이다. 유비논증에서 사용될 수 있는 준거 대상과 공유 속성의 수는 무제한적이다. 그러므로 유비논증을 더욱 일반화하면 다음과 같은 귀납논증으로 정식화된다.

> A1은 속성 P1, P2,…,Pk, 그리고 F를 갖는다.
> A2는 속성 P1, P2,…,Pk, 그리고 F를 갖는다.
> ⋮
> An는 속성 P1, P2,…,Pk, 그리고 F를 갖는다.
> An+1은 속성 P1, P2,…,Pk를 갖는다.
>
> ---
>
> 그러므로 An+1은 F를 갖는다.

이러한 유비논증은 우리가 과학적 추론을 하는 데 사용되기도 한다. 이 형태를 이용하여 다른 예를 들어 보자.

> (여러 쥐들에 대한 실험 결과를 보고)
> 쥐의 경우, 소식을 하면 장수한다.
> 사람도 마찬가지로 소식을 하면 장수할 것이다.

위의 논증은 개개의 쥐가 아니라, 쥐라는 종 전체에 적용되는 사실과, 인간 종 전체에 적용되는 사실을 비교하여 어떤 결론을 이끌어 내고 있다. 이와 같이 동물을 실험대상으로 한 임상실험을 이용하여, 사람에 대한 어떤 일반적 사실을 이끌어 내는 것은 바로 유비논증을 이용한 것이다. 물론 이 경우에 이러한 결론의 개연성을 높이려면, 실험하는 동물과 사람 사이에 생물학적, 의학적 유사성이 커야 한다.

유비논증의 가장 기본적인 형태는 특수한 예에 관한 전제로부터 다른 특수한 예에 관한 결론을 이끌어 내는 논증이지만, 유비논증이 귀납논증의 한 사례인 한, 그것은 일반적 사실을 전제로 하여, 다른 일반적 사실을 결론으로 이끌어 낼 수도 있다.

철학사에서 유명한 페일리(William Paley)의 설계 논변(Argument by Design)도 유비논증의 일종이다.

> "시계는 스스로 조립될 수 없다. 시계의 여러 부품들이 복잡하게 조립되어 시계가 작동할 수 있는 것은 오직 그 시계를 설계하고 만든 시계공이 있기 때문이다. 이와 마찬가지로, 이 세계의 복잡한 부분들이 스스로 조립되어 자연의 질서가 성립할 수는 없다. 따라서 이 세계의 설계자가 반드시 있어야 하며, 그 설계자가 곧 신이다."

2. 결론이 감추어진 유비논증

때때로 우리는 결론이 언급되어 있지 않은 유비논증을 만나게 된다. 그러면 그것이 현상에 대한 기술이거나 설명이 아니라, 논증이라는 사실을 어떻게 알 수 있을까? 그 대답은 이렇다. 만일 유비논증이라면, 반드시 두 가지 전제가 있어야 한다. 그중 하나는 준거 대상들과 주 대상이 공유하고 있는 속성이 무엇인지를 언급해야 하고, 다른 하나는 준거 대상들이 공유하고 있는 추가적 속성을 언급해야 한다. 다음의 전제들이 주어졌을 때, 우리는 어떤 결론을 이끌어 내야 할지 쉽게 추론할 수 있다.

> 상진, 명숙, 길상 그리고 길동이는 모두 킥복싱을 했고, 한 번 이상 결혼했다. 그런데 상진, 명숙, 그리고 길상이는 한 번 이상 폭력 사건에 연루되었다.

여기서 의도된 결론은 "길동이도 폭력 사건에 연루되었을 것이다"라는 것임을 어렵지 않게 알 수 있다. 그러므로 이것은 결론이 감추어진 유비논증이라고 할 수 있다.

3. 유비논증의 평가

그러면 유비논증이라고 해서 모두 같은 지위를 가지는 것일까? 그렇지 않다. 유비논증에도 강하고 좋은 유비논증이 있는가 하면, 약하고 형편없는 유비논증도 얼마든지 있을 수 있다. 그렇다면 우리는 어떻게 강하고 좋은 유비논증을 가려낼 수 있을까? 일반적으로 강한 유비논증으로 평가되기 위해서는 다음의 몇 가지 조건들이 고려되어야 한다.

① 준거 대상(a, b, c...)의 수가 많을수록 좋은 논증이다. 주 대상과 비교되는 준거 대상이 하나(a)만이 아니라 여러 대상(,b, c, d,..)으로 늘어난다면, 그 유비논증은 강해진다.

② 공유 속성(P, Q, R...)의 수가 많을수록 좋은 논증이다. 준거 대상(a, b, c...)과 주 대상(d) 사이의 공유하는 속성이 증가할수록 유비논증의 강도는 높아진다.

③ 준거 대상(a, b, c...)의 종류가 다양해야 한다. 주 대상과 비교되는 준거 대상의 다양성이 클수록 유비논증은 강해진다.

④ 주 대상과 준거 대상들 사이의 비유사성(disanalogies)이 적을수록 좋은 논증이다. 유사한 것을 유사하게, 다른 것을 다르게 취급하는 것이 정의이다. 주 대상과 준거 대상

사이에 본질적인 유사성이 있어야 한다. 쥐를 준거 대상으로 하여 이를 기반으로 사람에 대해서 추리하려면 두 대상들 사이에 의학적, 생물학적 유사성이 필요한 것과 같다.

⑤ 공유 속성(P, Q, R...)과 목표 속성(S) 사이의 관련성(relevance)이 높을수록 좋은 논증이다. 공유 속성이 목표 속성과 그다지 관련성이 크지 않다면, 유비논증의 강도는 낮아지고, 심지어는 반유비가 출현하기도 한다.

⑥ 결론이 강할수록, 논증은 약해진다. 반대로 결론이 약할수록, 논증은 강해진다. 강한 결론일수록 반박될 가능성이 많다는 말이다.

제2절

귀납적 일반화

귀납적 일반화(inductive generalization)는 개별적 혹은 특수한 사례들에 대한 관찰을 토대로 하여 일반적 결론을 이끌어 내는 논증 방식이다. 귀납적 일반화를 통해 주장되는 결론은 언제나 일반 명제이다. 귀납적 일반화가 귀납논증 중에서 가장 일반적인 것으로 알려져 있어서, 모든 귀납논증이 귀납적 일반화처럼 개별적인 것에서 일반적인 것을 도출하는 것으로 간주될 수 있지만, 반드시 그렇다고는 할 수 없다. 귀납은 특수한 사례로부터 특수한 사례를 도출하는 것일 수도 있고, 일반적인 사실로부터 다른 일반적인 사실을 도출하는 것일 수도 있기 때문이다. 귀납적 일반화는 논의 영역 내의 일부 개체들의 관찰을 통해 그 결과를 개체 전체로 확장할 뿐만 아니라, 그 결론은 전제를 가장 잘 설명하는 가설로 간주되기도 한다.

1. 보편적 일반화와 통계적 일반화

귀납적 일반화를 통해 결론을 도출할 경우, 그 결론이 보편적인 것도 있지만 통계적인 것도 있다. 명제가 주어 집합에 속하는 모든 원소에 대해 논의할 경우를 '보편적 일반화(universal generalization)'라 하고, 일부에 대해 논의할 경우 '통계적 일반화(statistical generalization)'라고 한다. 예를 들어, "모든 생명체는 죽는다" 혹은 "모든 포유류는 새끼를 낳는다"와 같은 명제는 보편적 일반화에 해당한다. "석면제조공장 주변에 있는 마을의 주민들은 80%가 암 환자이다"나 "국회의원의 50%는 부동산 투기를 한 정황이 있다"와 같은 명제는 통계적 일반화에 속한다. 통계적 일반화는 통계수치로 나타내기도 하지만, 반드시 수치로 표시될 필요는 없다, "마을 주민 대부분이 아침 7시에 일하러 나간다" 혹은 "많은 유권자들이 A후보를 지지한다"와 같은 명제는 수치 대신 '대부분', '많은'과 같은 양화사를 사용하지만 통계적 일반화에 속하는 명제들이다.

2. 열거적 귀납

아리스토텔레스는 귀납의 방법이 자연에 관한 인식에서 매우 중요하다는 사실에 주목한다. 그의 자연철학은 한편으로는 우리가 경험한 바대로의 자연을 기술하는 것이다. 그러나 다른 한편으로, 그는 각각의 개별적 경험이 그 개별적 경험에 앞선 보편(일반 개념)을 함축하고 있다고 자연철학에서 논한다. 그래서 아리스토텔레스는 우리가 자연에 관한 지식을 갖기 위해서는 개별적 사실로부터 일반적 사실로 나아가는 귀납과 일반적 사실로부터 개별적 사실로 나아가는 연역이 모두 필요하다고 생각했다. 예를 들어, 움직임을 인식하고 관찰된 각각의 개별적 대상을 우리가 살아 있는 '생명체'로 결론짓는다고 해 보자. 개별적 대상들의 움직임에 대한 인식은 감각적 경험이지만, 그것을 '생명체'라고 판단하는 데는 이미 우리가 하나의 개별적 대상을 인식할 때 생명체라는 일반 개념(보편 개념)을 인식하고 있다는 의미이다.

아리스토텔레스의 열거적 귀납

> 몇 가지 개체들에 대해서 참이라고 관찰된 것
> ········· 일반화 ·········
> 그 개체들이 속하는 종에 대해서 참이라고 추정되는 것

> 몇 가지 종에 대해서 참이라고 관찰되는 것
> ······························ 일반화 ······························
> 그 종이 속하는 유에 대해서 참이라고 추정되는 것

열거적 귀납을 형식화하면 다음과 같다.

> A1은 속성 P1, P2,…,Pk, 그리고 F를 갖는다.
> A2는 속성 P1, P2,…,Pk, 그리고 F를 갖는다.
> ⋮
> An은 속성 P1, P2,…,Pk, 그리고 F를 갖는다
>
> ---
>
> 속성 P1, P2,…,Pk를 갖는 모든 사물은 F를 갖는다.

이러한 귀납적 일반화를 '열거적 귀납'이라고 부르는 것은 각각에 열거한 특수한 경험적 사례들을 확장하여 일반 명제로 도출하기 때문이다.

> (A) 관찰된 까마귀 A는 검다.
> 관찰된 까마귀 B는 검다.
> 관찰된 까마귀 C는 검다.
> ⋮
> 관찰된 까마귀 Z는 검다.
> 그러므로 모든 까마귀는 검다.

논증 (A)에서는 개별적인 까마귀에 대한 정보로부터 전체 까마귀 집합에 대한 결론을 도출하고 있다.

> (B) 지금까지 관찰된 모든 백조는 희다.
> 그러므로 모든 백조는 희다.

논증 (B)는 보편적 일반화에 속하는데, 여기서 전제와 결론이 모두 보편적인 명제로 이루어져 있다.

> (C) 표본으로 선정된 1,000명의 유권자들 중 51%가 A후보를 지지한다.
> 따라서 전체 유권자의 51%가 A후보를 지지할 것이다.

논증 (C)는 통계적 일반화에 속하는데, 여기서 전제와 결론은 모두 통계적인 명제로 이루어져 있다.

3. 강한 귀납적 일반화의 조건

이와 같이 귀납적 일반화는 관찰의 대상이 되는 개별적인 사례들을 기반으로 한다. 하지만 우리가 실제로 관찰할 수 있는 대상은 상당한 정도로 제한되어 있기 때문에, 그중 일부 사례를 잘 선택해야 한다. 따라서 귀납적 일반화에서는 표본이라는 개념이 중요하다. 올바른 표본을 가져야만 귀납적 일반화가 제대로 될 수 있다. 부분에 대한 관찰을 토대로 전체에 대한 주장을 하기 위해서는 그 부분이 대상 전체를 잘 대표할 수 있는 것이어야 한다. 따라서 관찰 대상인 표본 집단이 대표성을 가지도록 잘 선택하는 일이 필요하다. 이를 위해서는 1) 표본은 충분한 정도의 크기를 가져야 하고, 2) 표본은 충분한 정도의 다양성을 가져야 한다.

4. 귀납적 일반화와 관련된 오류

표본이 이와 같은 대표성을 가지지 못하는 경우, 귀납적 일반화와 관련된 오류가 발생한다. 다음의 두 가지가 이러한 오류에 포함된다.

① 성급한 일반화의 오류: 표본이 가져야 할 충분한 크기를 충족시키지 못했을 때 발생하는 오류. 예를 들어 보자. 내가 서울을 방문했을 때, 서비스업에 종사하는 사람을 서너 명 만났는데, 그들은 모두 친절했다. 이때, 서울에서 서비스업에 종사하는 모든 사람들이 친절하다고 결론 내리는 경우가 여기에 속한다.

② 편향된 통계 자료의 오류(근시안적 귀납의 오류): 표본이 요구되는 다양성을 충족하지 못했을 때 발생하는 오류. 서울의 강남 사람들 중에서 무작위로 선택된 사람들에 대해서 여론 조사를 하여, 그중 70%가 부동산 양도세에 반대했다고 해서 이를 기초로 모든 국민이 부동산 양도세에 반대한다고 결론을 내리는 것과 같다.

제3절

통계적 삼단논법

앞 절에서도 언급했듯이 귀납논증은 일반적으로 관찰된 개별 사례들을 전제로 하여 일반적인 결론을 이끌어 내는 추론 형식으로 알려져 있지만, 실제로는 이것이 귀납논증의 유일한 형식이 아니다. 이와는 반대로 일반적인 전제로부터 개별적인 사실에 관한 진술을 결론으로 이끌어 내는 형식의 귀납논증이 있는데, 바로 통계적 삼단논법이 대표적인 것이다. 그러므로 통계적 삼단논법은 통계적 일반화와는 완전히 반대 방향으로 전개된다. 통계적 삼단논법은 전체에 대한 주장을 전제로 하여 그 전체에 포함되어 있는 부분에 대한 주장을 결론으로 추론하는 것이다.

> 모든 40대 남자의 95%는 결혼을 했다.
> 김성수 씨는 40대 남자이다.
> 따라서 김성수 씨는 결혼을 했다.

위 논증을 통계적 삼단논법의 기본 형식으로 만들면 다음과 같다.

> 모든 F의 x%는 G이다.
> a는 F이다.
> 따라서 a는 G이다.

여기서 F는 준거집단, 즉 개체들의 집합을 말하고, G는 속성 집합, 즉 그 준거 집합에 속하는 개체들이 가지고 있는 속성을 말한다. a는 개체를 나타낸다.

> 코로나바이러스 예방 접종을 한 한국인의 80%는 코로나바이러스에 감염되지 않았다.
> 박민규 씨는 코로나바이러스 예방 접종을 한 한국인이다.
> 따라서 박민규 씨는 코로나바이러스에 감염되지 않을 것이다.

위 논증은 예방 접종을 한 한국인의 80%라는 전체 집단에 대한 정보로부터 박민규라는 부분에 해당하는 정보를 결론으로 이끌어 낸다.

1. 강한 통계적 삼단논법의 조건

통계적 삼단논법은 귀납논증의 일종이기 때문에, 강한 논증과 약한 논증으로 나누어 평가할 수 있다. 그리고 통계적 삼단논법의 강도를 측정하는 가장 분명한 기준은 전제에서 언급된 통계적 수치가 100%에 가까울수록 더 강하고, 0%에 가까울수록 더 약해진다는 것이다.

다음의 논증들을 비교해 보자.

> (A) 우리 학교 학생의 90%는 타 지역 출신 학생이다.
> 정호는 우리 학교 학생이다.
> 그러므로 정호는 타 지역 출신 학생이다.

> (B) 우리 학교 학생의 50%는 종교를 가지고 있지 않다.
> 정호는 우리 학교 학생이다.
> 그러므로 정호는 종교를 가지고 있지 않다.

우리는 위의 두 논증에서 (A)가 (B)보다 강하다는 것을 알 수 있다. (B)의 경우는 전제가 결론을 지지하는 정도가 매우 낮다. 그 이유는 전제에서 언급된 통계적 수치가 50% 정도로는 결론을 강하게 뒷받침하기 어렵기 때문이다.

다시 다음의 논증들을 비교해 보자.

> (C) 한국 대학생의 90%는 토플학원에 다니지 않았다.
> 김 군은 한국 대학생이다.
> 그러므로 김 군은 토플학원에 다니지 않았다.

> (D) 미국에 유학한 한국 대학생의 90%는 토플학원에 다녔다.
> 김 군은 미국에 유학한 한국 대학생이다.
> 그러므로 김 군은 토플학원에 다녔다.

이 두 논증은 모두 강한 귀납논증이다. 모두 참인 전제를 가졌고, 통계적 수치도 각각 100%에 가깝기 때문에, 통계적 수치가 어느 정도인지를 따지는 기준으로 보면 그렇다. 그런데도 그 결론은 서로 정반대이다. 이런 결과를 피하려면 준거 집합을 선택할 때, 사용 가능한 증거들을 모두 고려해야 한다는 기준을 적용해야 한다.

즉 김 군이 토플학원에 다녔는지 다니지 않았는지를 결정해 줄 사용 가능한 관련 정보가 전제에 드러나야 한다. 그리고 이 경우에 토플학원에 다녔는지 다니지 않았는지를 판단하기 위해서는 '한국 대학생'이라는 준거 집단보다는 '미국에 유학한 한국 대학생'이라는 더 작은 부분 집합을 준거 집단으로 설정하여 그 준거 집단의 통계에 의거한 논증을 구성할 때 더 합당한 논증이 된다. 따라서 사안과 관련된 속성에 관해 준거 집단이 얼마나 관련성이 높은가 하는 것이 강한 귀납논증이 되기 위한 기준이 된다.

그러므로 강한 통계적 삼단논법이 되기 위한 조건은 두 가지가 된다. 즉 ① 전제에서 언급된 통계적 수치가 100%에 가까워야 한다. ② 전제에 포함된 준거 집단이 문제가 된 속성과 연관성이 강해야 한다.

2. 통계적 삼단논법을 사용할 때, 범하기 쉬운 오류

이러한 기준에 어긋나는 통계적 삼단논법의 논증 형식을 사용할 때, 범하기 쉬운 오류에는 다음과 같은 것들이 있다.

① 불완전 증거의 오류: 준거 집단을 고를 때 사용 가능한 관련 증거들을 모두 사용하지 않음으로써 발생하는 오류
② 부적합한 권위에의 호소: 논증의 주제가 전문가의 의견이나 지식에 호소해야 할 성질이 아닌 경우인데도, 전문가나 권위자의 의견이 잘못 인용되고 사용되었을 경우에 발생하는 오류
③ 사람에의 호소: 어떤 주장이 특정 인물이 주장한 것이라는 이유만으로 거짓이라고 논하는 논증
④ 군중에의 호소: 대부분의 사람이 그렇게 믿는다는 점을 근거로 어떤 주장이 옳거나 그르다고 생각할 때 발생하는 오류

제4절

인과논증

자연과학, 사회과학 등 과학적 논변뿐만 아니라, 일상생활 속의 사건이나 상황 속에서도 어떤 사건의 원인을 밝히려는 인과적 추론이 사용된다. "그는 왜 그런 행동을 했을까?", "자동차 시동은 왜 안 걸리는 걸까?", "10대들의 범죄율이 증가하는 이유는 무엇일까?", "실업자가 증가하는 원인은 무엇일까?", "암의 발병 원인은 무엇일까?" 등 원인을 밝히려는 물음은 사소한 것으로부터 복잡한 것에 이르기까지 다양하다. 일어난 현상은 이미 결과이며, 우리는 그것의 원인을 되짚어 찾거나 추론한다. 또한, 어떤 현상을 원인으로 하여 미래에 일어날 사태를 예측하기도 한다. 이때, 하나의 원인에 반드시 하나의 결과만 따른다면, 원인과 결과의 관계는 그다지 복잡하지 않을 것이며 언제든 강한 설득력을 가질 것이다. 하지만 하나의 사건에 대한 인과적 사슬은 무수히 많은 연결고리를 가지고 있을 뿐만 아니라 복잡하다. 그래서 우리는 어떤 사건이 어떤 원인에 의하여 발생하게 되었는지 정확하게 추론하기 어려울 때가 많다.

인과논증(causal argument)은 전제와 결론 사이에 인과적 관계, 즉 원인과 결과의 관계가 성립하는 논증이다. 우리는 어떤 사태 혹은 사건이 일어난 원인을 찾기 위해 이미 관찰된 사건을 근거로 아직 관찰되지 않은 사건을 추리하는데, 이 과정을 인과추리(causal reasoning)라고 한다. 사태 X가 사태 Y를 일으키는 원인이 되었을 때, 우리는 사태 Y를 통해 사태 X를 추론한다. 인과논증은 이 인과추리를 통해 전제와 결론 사이의 관계를 인과 관계로 주장한다.

1. 인과 관계와 조건개념

사건은 아무런 근거 없이 발생하지 않는다. 다시 말해서 사건들은 어떤 조건이 갖추어졌을 때 발생한다. 어떤 사건이 발생했을 때, 우리는 사건에 대한 이해와 문제 해결 등을 위해 사건이 발생한 원인을 찾아야 할 필요가 있다. 이때 우리는 사건이 일어날 조건뿐만 아니라 일어나지 않을 조건까지 고려해야 한다. 다음에 제시된 조건들은 사건의 인과 관계를 증명하기 위한 방법으로서, 복잡한 연쇄 속에 있는 원인을 발견하고 그로부터 발생하는 결과와의 관계에서 개연성을 높이기 위한 장치이기도 하다.

먼저 필요조건으로서의 원인이 있다. 필요조건이란, 만일 그것이 없다면 그 사건이 일어날 수 없는 조건을 말한다. 꽃가루 알레르기 증상이 있는 사람에게 꽃가루는 알레르기의 원인이다. 'A가 B에 대한 필요조건'이라는 것은 "A라는 조건 없이는 B가 결코 일어날 수 없다"라는 의미이다. 즉 꽃가루에 접촉하지 않으면 알레르기 증상이 일어나지 않을 것이라는 말이다.

둘째로 충분조건으로서의 원인이 있다. 충분조건이란, 만일 그것이 있다면 그 사건이 반드시 발생하는 조건을 말한다. 즉 'A가 B의 충분조건'이라는 것은 "A라는 조건이 만족되면, B가 일어나는 것을 보장한다"라는 말이다. 충분조건이 갖추어지면, 문제의 결과가 반드시 나타난다. 독감 예방 주사를 맞음으로써 독감이 예방될 수 있다면, 독감 예방 주사를 맞는 일은 독감 예방의 충분조건일 수 있다.

셋째, 필요충분조건은 필요조건인 동시에 충분조건이기도 한 조건을 말한다. 'A가 B의 필요충분조건'이라는 것은 "A조건이 만족되면 반드시 B사건이 발생하고, B사건이 발생하면 반드시 A조건이 만족되는 관계에 있다"라는 것이다. 청색 리트머스 종이를 산성 용액에 담그면 적색으로 변할 때, 이를 필요충분조건 관계라고 할 수 있다.

마지막으로, 원인이 결과에 대하여 필요조건도 아니고, 충분조건도 아닌 경우가 있다. 원인을 확률 개념으로 파악해야 하는 경우가 바로 그런 경우이다. 예컨대 흡연은 폐암 발생의 필요조건도 아니고, 충분조건도 아니다. 흡연은 폐암에 확률적 원인일 뿐이다. 이처럼 원인이라고 추정할 수 있는 것이 있을 때, 그것이 없을 때보다 문제의 결과가 발생할 확률이 높을 경우, 그러한 원인을 '확률적 원인'이라고 부른다.

2. 인과 관계와 상관 관계

두 가지 혹은 그 이상의 사건들이 서로 연관되는 방식에는 여러 가지가 있다. 물론 그중에서도 과학적 추리에서 가장 중요한 것은 인과 관계이다. 하지만 인과 관계는 아니지만, 시간적 관계가 있을 수 있다. 그것은 사건들의 시간적 순서이다. 우리는 두 가지 사건들이 순차적으로 일어나거나 동시에 일어나는 현상을 관찰할 수 있다. 말하자면, 시간적 관계에 관한 진술은 경험적이다.

그러나 우리가 하나의 사건이 다른 사건의 원인이라고 말할 때, 그 관계는 우리가 사건들 사이의 시간적 순서에 대해서 직접 관찰한 것보다 훨씬 강력한 것이다. 예를 들어 "6월의 충분한 강우량은 그해 8월의 옥수수 풍작의 원인이다"라고 말할 때, 이것은 그러한 사건들의 시간적 순서에 대해서 엄격하게 관찰된 것을 훨씬 넘어선다. 또한 "가스 유출이 폭발의 원인이다"라고 말할 때, 우리는 가스 유출과 화염이 동시에 일어나는 것에 대한 관찰을 훨씬 넘어선다.

그러므로 인과 관계의 개념은 상관관계(correlation)의 개념과 조심스럽게 구별되어야 한다. 상관관계는 두 가지 사건들이 동시에 혹은 같은 순서로 규칙적으로 일어날 때 발견된다. 반면에 인과 관계는 원인이 되는 사건이 일어나지 않으면 결과가 되는 사건이 일어날 수 없음을 의미한다. 달리 말해서 한 사건이 다른 사건의 발생에 책임이 있거나, 그것을 야기하거나 하는 경우이다. 상관관계가 직접 관찰 가능한 데 비해서, 인과 관계는 직접적 관찰이 불가능하다.

3. 인과적 오류

한편 인과적 주장을 하는 논증이 오류를 범했을 때, 발생하는 오류를 우리는 인과적 오류라고 부른다. 다음의 4가지가 인과적 오류에 포함된다.

① 원인 오판의 오류(우연과 원인의 혼동): 두 사건이 시간적인 선후 관계에 있다고 해서

그중 앞선 것을 원인으로 보고, 뒤에 오는 것을 결과로 간주하는 오류. 절의 종소리와 교회의 종소리가 계속적으로 들린다고 해서 절의 종소리를 교회의 종소리의 원인으로 본다면 원인 오판의 오류를 범한 것이다.

② 공통 원인 무시의 오류: 어떤 사건들의 공통 원인이 있을 가능성을 배제한 채, 규칙성에만 의거하여 인과 관계에 대해 판단을 내리는 오류. 예컨대 홍역을 앓을 때, 반점의 발생과 고열의 발생이 규칙적으로 동시에 일어날 때, 두 사건의 공통 원인으로서 홍역 바이러스를 배제한 채, 반점의 발생을 고열의 발생의 원인으로 보는 경우, 공통 원인 무시의 오류에 빠진 것이다.

③ 원인과 결과의 혼동: 이것은 인과 관계의 방향을 잘못 파악하는 오류이다. 폐암이 발생하면 흡연의 욕구가 더 강해진다는 생각 때문에 폐암이 더 많은 흡연을 유발하는 원인이라고 믿는 경우, 이 오류를 범한 것이다.

④ 발생적 오류(원인과 이유): 어떤 주장이 어떻게 나왔는지를 묻는 주장의 기원 문제(원인)와 그 주장의 정당성 문제(이유)를 혼동했을 때 생기는 오류. 베이컨이 뇌물수수죄로 기소되었다는 것을 이유로 그의 주장을 수락하지 않는다면, 발생적 오류라고 할 수 있다.

4. 밀의 방법

귀납논증은 과학의 방법으로도 매우 중요한데, 특히 인과 관계의 발견에 큰 도움을 주었다. 원인을 발견하는 방법으로서 귀납적 추리를 발전시킨 사람은 19세기 영국 철학자 존 스튜어트 밀(J. S. Mill, 1806~1873)이다. 그는 원인을 찾아내는 기본적인 방법 혹은 기술을 제안했는데, 이것은 '밀의 방법'(Mill's Method)이라고 부르는 원인에 대한 사고의 지침으로서 일치법, 차이법, 일치-차이 병용법, 공변법, 잉여법이 여기에 포함된다.

4-1. 일치법(Method of Agreement)

일치법은 같은 사건이 여러 경우 혹은 여러 사례에서 발생했을 경우에 그 사건 이전에 있었던 선행 상황들에서 어떤 공통적인 요소가 발견된다면, 바로 그 일치하는 선행 상황이 그 사건의 원인 혹은 그 원인이나 사건의 불가결한 부분으로 보는 방법이다. 예를 들어 어떤 대학의 농구 선수들이 서울 시내의 어떤 식당에서 식사를 했는데, 식중독에 걸렸다. 그 경우에 그들이 먹은 음식을 조사해서 모두가 외국산 소시지를 먹었다는 사실을 발견했을 때, 그 소시지에서 발견된 균이 식중독의 원인이었다고 추론하는 것이다. 이것을 형식화하면 다음과 같다.

일치법

경우	이전 상황	문제의 사건
1	x, y, z	e
2	x, u, v, y	e
3	x, w, t	e
4	x, z, s, w	e

x는 e의 원인이다.

그러나 그 사건의 공통적인 선행 상황이라고 해서 모두 그 사건의 원인이 되는 것은 아니다. 농구 선수들이 그날 식사하기 전에 다 함께 사우나를 했다고 해서 그 상황이 식중독의 원인이 되는 것은 아니다. 따라서 일치법으로 원인을 발견하려는 경우에 발생한 사건과 인과적으로 연관된 상황 중에서 중요한 어떤 상황을 고려하지 못한다거나, 배경지식이 부족하거나 해서 관련된 상황 등을 충분히 나열하지 못할 가능성이 언제나 있다. 그러므로 일치법으로 어떤 원인이 반드시 찾아질 것이라는 보장이 없는 것이고, 또 찾았다고 하더라도 그것이 진짜 원인일 것이라는 보장은 할 수 없다. 다시 말해서 일치법은 귀납논변의 일종으로서 연역논변에서와 같은 필연성을 가질 수 없다는 것이다.

4-2. 차이법(Method of Difference)

차이법은 어떤 사건이 발생한 사례와 그 사건이 발생하지 않는 사례를 비교하여, 그 각각의 선행 상황을 조사하고, 그 선행 상황 중에서 차이나는 부분을 발생한 사건의 원인이라고 간주하는 방법이다. 이 방법은 밀이 인과 관계를 발견하는 데 가장 중요하게 여겼던 방법이기도 하다. 앞의 예로 돌아가서 식중독이 걸린 사람들이 먹었던 음식과, 같은 식당에서 식사를 했음에도 불구하고 식중독을 일으키지 않았던 사람들이 먹은 음식을 조사하여, 그 차이 나는 부분을 식중독의 원인이라고 간주하는 것이다. 이를 형식화하면 다음과 같다.

> **차이법**
>
> | 경우 | 이전 상황 | 문제의 사건 |
> |---|---|---|
> | 1 | x, s, t, u, v, w | e |
> | 2 | s, t, u, v, w | − e |
>
> x가 e의 원인이다.

차이법을 일치법과 비교한다면, 먼저 일치법은 사건의 선행 상황 중의 공통적인 것을 찾는 데 비해서, 차이법은 선행 상황에서의 차이점을 발견한다는 것이다. 또 일치법이 사건이 발생한 사례만을 고려하는 데 비해서, 차이법은 사건이 발생한 경우와 발생하지 않는 사례를 함께 고려한다. 그러나 실제 상황은 언제나 상당히 복잡하다. 특히 차이점을 찾기 위해서 어떤 상황들이 있었는지를 나열하는 일이 간단치 않다. 우리가 진짜 원인을 선행 상황의 목록에서 빠뜨릴 수도 있는 것이다. 따라서 차이법 역시 일치법과 유사한 한계를 갖게 된다. 그러므로 일치법에서와 마찬가지로 차이법을 적용하는 경우에도, 사건의 선행 상황을 조사할 때, 충분한 지식과 이론을 가져야 좋은 인과적 추리를 할 수 있다.

4-3. 일치-차이 병용법(Joint Method of Agreement and Difference)

이러한 문제점 때문에 우리는 일치법과 차이법을 함께 동원하여 인과적 추리를 하는 경우가 많다. 이것을 밀은 일치-차이 병용법이라고 했다. 그것은 먼저 일치법을 사용하여 문제의 사건이 발생한 경우들에서의 공통점을 찾은 다음, 문제의 사건이 발생한 경우와 발생하지 않은 경우를 비교하여, 차이점을 비교함으로써 그 사건의 원인 혹은 원인의 불가결한 부분을 찾는 방법이다. 이를 형식화하면 다음과 같다.

> **일치-차이 병용법**
>
> | 경우 | 이전 상황 | 문제의 사건 |
> |---|---|---|
> | A ~ I | x, s, t, u | e |
> | J ~ N | s, t, u, v | −e |
>
> x가 e의 원인이다.

일치-차이 병용법은 특히 질병의 원인을 찾는 데 효과적이다. 만일 어떤 고립된 마을에서 주민들이 독감예방주사를 빠짐없이 맞았는데, 그해 겨울 아무도 독감에 걸리지 않았다. 그렇다고 해서 예방 주사가 효과 있었다고 보기에는 무언가 석연치 않을 수 있다. 왜냐하면 그 마을에 독감균이 침범하지 않았을 수도 있기 때문이다. 그 경우에 우리는 이웃 마을의 경우와 비교해 볼 수 있다. 그 마을에서는 일부는 예방 주사를 맞고, 일부는 맞지 않았다. 그랬더니 예방 주사를 맞지 않은 사람들만 독감에 걸렸다. 우리는 이 경우에 일치-차이 병용법을 적용하여, 예방 주사가 독감 예방에 효과적이라는 근거 있는 결론을 내릴 수 있다.

여기서 강조해 두어야 할 것은 일치법과 차이법은 모두 원인이라고 생각되는 것이 발견되는 경우와 발견되지 않는 경우가 뚜렷이 구분되는 경우에만 적용될 수 있다는 것이다. 이제 얘기할 공변법은 그렇지 못할 경우를 위해서 사용된다.

4-4. 공변법(Method of Concomitant Variations)

공변법은 어떤 사건의 발생 빈도 혹은 증감에 초점을 맞춘 인과적 추리의 방법이다. 19세기 중엽 영국에서 콜레라가 창궐한 적이 있다. 그런데 한 학자가 조사를 해 보니 지역마다 콜레라의 발생 빈도가 차이가 난다는 점이 발견되었다. 그 발생 빈도를 설명해줄 원인을 찾기 위해서 그 선행 상황을 고찰해 본 결과, 각 마을에 공급되는 식수의 청결도와 위생의 정도에 상당한 차이가 발견되었다. 식수가 청결할수록 콜레라의 발생 빈도가 낮았던 것이다. 이때 오염된 식수가 콜레라 발생의 원인 혹은 그 불가결한 부분이라고 결론지을 수 있다.

공변법

경우	이전 상황	문제의 사건
1	x+, y, z …	e+(or e−)
2	x−, y, z …	e−(or e+)

x가 e의 원인이다.

이때에 원인개념은 발생 빈도라는 개념과 상관하여 이해된 것으로서, 확률적으로 이해된 개념이다. 공통적인 상황이 있더라도, 그 정도나 강도에 따라서 서로 구별되는 경우라면, 공변법이 유용하게 적용된다. 그러나 공변법의 경우에도 발생한 사건과 선행 상황 사이의 상관관계가 상당한 정도로 알려져 있어야 그것에 의한 논변에 대한 평가가 가능하다.

4-5. 잉여법(Method of Residue)

마지막으로 밀이 제시하는 방법은 잉여법이다. 이 방법은 발생한 사건을 이루는 현상들과 그 이전의 선행 상황들 사이에서, 이미 알려져 있는 선행 상황과 현상과의 인과 관계를 빼고, 남은 잉여분과 현상 간에 어떤 인과 관계가 있음을 판단하는 방법이다.

프랑스의 과학자이자 철학자였던 파스칼이 공기가 무게를 가진다는 것을 증명한 것은 바로 이 인과 추리의 방법을 적용한 사례가 된다. 기구에 공기를 가득 채운 다음 그 무게를 잰다. 그랬더니 공기를 채우지 않았을 때보다 그 무게가 늘었다. 공기를 채우는 것과 관련없이 기구의 무게는 일정하다. 따라서 그것은 공기가 채워진 기구의 무게의 증가의 원인이 될 수 없다. 따라서 공기가 늘어난 무게의 원인이라고 판단할 수밖에 없다. 이와 같이 선행 상황 XST와 현상 xst 사이에 인과 관계가 있다고 할 때, S−s, T−t 사이의 인과 관계는 확실하다고 밝혀졌을 경우, 우리는 잉여법을 통해서 그 현상의 나머지 부분인 X와 선행 상황의 나머지 부분인 x 사이에 인과 관계가 있다고 추론하는 것이다. 이는 다음과 같이 형식화된다.

잉여법

XST는 현상 xst의 선행 요소이다.

S가 현상 s의 원인으로 알려져 있다.

T가 현상 t의 원인으로 알려져 있다.

X가 현상 x의 원인이다.

제5절

최선의 설명으로의 추론

추론의 자연스러운 형태는 데이터를 가장 잘 설명하는 가설을 찾는 것이다. 어느 사건 현장에서 셜록 홈즈는 그 현장에 있었던 개의 주인을 범인이라고 단정했다. 왜냐하면 그 범행이 일어났을 때, 그 개가 그 현장에 있었음이 분명한데도, 개가 짖지 않았던 이유를 그 개의 주인이 범인이라는 가설이 가장 잘 설명해 주기 때문이다. 여기서 '개가 짖지 않았음'이라는 데이터는 그 개의 주인이 범인이라는 가설을 입증한다. 한편 그 가설은 그 개가 왜 짖지 않았는지를 설명하기 위해서 도입되었다.

또 한 가지 예를 들어 보자. 영철은 평소와 달리 많은 사람들이 모인 파티에서 무례한 행동을 저질렀다. 이를 두고 사람들은 영철이 직장에서 방금 해고당했기 때문에 그랬을 것이라고 추론했다. 최선의 설명으로의 추론은 '파티에서 영철이 행한 무례한 행동'이라는 관찰 가능한 사건이 관찰되지 않은(또한 때로는 관찰 불가능한) 원인(예컨대 영철이 직장에서 방금 해고되었다)에 관한 가설에 의해서 설명되는 경우에 작동한다.

1. 최선의 설명으로의 추론 구조

더욱 간단한 예를 들어 보자. 한 무리의 사람들이 목에 노란 목도리를 두르고 행진하는 것을 보고, 우리는 그들이 어떤 정치적인 견해를 공유하는 집단일 것이라고 추론한다.

여기서도 어떤 가설이 그 전에 우리가 가지고 있던 믿음에 덧붙여졌을 때, 만약 그것이 어떤 문제되는 현상을 설명해 주게 된다면, 그 가설은 귀납적인 지지를 받는다. 이와 같이 어떤 가설이 어떤 현상에 대한 설명력을 확대한다는 이유로 그 가설을 참으로, 혹은 참일 것 같다고 수락하는 논증을 우리는 최선의 설명으로의 추론(Inference to the Best Explanation)이라고 부른다. 이 논증의 기본적인 구조는 다음과 같다.

> 어떤 가설 a는 현상을 설명해 준다.
> 그 가설은 다른 대안적 가설보다 더 좋은 설명이다.
> 그러므로 그 가설은 참이다.

2. 기적 논변

최선의 설명으로의 추론을 이용한 유명한 논변으로 '기적 논변'이라는 것이 있다. 이것은 과학 개념 혹은 이론적 용어가 그 지시 대상을 가진다는 실재론적 입장을 받아들이지 않는다면, 과학의 성공은 기적이 되고 만다는 논변을 말한다. 예컨대 전자레인지에서 물이 끓는 현상을 두고, 우리는 전자가 존재한다고 추론한다. 만약 '전자'라는 용어에 대응하는 대상이 존재하지 않는다면 전자레인지에서 물이 끓는 현상은 기적이 되고 말 것이기 때문이다. 전자레인지의 사용을 하나의 과학적 성공이라고 한다면, 이 성공은 전자라는 실재가 존재한다는 가설을 통해서만 가장 잘 설명될 수 있다는 것이다.

3. 최선의 설명이기 위한 조건

그러면 어떤 가설이 현상에 대한 최선의 설명이기 위한 조건은 무엇인가? 어떤 가설이 최선의 설명이 되기 위해서는 먼저 그 가설은 단순하고, 보수적이고(conservative), 동시에 통합적(unifying)이어야 한다. 나아가 최선의 설명으로의 추론이 만족스러운 것이기 위해서는 다음과 같은 조건들을 충족시켜야 한다.

① 설명은 참이 아닌 주장들을 포함해서는 안 된다.(진리성)

② 설명은 그 자체로서 더 이상의 설명을 필요로 해서는 안 된다.(최종성)

③ 같은 현상을 적절히 설명해 준다면, 단순한 설명이 더 좋은 설명이다.(단순성)

④ 설녕은 강력해야 한다.(포괄성)

⑤ 설명은 기존의 믿음들과 정합적이어야 한다.(정합성)

⑥ 설명은 문제가 되는 현상들을 진정으로 설명해야 한다.(진정성)

연습 문제 1

유비논증

1. 다음 명제가 참인지 거짓인지를 판별하시오.

1) 유비논증의 강도는 준거 대상과 주 대상 사이에 유사성의 존재 여부와 관련 없다.	참	거짓
2) 유비논증의 전제와 결론은 모두 특수한 명제로 되어 있다.	참	거짓
3) 준거 대상과 주 대상이 공유하는 속성이 목표로 하는 속성과 관련성이 높을수록 유비논증은 강해진다.	참	거짓
4) 준거 대상과 주 대상 사이의 공유 속성이 증가할수록 유비논증의 강도는 높아진다.	참	거짓
5) 두 현상이 유사성을 가지고 있다고 해서 그것으로부터 도출한 결론을 받아들일 만한 것은 아니다.	참	거짓
6) 주 대상과 비교되는 준거 대상들의 다양성이 클수록 유비논증은 강해진다.	참	거짓
7) 유비논증은 특수한 사례로부터 특수한 사례에 대한 주장을 이끌어 내는 것이다.	참	거짓
8) 유비논증은 귀납논증의 일종이다.	참	거짓
9) 결론이 언급되지 않은 논증은 유비논증이 아니다.	참	거짓
10) 페일리의 설계 논변은 유비논증이라고 볼 수 없다.	참	거짓

2. 다음은 유비논증인가 아닌가? 만일 유비논증이라면 주 대상, 준거 대상, 공유 속성, 목표 속성을 구분하시오.

1) 인종주의자는 자신이 속하는 인종 구성원의 이익과 다른 인종 구성원들의 이익 사이에 충돌이 생기는 경우, 자신이 속하는 인종 구성원의 이익을 극대화하려고 함으로써 공평성의 원리를 위반한다. 성우월주의자는 자기의 성(sex)에 이익을 도모함으로써 공평성의 원리를 위배한다. 이와 비슷하게 종우월주의자들은 자신이 속하는 종(species) 구성원의 이익을 다른 종 구성원들의 이익보다 크게 만들려고 노력한다.(싱어, 『동물 해방』, 9쪽)

2) 선미네 생일파티에 간 일곱 어린이 중에서 경순, 인희, 혜인이는 이가 옮았고, 효선, 인순, 영희, 미화는 이가 옮지 않았다. 그 파티에서 경순, 인희, 혜인이만 생일 모자를 썼는데, 그 모자

들은 예쁜 파티점에서 빌려 온 것이었다. 우리는 이것으로부터 이가 예쁜 파티점으로부터 옮아 왔다고 결론지을 수 있다.

3) 국회의원 김자유 씨와 민복지 씨는 모두 호남 지역의 민주당원이다. 그 두 사람은 4대강 사업 예산을 삭감하는 데 투표했고, 세종시를 행정복합도시에서 과학교육도시로 변경하는 개정안에 반대했다. 김자유 씨는 중선거구 제도의 도입을 반대한다. 그러므로 민복지 씨도 역시 중선거구 제도 도입을 반대할 것이다.

4) 창조성은 유머 구사력과 닮았다. 당신은 개구리를 해부하듯이, 유머 구사력를 해부할 수 있다. 그러나 그 과정에서 당신은 그것을 죽이고 말 것이다.

5) 나는 다른 사람의 마음을 볼 수 없지만, 다른 사람도 나와 같이 마음을 가졌다고 추론한다. 내가 고통을 당할 때마다, 나는 상처 난 곳을 붙들고, 비명을 지르고, 내가 아프다고 소리친다. 다른 사람들이 상처 난 곳을 붙들고, 비명을 지르고, 아프다고 소리치는 것을 볼 때마다, 나는 그들 역시 마음의 상태를 가지고 있다고 결론짓는다.(버트런트 럿셀, 『인간 지식: 그 범위와 한계』, 482-486쪽)

3. 유비논증의 여섯 가지 평가 기준들(준거 대상의 수, 공유 속성의 수, 준거 대상의 다양성, 비유사성, 공유 속성과 목표 속성 사이의 관련성, 결론의 강도)에 의거하여 다음의 논증을 평가해 보시오.

1) 모든 이들은 학생들이 시험에서 최선을 다하기를 기대한다. 그것은 의사가 환자에게 최선을 다하고, 변호사가 그들의 의뢰인에게 최선을 다하는 것과 마찬가지다. 그런데 의사들은 혼자서 해결하기 어려운 경우에 직면하게 되면, 다른 의사들과 상의하거나 의학 서적에서 유사한 사례를 찾아본다. 마찬가지로 변호사는 그들의 동료들에게 의견을 구하거나 판례집에서 유사한 사례들을 조사한다. 그러므로 학생들이 시험에서 어려움을 당하게 되었을 때, 그들은 같은 학생들에게 묻거나 교과서에서 답을 찾아보는 일이 허용되어야 한다.

2) 젊은 사람들은 그들이 운전을 배우거나 수영을 배우는 것과 같은 방식으로 결혼을 준비해야 한다. 수영을 배우고, 운전을 배우는 일은 연습이 필요하다. 아무도 운전을 실제로 해 보지 않고는 운전을 배울 수 없다. 또한 아무도 물에 들어가지 않고는 수영을 배울 수 없다. 그러므로 젊은이들이 결혼을 준비하는 유일한 방법은 젊은 남녀가 함께 살아 보는 것이다.

3) 달이 조수에 영향을 미치고, 태양의 흑점이 무선 송신에 영향을 주듯이, 행성의 위치는 인간의 인격 형성에 중요한 영향을 줄 수 있다. 근대과학은 모든 사물들 사이의 상호관련성을 끊임없

이 확증해 가고 있다. 행성의 운동과 사람의 의사결정과 같이 서로 거리가 먼 사건들이 서로 연결된다고 해서 놀랄 일은 아니지 않는가?

4) 대학생에게 과목 이수 요건으로 수업 시간에 출석하는 일을 요구하지 말아야 한다. 학생이 강의 신청을 하고, 수강료를 납부하면, 그에게는 강의에 출석할 권리가 주어진다. 그렇다고 해서 수업에 출석하라고 요구해야 하는 것은 아니다. 그것은 마치 시즌 티켓을 사서 오케스트라의 연주를 관람하는 일과 마찬가지다. 우리가 시즌 티켓을 사게 되면, 우리에게는 보고 싶은 모든 연주회를 관람할 권리가 주어진다. 그렇다고 해서 심포니에게 당신이 모든 연주회에 참석할 것을 요구할 권리가 주어지는 것은 아니다. 마찬가지로 수업료를 내는 일은 수업에 참석할 권리를 부여한다. 하지만 그것이 학생들이 수업에 출석할 것을 요구할 권리를 교수에게 부여하는 것은 아니다.

5) 인종주의자는 자신이 속하는 인종 구성원의 이익과 다른 인종 구성원들의 이익 사이에 충돌이 생기는 경우, 자신이 속하는 인종 구성원의 이익을 극대화하려고 함으로써 공평성의 원리를 위반한다. 성우월주의자는 자기의 성(sex)에 이익을 도모함으로써 공평성의 원리를 위배한다. 이와 비슷하게 종우월주의자들은 자신이 속하는 종(species) 구성원의 이익을 다른 종 구성원들의 이익보다 크게 만들려고 노력한다.(싱어, 『동물 해방』, 9쪽)

4. 본문에서 제시된 페일리(Paley)의 설계 논변(Argument by Design)을 평가해 보시오.

연습 문제 2

귀납적 일반화

1. 다음 명제가 참인지 거짓인지를 판별하시오.

1) 귀납논증은 특수한 사례들에 대한 관찰을 토대로 하여 일반적인 결론을 내리는 논증만을 말한다.	참	거짓
2) 보편적 일반화는 귀납적 일반화를 통해 도출된 결론이 보편적인 것인 경우를 말한다.	참	거짓
3) 통계적 일반화의 결론이 반드시 통계적인 것이어야 하는 것은 아니다.	참	거짓
4) 귀납적 일반화에서 표본의 수가 커지면 커질수록 그 결론에 대한 신뢰도는 높아진다.	참	거짓
5) 표본이 충분한 정도의 다양성을 가져야 강한 귀납논증이 된다.	참	거짓
6) 귀납적 일반화의 논증은 그 결론이 보편적이건 통계적이건 일반화 명제로 되어 있다.	참	거짓
7) 귀납논증은 전제와 결론 사이의 비약을 줄일수록 강도가 높아진다.	참	거짓
8) 아리스토텔레스는 연역논증과 더불어 귀납논증의 중요성을 인식했다.	참	거짓
9) 열거적 귀납은 귀납적 일반화의 한 가지이다.	참	거짓
10) 귀납논증은 특수한 사례로부터 특수한 사례를 도출하는 것일 수도 있다.	참	거짓

2. 에게해에 있는 그리스의 사모아 섬을 방문한다고 가정해 보자. 당신은 그 섬에서 처음 만난 10명의 사모아 사람들이 페타 치즈를 먹을 때 레치나라고 부르는 와인을 마시는 농부들이라는 사실을 관찰했다. 따라서 당신은 모든 사모아 농부들은 아마도 페타 치즈를 먹을 때, 레치나를 마신다고 결론을 내린다. (a) 이 추론이 다음의 변경을 통해서 더 강해지는지 혹은 더 약해지는지 설명하시오. '강해진다', '약해진다', '변함없다'로 대답하시오. (b) 그 이유를 설명하시오.

1) 당신이 관찰한 10명의 사모아 사람들은 수년 동안 곡식 농사를 짓던 성인들이다.

2) 10명의 사모아 사람들은 사모아 축구팀의 멤버들이다.

3) 10명 중 아무도 영어를 말할 줄 모른다.

4) 당신은 페타 치즈를 먹으며 레치나를 마시는 사모아 사람을 32명이나 더 관찰했다.

5) 당신은 사모아 이외의 다른 섬이나 그리스 본토에 사는 그리스인들도 레치나를 마시고, 페타 치즈를 먹는 것을 보았던 것을 기억한다.

6) 10명의 사모아 사람들은 모두 같은 주간의 같은 날 관찰되었다.

7) 당신은 "모든 그리스 농부는 페타 치즈를 먹을 때, 레치나를 마신다"로 결론을 바꿀 수 있다.

8) 사모아 사람들 중 한 사람이 당신에게 "레치나를 함께 마시지 않으면서 더운 날 페타 치즈를 먹으면 배탈이 난다"라고 말했다.

9) 사모아인 다섯 사람의 무리가 빵, 검정 올리브, 그리고 페타 치즈를 점심으로 펼쳐 놓았는데, 6번째 사람이 레치나를 가져와서 잔에 붓기 전에는 먹지 않는 것이 관찰되었다.

10) 10명의 사모아 사람들은 작년에 아테네를 방문했는데, 그중 넷은 그 섬을 떠나지 않았고, 한 사람은 터키를 여행했으며, 두 사람은 사이프러스를 방문했다.

3. 다음의 논증을 읽고 그것이 왜 오류인가를 설명하시오.

1) 왼손잡이는 예술적 능력을 타고났다. 레오나르도 다빈치와 파블로 피카소가 모두 왼손잡이다.

2) 나는 샌프란시스코에 사는 독신 남성 중 80%가 동성애자라고 믿는다. 나는 이 믿음의 증거로 내 사무실에 오는 남성 환자들의 동성애자 빈도를 제시할 수 있다.

3) 요즘 신문들은 온통 선정적인 기사로 가득 차 있다. 내가 손에 들고 있는 신문을 보라. 앞의 다섯 페이지가 모두 섹스와 범죄에 대한 것이다.

4) 모든 미국 TV와 라디오 아나운서는 외설적인 언어를 쓸 수 없게 되어 있다.
미국인은 이웃에게 욕하는 일이 금지되어 있다.
미국에서는 시민들이 극장에서 "불이야!"라고 외칠 수 없다.
그러므로 미국인에게는 언론의 자유가 없다.

5) 컨테이너 벨트에서 나오는 와인병들 중 10번째 것을 계속 검사했다. 그런데 모두 병마개가 잘 닫혀 있었다. 그러므로 모든 와인병의 병마개가 잘 닫혀 있을 것이다.

4. 다음 추곡 수매에 대한 판정 방법은 귀납적 일반화에 근거한 방법이다. 그 이유를 설명하시오.

> 추곡 수매에서 자루에 담긴 쌀의 등급을 판정할 때, 자루의 몇 군데만 구멍을 내어 쌀을 꺼낸 다음 그것을 관찰한다. 관찰된 쌀이 모두 1등급 판정을 받으면, 그 자루에 든 모든 쌀은 1등급 판정을 받는다.

5. 귀납적 일반화로 말할 수 있는 자신의 경험을 써 보시오.

6. 다음의 사례를 평가해 보시오.

> 상현이는 분식 식당에서 일을 하는데, 쫄깃한 식감을 주는 면을 뽑기 위해 일주일 동안 하루에 한 번씩 밀가루 반죽을 만들어 보았다. 그리하여 대체로 적어도 60회 이상 반죽한 반죽 덩어리로 면을 뽑아 칼국수를 끓였을 때, 최상의 끈기를 가진 칼국수가 만들어진다고 결론 내렸다.

7. 다음 논증을 평가하고, 이 논증의 문제점을 지적해 보시오.

> 역사적으로 볼 때, 고려 말 귀족들의 권력이 막강할 때 왕권은 약하고 나라는 혼란스러웠으며 평민들은 먹고살기가 힘들었다. 조선 말 세도가(勢道家)인 풍양조씨들이 권력을 잡고 있을 때 왕권은 흔들리고 나라는 도탄에 빠졌으며, 평민들은 먹고살기 힘들었다. 따라서 평민들이 먹고살기 힘들 때는 항상 귀족 세력들이 득세하여 왕권이 약화될 때이다.

연습 문제 3

통계적 삼단논법

1. 다음 명제가 참인지 거짓인지를 판별하시오.

1) 삼단논법은 연역논증에서만 발견된다.	참	거짓
2) 문제가 된 속성에 관해 준거 집단의 연관성이 강한 경우, 통계적 삼단논법의 강도가 높아진다.	참	거짓
3) 통계적 삼단논법은 다른 종류의 삼단논법과 마찬가지로 전제가 둘이다.	참	거짓
4) 통계적 삼단논법은 통계적 일반화와 마찬가지로 개별 사례들로부터 일반적 결론으로 전개된다.	참	거짓
5) 통계적 삼단논법은 일반적인 전제로부터 개별적인 사실에 관한 진술을 결론으로 이끌어내는 형식의 귀납논증이다.	참	거짓
6) 강한 통계적 삼단논법이 되려면 전제에서 언급된 통계적 수치가 100%에 가까워야 한다.	참	거짓
7) 준거 집단을 고를 때 사용 가능한 관련 증거들을 모두 사용하지 않을 경우 오류가 발생한다.	참	거짓
8) 우리는 어떤 주장을 그것이 특정 인물이 주장한 것이라는 이유만으로도 거짓이라고 일축할 수 있다.	참	거짓
9) 전문가의 의견이나 지식에 호소하는 것은 언제나 좋은 논증이 된다.	참	거짓
10) 통계적 삼단논법이라고 해서 반드시 통계 명제를 포함하는 것은 아니다.	참	거짓

2. 다음 논증이 어떤 종류의 귀납에 속하는지 <보기>에서 고르시오.

〈보기〉
(a) 보편적 일반화 (b) 통계적 일반화 (c) 유비논증 (d) 통계적 삼단논법

1) 내가 지난여름 마드리드에 갔을 때, 머문 호텔의 직원은 영어를 잘했다. 아마도 스페인 사람들은 영어를 잘하는 모양이다.

2) 대학생의 90%는 고등학교 때 과외 수업을 받았다. 이 군은 대학생이다. 따라서 이 군은 고등

학교 때 과외 수업을 받았다.

3) 동옥이가 가는 술집은 거의 항상 분위기가 있어. 이 집도 분위기가 있을 거야.

4) 경제학과 학생들은 대부분 수학을 잘한다. 재성이는 경제학과 학생이다. 그러므로 재성이는 수학을 잘한다.

5) 자전거와 자동차는 둘 다 교통수단이다. 당신은 자동차를 운전하기 위해서 면허시험에 합격해야 한다. 따라서 자전거를 운전하려면 당신은 면허시험에 합격해야 한다.

6) 지금까지 발견된 모든 박쥐는 눈이 퇴화되어 있다. 그러므로 모든 박쥐는 눈이 퇴화되어 있다.

3. 다음의 통계적 삼단논법에서 전제가 결론을 지지하는 강도를 평가하시오.

1) 한국 대학생들의 50%는 자신을 중산층이라고 생각한다.
철수는 한국 대학생이다.
그러므로 철수는 자신을 중산층이라고 생각할 것이다.

2) 우리 대학에서 이번 학기에 등록금을 납부하지 않은 미등록자의 비율이 5% 미만이다. 그러니까 우리 대학의 학생인 국환이도 등록금을 납부했을 것이다.

3) 충청도 출신 분들의 80%는 세종시 건설에 찬성하고 있다. 박 교수는 그 건설안에 찬성할 것이야. 그분도 충청도 분이거든.

4) 위대한 과학자나 수학자의 대부분은 음악에 대해서 깊은 조예가 있었다. 예를 들어 아인슈타인은 뛰어난 바이올린 연주자였고, 뉴턴은 음악 작곡의 수학적 구조에 몰입했었다. 만일 당신의 아이를 위대한 과학자로 키우고 싶다면, 음악을 가르쳐야 한다.

5) 피칭이 야구의 75%이다. 그러니 타자들이 강한 이글스보다 투수진이 강한 타이거스를 응원해야지.

4. 다음의 귀납논증이 어떤 오류를 범하고 있는지 보기에서 고르시오.

〈보기〉
(a) 성급한 일반화의 오류 (b) 편향된 통계 자료의 오류 (c) 불완전 증거의 오류
(d) 부적합한 권위에의 호소 (e) 사람에의 호소

1) 한 청년이 무장 강도 혐의로 체포되었다. 그가 자백한 바에 따르면 그는 유아 시절에 장난감을 갖고 놀기를 좋아했고 밤에 잘 때에도 그것을 가지고 잤다고 한다. 따라서 어린이에게 장난감 총을 가지고 놀게 하면 나중에 성인이 되었을 때, 범죄를 저지르기 쉽다.

2) 어떤 조사자가 수천 명의 헤로인 중독자들을 조사하여, 그들 중 70%가 헤로인을 상용하기 전에, 마리화나를 사용했다는 것을 알게 되었다. 그는 마리화나 사용자의 약 70%가 헤로인을 상용하게 될 것이라고 결론내렸다.

3) 무작위로 추출된 수천 명의 자기 집 소유자들에 대한 전국적인 여론 조사는 그들의 70%가 복지세 인상에 반대한다는 것을 보여 주었다. 그러므로 대략 전체 성인 인구의 70%가 그러한 인상에 반대한다.

4) 우리 학교에서 있었던 지난 두 번의 홈 축구 경기 도중 비가 내렸다. 그러므로 금년의 홈경기에서도 아마 비가 내릴 것이다.

5) 프랜시스 베이컨이 제시한 귀납적 방법은 신뢰할 수 없다. 그는 뇌물수수죄로 기소되었던 사람이 아닌가.

6) 피카소에 비해 세잔의 그림들은 과소평가되었다고 저명한 물리학자인 김 교수께서 말씀하셨어. 그분의 말이 맞아. 그는 지난해 우수과학자상을 받으셨거든.

7) 미국에서 흑인들의 경제적 지위가 낮다는 것은 잘못된 생각이다. 빌 코스비나 오프라 윈프리를 보라.

연습 문제 4

인과논증

1. 다음 명제가 참인지 거짓인지를 판별하시오.

명제		
1) 인과논증은 원인과 결과가 동시에 주어질 때도 필요하다.	참	거짓
2) 원인을 확률 개념으로 파악해야 하는 경우도 인과논증에 속한다.	참	거짓
3) 인과 관계는 개별적인 사건들 간의 관계이다.	참	거짓
4) 인과 관계는 사건들의 집합과 사건들의 집합 사이의 관계이다.	참	거짓
5) 인과 관계는 인과 법칙으로 표현된다.	참	거짓
6) 인과논증은 귀납논증의 일종이다.	참	거짓
7) 두 사건이 시간적인 선후 관계에 있다면, 그 둘 사이에 인과 관계를 인정할 수 있다.	참	거짓
8) 우리는 때로 인과 관계의 방향을 잘못 파악하는 수가 있다.	참	거짓
9) A라는 조건이 만족되면, B가 반드시 일어난다면, A는 B의 필요조건이다.	참	거짓
10) 흡연은 폐암의 확률적 원인이다.	참	거짓

2. 다음의 인과 진술에서 발견되는 원인의 종류를 <보기>에서 고르시오.

〈보기〉
(a) 필요조건으로서의 원인 (b) 충분조건으로서의 원인
(c) 필요충분조건으로서의 원인 (d) 확률적 원인

1) 인플루엔자 바이러스에 노출된 것이 종철이가 감기에 걸린 원인이다.
2) 음주가 간암의 원인이다.
3) 폴은 에이즈 환자에게 수혈을 받아서 에이즈에 걸렸다.
4) 화분을 햇빛이 잘 드는 곳에 두고 물을 잘 주니까, 장미꽃이 만발했다.
5) 운동을 하면 땀이 많이 나므로, 수분 부족을 방지하기 위해서는 물을 더 많이 마셔야 한다.
6) 포유류에 있어서 호흡하는 일은 살아있기 위한 원인이다.

7) 땅이 젖어 있는 것은 비가 왔기 때문이다.
8) 총에 맞으면 죽는다.
9) 계란을 깨야 계란 프라이를 만들지.
10) 운동은 칼로리를 소모한다.

3. 다음의 인과논증이 어떤 오류를 범하고 있는지 보기에서 고르시오.

〈보기〉
(a) 원인 오판의 오류(우연과 원인의 혼동) (b) 공통 원인 무시의 오류
(c) 원인과 결과의 혼동 (d) 발생적 오류(원인과 이유)

1) 부자들은 다 고급 차를 타잖아. 너도 고급 차를 타야 해. 그래야 부자가 돼.

2) 번개가 칠 때마다 천둥이 울린다. 따라서 번개가 천둥을 일으킨다.

3) 많은 입법자들은 낙태를 한 여성이 심리적으로 상처를 받을 수 있다는 근거에서 낙태를 합법화하는 것에 반대한다. 그러나 이러한 주장을 하는 입법자들이 가톨릭을 믿고 있고, 가톨릭 교회는 낙태에 반대한다. 그러므로 우리는 그들의 주장이 참이라는 것을 거부할 수 있다.

4) 어떤 사람들은 흡연과 폐암이 어떤 알려지지 않은 요소에 의해 야기된다고 주장했다. 만일 이들의 주장이 옳다면, 흡연이 폐암의 원인이라고 주장하는 사람들은 어떤 오류를 범하는 것이 되는가?

5) 아침에 까마귀가 우는 소리를 들으면 하루 종일 일이 잘 풀리지 않았다. 오늘 아침에도 까마귀 우는 소리를 들었다. 오늘도 일이 잘 안 풀리겠네.

6) 컴퓨터 화면을 너무 가까이 보지 말아라. 내가 아는 어떤 사람은 컴퓨터 화면을 가까이 보는데, 그는 시력이 매우 나쁘더라.

7) 아침을 먹지 않고 등교하는 학생들은 학교에서 주의가 산만하다. 따라서 낮은 영양 공급이 나쁜 성적의 원인이다.

8) 강간범의 65%는 포르노 영화를 보았다. 이것만으로도 포르노 영화는 막아야 한다.

9) 영화나 드라마에서 폭력 장면이 많아지니까, 거리에서의 폭력도 많아지는 것 같다.

10) 소의 소화 작용으로부터 생기는 가스가 대기를 덥힌다. 소가 이전보다 많아졌고, 온난화가 심해졌다. 과학자들은 소들이 산출하는 메탄가스가 대기 중의 열을 잡아둔다는 사실을 발견했다.

4. 다음 명제가 참인지 거짓인지를 판별하시오.

1) 밀의 방법은 어떤 현상의 원인을 발견하기 위한 방법이다.
2) 일치법은 선행 상황들에서 어떤 공통적인 요소에 주목한다.
3) 실험용 쥐들을 두 그룹으로 나누고 이를 비교한다면 기본적으로 차이법의 이용이다.
4) 일치–차이 병용법은 일치점과 차이점 모두에 주목한다.
5) 공변법은 어떤 사건의 발생 빈도와는 상관이 없다.
6) 잉여법은 귀납적 방법이라고 보기 어렵다.

5. 다음 문장들에서 일치법, 차이법, 일치-차이 병용법, 공변법, 잉여법을 찾아서 평가하시오. (원인 발견법이 적용되지 않은 사례도 있을 수 있음.)

1) 텍사스는 공화당 후보의 승리 열쇠가 되는 곳이다. 텍사스에서 이기지 못하고 백악관을 차지한 민주당 대통령은 없다.

2) 지난 수년 동안 많은 국가에서 세금의 비율을 낮추었다. 세금을 낮춘 나라들은 경제 성장을 이루었고, 통화를 안정적으로 유지하면서 인플레이션도 막았다.

3) 1945년 롱 아일랜드에서 앵무병이 발생했다. 초기에 그 병에 감염된 사람들은 모두 오리 농장에서 일한 사람들이었다. 그런데 나중에는 오리 농장과 무관한 사람들 중에서도 환자가 생겼다. 한 환자는 롱 아일랜드 철도에서 일했고, 다른 사람은 리버헤드에서 농장을 경영했다. 그런데 그 두 사람 모두 닭을 키웠다. 그중 한 사람은 비둘기를 사육하는 농장의 이웃에 살았다. 10명의 다른 환자들이 생겼는데, 모두 닭을 키웠고, 일부 환자들은 야생 비둘기에게 모이를 주는 것이 취미였다.

4) 영희는 국내 2위인 대학의 경영학과를 1등으로 졸업했는데, 대기업의 임원이 되었다. 철수는 15위인 대학을 1등으로 졸업했는데, 임원이 되었다. 경수는 3위인 대학을 중간 이상의 성적으로 졸업했는데, 임원이 되었다. 강철은 20위인 학교를 중간 이상의 성적으로 졸업했고, 상호

는 10위인 학교를 중간 이상의 성적으로 졸업했는데, 모두 임원이 되지 못했다.

5) 자동차 운행 제한 속도를 시속 100킬로에서 90킬로로 낮추니까, 교통사고율이 어떤 안전장치를 했는가에 상관없이 1만 대당 1990년에 3.5건이었던 것이 2○○○년에는 2.5건으로 줄었다고 하자.

6) 고대 로마는 상원을 둠으로써 쇠퇴했다. 상원과 하원을 가지고 있는 우리에게는 어떤 일이 닥칠 것인가?

7) 존 스톤은 담배의 효과와 니코틴을 피부에 직접 주사할 경우의 효과를 비교했다. 흡연가의 대부분은 니코틴이 아니라, 담배를 입에 문 후 연기를 들이마시고 내뿜을 때 느끼는 감각 자체가 즐거움을 준다고 주장했고, 비흡연가는 그것이 수상쩍다고 생각했다. 존 스톤은 스스로에게 니코틴 1.3mg을 매일 3~4회씩 총 80회 주사하는 실험을 통해 담배를 피울 때보다 주사로 니코틴을 주입할 때 더 큰 즐거움을 느낀다는 것을 알았다. 그의 경우에는 담배를 피울 때 느끼는 쾌락의 주요한 원인이 니코틴이었던 것 같다.

8) 짐멜바이스는 유럽 병원에 만연한 산욕열에 의해 발생하는 심한 고통 및 사망을 어떻게 방지할 수 있는가를 보여 주었다. 1847년 짐멜바이스는 그 병이 검사실에서 곧바로 온 의사나 의학생의 손에 의해 여성에게 옮겨질지도 모른다는 생각을 하게 되었다. 그는 그들의 손에 묻은 오염 물질을 없애기 위해, 환자를 진찰하기 전에 염소 석회수에 반드시 손을 씻어야 한다는 엄격한 절차를 만들었다. 이러한 절차를 시행한 결과 비엔나 종합병원의 분만실에서는 산욕열의 사망률이 12%에서 3%로 즉시 떨어졌고, 후에는 거의 1%까지 떨어졌다.

연습 문제 5

최선의 설명으로의 추론

1. 다음 명제가 참인지 거짓인지를 판별하시오.

1) 최선의 설명으로의 추론은 귀납논증의 일종이다.	참	거짓
2) 최선의 설명으로의 추론은 어떤 가설이 어떤 현상에 대한 설명력을 확대한다는 이유로 그 가설을 참으로 혹은 참일 것 같다고 수락하는 논증이다.	참	거짓
3) 우리가 이미 관찰된 사건의 원인을 알고 있다면 설명이 필요 없다.	참	거짓
4) 가설은 단순하고, 보수적이며, 통합적이어야 한다.	참	거짓
5) 설명에는 참이 될 것 같지 않은 주장도 포함된다.	참	거짓
6) 설명을 더 설명할 필요가 있다.	참	거짓
7) 단순한 설명이 좋은 것은 아니다.	참	거짓
8) 설명은 강력해야 한다.	참	거짓
9) 설명은 기존의 믿음과 정합적이어야 한다.	참	거짓
10) 설명은 문제가 되는 현상들을 진정으로 설명해야 한다.	참	거짓

2. 다음 글에 포함되어 있는 최선의 설명으로의 추론을 논변 형식으로 재구성하고 평가해 보자.

1) 미국 노스 텍사스 대학 연구팀은 대학 학부생 800명을 대상으로 수면 습관과 학교 성적의 관계를 연구했다. 그런데 이들의 학업 평점을 확인한 결과 아침에 주로 공부하거나 활동하는 학생이 저녁에 공부하는 학생보다 성적이 우수했다.

2) 자본주의 국가의 시민들은 물건을 살 만큼 충분히 돈을 벌지 못한다. 그래서 물건들이 백화점에 쌓여 있다. 공산주의 국가의 시민들의 수입은 점차 증가되어, 이제 그들은 사고 싶은 물건을 살 만큼 되었다. 백화점에 물건이 하나도 없는 것은 그들의 구매력이 증가했기 때문이다.

3) 나는 자동차를 정원에 세워 두었다. 밤새 기온이 급강하했다. 나는 자동차의 라디에이터에 부동액을 넣지 않았다. 아침에 일어나 보니 내 차의 라디에이터가 터졌다. 이것은 라디에이터의 물이 얼어서 그 부피가 증가했기 때문이다.

4) 천왕성의 궤도는 뉴턴 법칙에 따른 예측을 벗어난다. 그것은 천왕성의 궤도 외부에 천왕성에 영향을 미치는 다른 행성이 존재하기 때문이다.

5) 자연계의 물체는 지구를 향하여 떨어진다. 그것은 그 물체들이 지구 위에 본래의 자리를 가지고 있어서, 그 본래의 자리를 찾아 안정을 유지하기 위한 것이다.

6) 왜 신부들은 결혼식에서 하얀 드레스를 입을까? 늘 그래 왔으니까.

7) 학력이 높을수록 암으로 사망할 확률이 적다는 연구 결과가 발표됐다. 미국 암협회와 에모리 대학이 밝힌 바에 따르면, 미국 내 25세에서 65세 사이의 흑인과 백인들을 대상으로 1993년부터 2001년까지 연구를 진행한 결과, 최소 16년(대졸 이상의 학력 소지자) 이상의 교육 과정을 밟은 사람들이 암으로 사망할 확률이 낮았다.

8) 나무가 물에 뜨는 것은 그것의 비중이 물의 비중보다 낮기 때문이다. 아르키메데스는 물은 물속의 물체가 밀어내는 물의 무게와 같은 힘으로 물체를 떠받친다는 사실을 발견했다. 그러므로 어떤 물체도 같은 부피의 물의 무게보다 가벼우면, 물 위에 뜬다.

9) 오늘 아침 창문턱이 젖어 있었다. 밤새 기온이 떨어져서 유리창을 차갑게 만들었기 때문이다. 방 안의 공기는 수증기를 포함하고 있고, 그것은 차가운 표면에 닿으면 응축한다. 따라서 차가운 유리에 닿아서 응축된 수증기가 물방울이 되어 창문턱에 떨어진 것이다.

10) 만일 사람이 영리하면, 그는 부자가 된다. 그가 부자가 되면, 그가 바보가 되거나 그의 부인이 바보가 된다. 그래서 돈은 돌기 마련이다.

응용 문제

1. 다음 보기에서 아래 논증들을 가장 강한 논증으로부터 차례로 배열한 것은?

(가) 전국 각지의 고등학교 재학생 20,000명을 고르게 표본으로 뽑아서 조사했더니, 조사 대상 학생의 99%가 0교시 수업을 전면 폐지하는 것에 찬성했다. 그렇다면 0교시 수업 폐지는 거의 모든 고등학생들의 공통된 요구로 볼 수 있다.

(나) 어머니는 늦잠꾸러기인 내가 태어난 이래 단 하루도 어김없이 나보다 일찍 일어나 내 아침밥을 준비하셨다. 그러니 내일 아침에도 분명히 어머니가 나보다 일찍 일어나 아침밥을 준비하실 것이다.

(다) “친구 2”를 제작하겠다고? 아이고, 이 친구야! 영화사를 보면 수많은 속편들이 제작되었지만, 그중 원작보다 잘 만들어진 속편은 아주 드물다고. 속편 제작은 포기해라.

(라) 산에 오르는 일은 힘들어. 그런데 모든 산에는 다 사찰이 있으니 우리가 오르는 이 백두산에도 사찰이 없을 리 없지.

(마) 이 사탕 통에는 딸기 맛 사탕 50개, 귤 맛 사탕 35개, 사과 맛 사탕 3개가 들어 있다. 영희가 지금 눈을 가리고 사탕을 하나 꺼내는데, 그 사탕은 딸기 맛일 것이다.

① (나)-(라)-(가)-(다)-(마)
② (나)-(가)-(라)-(마)-(다)
③ (라)-(나)-(가)-(다)-(마)
④ (라)-(나)-(가)-(마)-(다)
⑤ (라)-(가)-(다)-(나)-(마)

2. 다음 중 예문에 나타난 것과 유사한 종류의 잘못을 범하고 있는 것은?

대부분의 러시아 사람들은 영어를 하지 못한다. 그러므로 미국에 새로 부임한 러시아 대사는 영어를 하지 못할 것이다.

① 문화나 도덕에서 객관적 표준이 있다는 것은 잘못된 것이다. 모든 것은 상대적이다. 아인슈타인이 이미 상대성 이론을 입증하지 않았는가?

② 모든 사람에게 의사 표현의 자유를 무제한 허용하는 것은 언제나 국가 전체에 이익이 된다. 왜냐하면 개개인이 자신의 생각이나 감정을 표현할 자유를 완전히 누리는 것은 공동체의 이익에 기여하기 때문이다.

③ 올해 대학에 입학한 소녀 가장 지혜는 고등학교 때 과외를 받았을 것이다. 그것은 한국 대학 신입생의 97%가 고등학교 때 과외를 받았다는 것만 보아도 알 수 있다.

④ 에이즈 치료에 대한 새로운 이론을 제시한 사람은 수술 가위를 환자의 뱃속에 넣어 둔 채 배를 꿰맨 적이 있는 의사입니다. 그렇게 부주의한 사람의 이론에 우리가 관심을 가질 필요가 있을까요?

⑤ 30대 주부들을 대상으로 조사한 결과, 양육비가 가계 재정의 30% 이상을 차지한다고 답변한 가정이 대부분이었다. 그러므로 우리나라 가정에서는 양육비가 가계 재정의 30% 이상을 차지할 것이다.

3. 아래의 정보가 옳다면, 이 정보는 보기 중에서 어떤 설명을 가장 강력하게 지지하는가?

> 형구는 친구들에게 먹을 것을 잘 사 주고, 친구들과 같이 잘 놀지만, 공부는 잘 못한다. 영희는 친구들에게 먹을 것을 사 주는 적은 없고, 친구들과 잘 놀며, 공부는 잘한다. 은호는 친구들에게 먹을 것을 사 주거나 한 적이 없고, 친구들과 어울리지도 않으며, 공부는 잘한다. 그런데 형구와 영희는 친구들에게 인기가 있는 반면, 은호는 친구들에게 인기가 없다.

① 친구들에게 먹을 것을 잘 사주어야 친구들에게 인기가 있다.
② 친구들과 같이 잘 놀아야 친구들에게 인기가 있다.
③ 공부를 잘해야 친구들에게 인기가 있다.
④ 공부를 잘 못해야 친구들에게 인기가 있다.
⑤ 친구들과 같이 잘 노는 것과 인기는 관계가 없다.

제 6 장

변증적 사고

- 논리 퍼즐
- 상황 추리
- 발상 전환과 재정의

일반적으로 비판적 사고의 범주는 분석적 사고, 추론적 사고, 변증적 사고(종합적 사고, 대안적 사고)로 나눌 수 있고, 구체적인 사고 기능 영역들은 (1) 개념적 이해 (2) 텍스트 분석 (3) 자료 해석 (4) 연역논증과 (5) 귀납논증 (6) 논리 퍼즐 (7) 상황 추리 (8) 발상 전환(재정의)으로 구분된다. 이 중에서 우리는 이미 우리는 분석적 사고와 추론적 사고를 공부했다. 분석적 사고 범주에는 (1) 개념적 이해, (2) 텍스트 분석, (3) 자료 해석이 포함되며, 추론적 사고의 범주에는 (4) 연역논증과 (5) 귀납논증이 포함된다.

이제 우리는 변증적 사고에 대해 공부할 차례이다. 변증적 사고는 크게 종합적 사고 능력과 대안적 사고 능력으로 구성된다. 먼저 종합적 사고 능력이란 여러 개의 요소나 부분을 전체로서의 하나가 되도록 묶는 능력을 말하며, 여기에는 (6) 논리 퍼즐, (7) 상황 추리가 포함된다. 한편 대안적 사고 능력은 주어진 사태에 대해 발상 전환적 접근을 하거나, 시야의 지형을 확대하여 문제에 접근하거나, 보다 나은 대안을 창안해 낼 줄 아는 능력을 말한다. 이 범주에는 (8) 발상 전환(재정의)의 3개 하위 영역들이 포함된다.[10] '논리 퍼즐' 영역에서는 복합적 조건하에서의 연역적 문제 해결 작업이 수행되고(연역의 복잡한 형태), '상황 추리' 영역에서는 복합적 상황하에서의 귀납적 판단과 의사결정 작업이 수행되며(귀납의 복잡한 형태), '발상 전환(재정의)'은 발상 전환의 문제 해결과 논증 평가 작업이 수행된다.

---

10 분석적 사고 범주에는 (1) 개념적 이해, (2) 텍스트 분석, (3) 자료 해석이 포함되며, 추론적 사고 범주에는 (4) 연역논증과 (5) 귀납논증이 포함된다.

제1절

논리 퍼즐

1. 퍼즐이란?

여기서는 변증적 사고의 첫 번째 영역인 논리 퍼즐이 무엇인지 간략하게 살펴보려고 한다. 우선 논리 퍼즐은 일종의 퍼즐(puzzle)이다. 퍼즐이란 수수께끼다. 사전적 의미로는 '어려운 문제 또는 생각하게 하는 문제'로, 넓은 의미로는 학문적인 것보다 놀이로 풀어 보는 '수수께끼' 전반을 가리킨다. 그런데 퍼즐은 '수수께끼(문제)를 풀어내는 일반적인 방법이나 공식이 알려져 있지 않은 혼란스러운 문제'를 말한다. 그래서 아무리 어려운 수학 문제라도 그 문제를 풀어내는 공식이 알려져 있다면 우리는 그 문제를 퍼즐 문제라고 부르지 않는다. 결국 퍼즐을 푼다는 것은 '주어진 과제를 해결하기 위한 모든 사고 처리 과정'이라고 할 수 있다. 다시 말해 문제 해결 알고리즘을 자기 스스로 만들어 그 해답을 찾아내야만 하는 것 그것이 퍼즐이다.

퍼즐을 푸는 것은 문제를 해결해 가는 과정이다. 다시 말하면 혼란을 잘 관찰한 다음 그 혼란을 정리하기에 가장 적합하다고 생각되는 하나의 기준을 만들고 각각의 정보와 자료들을 논리적인 사고를 통해 판단, 평가한 다음 순서에 맞게 대입해 보면서 최선의 가치를 창출해 가는 구체화의 과정이다. 그래서 퍼즐을 통해 문제 해결 능력을 개발하고 그렇게 발전된 문제 해결 능력이 창의적으로 사고할 수 있는 사람으로 성장시키는 것이다.

퍼즐은 논리적 사고 없이는 풀 수 없다. 잘 만들어진 퍼즐을 논리적인 사고 체계 없이 만들었다면 그것은 우연이다. 결국 퍼즐을 풀어내기 위해서는 논리적으로 사고하는 방법을 알고 있어야만 하는데 그런 이유로 해서 퍼즐을 많이 풀다 보면 논리적으로 사고하는 능력과 습관을 기를 수 있게 된다. 다시 말해 퍼즐을 풀어 보는 것은 논리적인 사고의 발달을 꾀하고 훈련하는 데 효과적인 도구라고 할 수 있다.

2. 퍼즐의 종류

퍼즐의 종류는 크게 크로스워드 퍼즐(낱말 맞추기)로 대표되는 언어 퍼즐, 숫자를 이용한 숫자 퍼즐(산술 퍼즐, 복면산, 마방진 등), 도형으로 이루어진 도형 퍼즐(평면도형, 입체도형 등), 논리가 필요한 논리 퍼즐(추론 퍼즐, 절차 퍼즐 등), 도구를 이용해 재미를 느끼도록 한 퍼즐 게임, 그리고 확률이나 수열 등의 수학적 지식이 필요한 수학 퍼즐 등이 있다. 이 가운데 수학 퍼즐은 주로 수학경시대회 등에서 자주 출제되는 유형으로 퍼즐이라기보다는 수학에 가깝기 때문에 굳이 퍼즐의 종류로 분류할 필요는 없을 것 같다. 오히려 숫자 퍼즐, 도형 퍼즐, 논리 퍼즐, 퍼즐 게임 등이 직·간접적으로 수학과 관련되어 있으므로 언어 퍼즐과 대비하여 수학 퍼즐로 분류할 수 있을 것이다. 다양한 퍼즐 가운데 우리는 비판적 사고와 관련하여 논리 퍼즐을 중심으로 다루고자 한다.

3. 논리 퍼즐의 구성

논리 퍼즐은 보통 시나리오, 규칙, 그리고 질문이라는 세 부분으로 이루어진다.

① 시나리오: 시나리오는 우리가 이해하기 쉬운 활동들과 관련지어 변항들의 집합 즉 사람, 장소, 사물, 사건 등을 도입하는 부분이다. 다음은 시나리오의 예이다.

> 일곱 개의 텔레비전 프로그램 H, J, L, P, Q, S, V는 1위부터 7위까지 가장 인기 있는 것부터 가장 인기 없는 순서로 서로 다른 순위가 할당된다. 그 순위는 다음 조건들과 일관적이다.

이 시나리오에서 두 변항 집합이 등장한다. 텔레비전 프로그램 H, J, L, P, Q, S, V와, 1부터 7까지 숫자가 매겨지는 인기 순위이다.

② 규칙: 퍼즐의 두 번째 부분은 규칙이다. 규칙은 변항들 사이의 관계를 규정한다.

> (1) J와 L은 각각 H보다 인기가 덜하다.
> (2) J는 Q보다 인기 있다
> (3) S와 V는 각각 L보다 인기가 덜하다.
> (4) P와 S는 각각 Q보다 인기가 덜하다.
> (5) S는 7위가 아니다.

③ 질문: 논리 퍼즐의 세 번째 구성 요소는 변항들의 관계, 퍼즐의 특징, 퍼즐에서 조건 변화에 따른 관계의 변화 등을 얼마나 잘 파악하고 있는가를 알아보는 질문 부분이다.

> 다음 중 어느 것이 가장 인기 있는 것에서 가장 인기 없는 것으로의 프로그램 순서일 수 있는가?

4. 퍼즐 공략하기

퍼즐에 접근할 때는, 문제를 풀어 가기 전에 시나리오와 규칙들을 조심스럽고도 철저하게 읽어 나가야 한다. 이 초기 독해를 통해 풀어야 할 문제, 문제에 관련된 변항들의 집합, 변항들의 관계 등을 파악한다. 그래야 문제 해결까지의 시간을 절약할 수 있으며, 규칙들의 도식화와 다른 규칙들을 만났을 때 재도식화를 쉽게 할 수 있다. 또한 규칙들도 잘 기억해야 한다. 규칙들을 제대로 장악하지 못하면 질문에 제대로 대응하기 힘들다. 퍼즐에서 가장 강력한 규칙들을 찾아내는 것도 중요하고, 그 규칙들을 서로 어떻게 연결할 것인가 하는 점도 중요하다.

일반적으로 퍼즐에 효과적으로 대응하기 위해서는 다음과 같은 단계를 취하는 것이 좋다.

(1) 철저히 읽고 규칙들을 기억한다.
(2) 시나리오와 규칙들을 도식화한다.
(3) 추론을 한다.
(4) 질문을 공략하기 위하여 규칙과 추론을 사용한다.

많은 학생들이 논리 퍼즐을 어떻게 도식화하는 것이 가장 좋은지를 잘 모른 채, 무엇을 해야 할지 고민하며 시간을 다 소비해버린다. 퍼즐을 제대로 풀어내기 위해서는 규칙들을 철저히 읽고 효과적으로 도식화해야 한다. 문제를 도식화할 때 포함해야 하는 요소는 다음과 같다.

(1) 변항들의 목록과 그들의 개수
(2) 퍼즐에서 무작위적인 변항(어떤 규칙에도 나타나지 않은 변항)들 규정
(3) 변항 집합들의 도식적인 표현
(4) 규칙들의 도식적인 표현
(5) 추론들의 열거(추론은 숨겨진 규칙이나 사실들을 변항들의 관계로부터 도출하는 것이다. 추론은 규칙들의 조합이나 퍼즐 내의 제한된 구조적 요소로부터 따라 나온다.)

일단 도식화가 끝나고 추론이 만들어졌다면 질문에 답할 준비가 된 것이다. 퍼즐의 질문들은 전체적이거나 국지적인 형태를 가진다. 전체적이라 함은 초기에 주어진 규칙들에서 유도된 정보만으로 문제를 풀어 나가야 하는 질문이고, 국지적이라 함은 질문 자체에 추가적인 조건이 더 주어져 그 조건도 고려하여 풀어야 하는 문제들이다. 따라서 이 경우는 새로운 조건에 대한 도식을 하나 더 그려 넣는 것이 좋다.

질문에 빠르게 대답하는 열쇠는 퍼즐의 규칙과 추론을 확인하는 것이다. 이것은 규칙을 도식화하고 퍼즐들을 얼마나 기억하고 있는가에 달려 있다.

5. 논리 퍼즐의 유형

PSAT, LEET 등 비판적 사고력을 테스트하는 시험에서 주로 출제되는 논리 퍼즐의 유형은 대체로 순서 정하기, 짝짓기/그룹 지정하기, 시간표 짜기, 매트릭스 구성하기, 진실 혹은 거짓 등이다. 그중 몇 가지만 살펴보기로 하자.

유형1) 순서 정하기

순서 정하기는 논리 퍼즐의 기본 유형이라고 할 수 있다. 다시 말하면 이 순서 정하기로부터 모든 퍼즐이 시작한다고 할 수 있다. 보통 순서 정하기 유형에는 선형적 순서 정하기가 있고, 비선형적 자리 배치를 선형적으로 모형화하여 풀 수 있는 유형들이 있다. 비선형적 순서 정하기의 경우에는 선형화하여 퍼즐에 접근하는 것이 유효하나, 비선형적 상황을 선형화함에 따라 발생하는 새로운 추가적 조건들을 모델 옆에 표시하고 시작해야 실수를 줄일 수 있다.

논리 퍼즐에서 주어지는 복잡한 상황들은 선형화하면 상대적으로 문제가 쉽게 보일 수 있다. 이러한 선형화의 장점은 한 줄의 순서도 안에서 모든 가능한 상황들을 한눈에 통제할 수 있다는 데 있다. 다만 비선형적 자리 배치의 문제에서 선형적 모델을 도입할 경우, 추가적인 조건들을 잊지 않고 고려하여야 한다. 문제를 통하여 구체적으로 보자.

예제 1

텔레비전 프로그램의 인기 순위 파악하기

일곱 개의 텔레비전 프로그램 H, J, L, P, Q, S, V는 1위부터 7위까지 가장 인기 있는 것부터 가장 인기 없는 순서로 서로 다른 순위가 할당된다. 그 순위는 다음 조건들과 일관적이다.

(1) J와 L은 각각 H보다 인기가 덜하다.
(2) J는 Q보다 인기 있다.
(3) S와 V는 각각 L보다 인기가 덜하다.

(4) P와 S는 각각 Q보다 인기가 덜하다.
(5) S는 7위가 아니다.

1. 다음 중 어느 것이 가장 인기 있는 것에서 가장 인기 없는 것으로의 프로그램 순서일 수 있는가?

(가) J, H, L, Q, V, S, P (나) H, L, Q, J, S, p, V
(다) H, J, Q, L, S, V, P (라) H, J, V, L, Q, S, P
(마) H, L, V, J, Q, P, S

2. 만일 J가 L보다 인기 있고 S가 P보다 인기 있다면, 다음 중 어느 것이 그 순위에서 참이어야만 하는가?

(가) J는 2위이다. (나) J는 3위이다. (다) L은 3위이다.
(라) Q는 3위이다. (마) P는 7위이다.

예제 풀이

위의 문제의 시나리오에 따른 도식은 다음과 같이 그릴 수 있다.

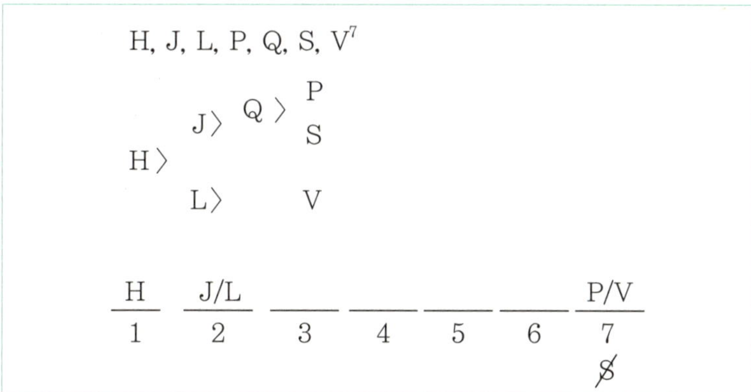

순서 도식을 만드는 데 가장 문제가 되는 텔레비전 프로그램은 S이다. S는 Q와 L 둘 보다 덜 인기 있는 프로그램이지만, L은 다른 가지에 있다. 우리는 이 문제를 점선의 말단에 위치시킴으로써 해결한다.

대부분의 순수한 순서 도식에서 그렇듯이, 이러한 것은 나열 관계의 맨 위에 온다. H는 가장 인기 있는 프로그램이어야만 하고, 오직 J나 L이 두 번째로 인기 있는 프로그램이 될 수 있다. S는 7위가 될 수 없기 때문에 P나 V가 가장 인기 없는 프로그램이어야만 한다. 이러한 정보를 가지고 다음 두 영역을 보면서 문제들을 공략할 수 있다.

1. 순서 정하기 퍼즐에서 출제자들이 언제나 변항들 사이의 관계들에 대해서 보장되지 않은 가정들을 하는지 살펴본다.
2. 출제자들이 원래의 관계들에 새로운 관계를 도입하는 것은, 그에 따라 이전의 관계가 얼마나 영향을 받는지를 이해하는지를 시험하기 위해서이다.

질문1. 전체적인 열거의 순서를 묻는 물음이다. 다음의 순서로 추론과 규칙을 적용할 수 있다. 먼저 H가 가장 먼저 와야 한다는 추론, 규칙(2), 규칙(5)를 먼저 적용하고, 그 다음 규칙(1), 규칙(3), 규칙(4)를 적용한다. 그러면 선택지 (가)는 옳지 않다. H는 J보다 더 인기 있기 때문이다. 그리고 선택지(나)는 J가 Q보다 더 인기 있어야 하기 때문에 옳지 않다. 선택지(마) 역시 옳지 않다. S는 일곱 번째가 될 수 없기 때문이다. 선택지(라)의 경우 L이 V보다 더 인기 있어야 하기 때문에 옳지 않다. 선택지(다)가 올바른 답이다.

질문2. 부분적으로 참인 순서를 고르는 질문이다. 도식의 나열 위치를 검토하는 경우 선택 변항들에 대해 특별한 표시를 하라. 출제자들이 매우 선호하는 함정은, 다른 변항이 위치에 와야 한다는 것을 알아야 한다는 것을 알아챘는지를 알아보기 위해 선택 변항에서 하나의 변항을 '빼어 버리는' 것이다. J나 L 둘 중 하나가 두 번째에 와야만 하는데, 문제에서 J는 L보다 더 인기 있다고 했기 때문에 L은 두 번째에 올 수 없고 따라서 J가 두 번째에 와야 한다. 선택지 (가)가 그 사실을 반영하는 올바른 답이다.

유형2) 짝짓기/그룹 짓기

'그룹 짓기'와 같은 유형의 문제들은 문제의 성격상 조건문의 형태로 조건이 제시된다. 이때 만약 "A가 S그룹에 속한다면 B는 T그룹에 속한다"와 같은 조건이 주어지면 'A(S) → B(T)'로 간단히 바꾸어 표현한다. 그리고 선택지로 주어진 조건들도 모두 도식화된 조건문으로 바꾸면 주어진 조건과 모순되는 선택지를 손쉽게 배제할 수 있다. 그룹 짓기를 비롯한 논리 퍼즐의 문제들은 항상 주어진 조건의 대우를 취했을 때 생겨나는 조건들의 연쇄라든가, 있는 조건을 그대로 연쇄시켜 새로운 사실을 연역해 낼 수 있는지를 측정하고자 한다. 이때 조건문을 도식화하면 이런 연쇄가 한눈에 들어온다.

예제 2.

토론팀 짜기[LEET 예비 시험 추리 논증 문항 16]

토론 동호회에서 찬반 토론을 기획하고 있다. 참여를 희망하는 팀은 모두 다섯이고, 논제는 셋이다. 각 팀은 다음의 세 가지 논제 중 두 가지를 선택해 각각 찬반 의견을 밝혔다.

- 낙태를 합법화해야 한다.
- 사형제도는 유지되어야 한다.
- 안락사는 허용되어야 한다.

A팀은 낙태 논제에는 찬성하지만 사형 제도 논제에는 반대한다. B팀은 안락사 논제에 찬성하고 사형 제도 논제에 대해서도 찬성한다. C팀은 안락사 논제에는 찬성이지만 낙태 논제에는 반대한다. D팀은 안락사 논제와 사형제도 논제에 대해 모두 반대입장이다. E팀은 안락사 논제에는 반대하지만 사형제도 논제에는 찬성한다.

어느 팀이든 각각 두 번 토론한다. 그런데 일부 팀이 내부 사정으로 인하여 다음과 같은 요구 사항들을 제시했다.

(1) A팀은 시간 관계상 E팀과 토론할 수 없다.

(2) C팀은 다른 기회에 안락사 논제를 가지고 D팀과 토론한 적이 있기 때문에 이번에는 다른 팀을 원한다.

찬반 토론의 특성과 팀별 요구 사항들을 고려했을 때, B팀과 토론할 '팀과 논제'의 짝이 적절한 것은?

(가) C팀과 안락사　　(나) D팀과 안락사

(다) D팀과 사형 제도　　(라) E팀과 안락사　　(마) E팀과 사형 제도

예제 풀이

다섯 팀이 각각 두 번씩 토론하며, 각 팀이 토론할 논제를 정해 두었기 때문에 이 점을 유의해서 짝을 지어야 한다. 토론할 팀은 무작위지만 두 가지 조건이 주어져 있다. 이 조건을 고려하여 도표를 만들면 다음과 같다.(편의상 낙태 합법화 논제를 a, 사형 제도 존치 논제를 b, 안락사 허용 논제를 c로 표시한다.)

	A	B	C	D	E
a(낙)	찬		반		
b(사)	반	찬		반	찬
c(안)		찬	찬	반	반

찬반 여부를 고려하여 어느 팀이 어느 논제로 토론 가능한지의 문제만 신경 쓰면 된다. 가능한 경우의 수를 모두 나열해 보면 다음과 같다.

a	b	c
(A, C)	(A, B)	(B, D)
	(A, E)	(B, E)
	(D, B)	(C, D)
	(D, E)	(C, E)

먼저 논제 a에 대해서는 두 팀밖에 없으므로 A팀과 C팀이 토론할 수밖에 없다. 이를 다음과 같이 표현해 보자.

결론 1 (논제 a에 대하여) : a(A, C)

다음으로 일부 팀이 제기한 두 요구 사항을 고려하면 먼저 A는 E와 토론할 수 없으므로, 논제 b에서 (A, E)가 제거되고, 논제 c로 C와 D가 토론하기를 원치 않기 때문에 논제 c에서 (C, D)가 제거된다.

a	b	c
(A, C)	(A, B)	(B, D)
	~~(A, E)~~	(B, E)
	(D, B)	~~(C, D)~~
	(D, E)	(C, E)

이제 논제 순으로 각 팀의 참가 횟수를 정리해 보면 A팀은 논제 c에 대해서 A는 찬반 입장이

없기 때문에 논제 b로 A는 B와 토론할 수밖에 없다. 그렇게 되면 B는 D와 토론할 수 없게 되어 (D, B)가 제거된다.

결론2 (논제 b에 대하여) : b(A, B), b(D, E)

또한 C의 경우도 논제 b에 대해 입장이 없기 때문에 논제 c로 E와 토론할 수밖에 없다. 그렇게 되면 (B, E)가 제거되어 (B, D)가 토론하게 된다.

결론3 (논제 c에 대하여) : c(C, E), c(B, D)

a	b	c
(A, C)	(A, B)	(B, D)
	~~(A, E)~~	~~(B, E)~~
	~~(D, B)~~	~~(C, D)~~
	(D, E)	(C, E)

이제 결론 1, 2, 3을 조합하면, 'a(A, C) b(A, B), b(D, E), c(C, E), c(B, D)'가 된다. 여기서 A, B, C는 각각 두 번씩 참여했으므로 모든 조건을 충족한다.

선택지들은 다음과 같이 기호화할 수 있다. : (가) c(B, C), (나) c(B, D), (다) b(B, D), (라) c(B, E), (마) b(B, E)

결론과 일치하는 답은 (나)이다.

유형3) 매트릭스 구성하기

매트릭스 구성하기 유형은 순서 정하기나 그룹 짓기 등의 문제가 복합적으로 응용될 수 있다. 이렇게 조건이 많고 상황변수(Variable)들이 많은 경우 매트릭스를 구성하는 것이 좋다. 다시 말해 조건이 너무 많거나, 다루어야 할 변수들이 너무 많은 경우, 하나의 매트릭스 안에서 다양한 조건들을 일치시켜 가며 큰 틀을 만드는 것이 중요하다. 그러면 이 그림 안에서 다양한 문제들(distribution rule, commonality, quantitive inference 등)이 해결된다.

매트릭스를 구성하기 전에는 물론 많은 조건들을 하나하나 꼼꼼히 따져 보아야 한다. 그리고 그로부터 연역된 사실들을 꼼꼼히 살펴보아야 한다. 이때 특정 집단에는 몇 가지 요소가 포함되어야 하는지(distribution rule)와 각각의 집단들이 공유하는 것(commonality)들은 무엇인지, 조건들로부터 채워지지 않는 공간들로 인해 발생하는 총 경우의 수(the number of possibilities)까지 이 기본적인 사항들을 확정 지은 후 매트릭스를 구성해야 효율적이고 효과적이며 검증 가능한 도표를 그려낼 수 있게 된다.

만약 통제해야 할 변수가 많으면서 한편으로 이 변수들 사이의 질서와 관련하여 추가적인 고려 사항이 삽입되는 경우(순서 정하기 또는 그룹 짓기)가 있다. 이 경우 매트릭스를 그리기 전에 이들을 효과적으로 통제할 묘안을 만들어 놓고 접근하는 것이 좋다. 그래서 순서 정하기의 순서도상에 순서가 정해진 과목들을 선형화해 도식화한 후 매트릭스를 그리게 되면 그 외의 과목들 간의 조건 연동만을 고려하면 되므로 상대적으로 단순하게 문제를 풀 수 있게 된다. 이렇게 매트릭스를 효율적으로 그려 내는 것에는 번뜩이는 연역능력과 고도의 전략이 필요하다 할 수 있다.

예제3.

주머니에서 카드 뽑기[LEET 예시 문항(2) 추리 논증 문항 6]

세 개의 주머니 A, B, C가 있는데 각 주머니에는 3장의 카드 [1], [2], [3]이 들어 있다. 갑이 주머니 A에서 한 장, 주머니 B에서 한 장, 주머니 C에서 한 장의 카드를 뽑아 모두 3장의 카드를 가졌다. 그 다음, 을이 갑과 마찬가지로 A, B, C에서 각각 한 장의 카드를 뽑아 3장의 카드를 가졌다. 마지막으로 병이 각 주머니에 남아 있는 한 장의 카드를 뽑아 세 장의 카드를 가졌다. 이때 갑이 가지고 있는 카드가 [1], [2], [3], 을이 가지고 있는 카드도 [1], [2], [3], 병이 가지고 있는 카드도 [1], [2], [3]이라면 다음 중 옳지 않은 것은?

(가) 갑이 A 주머니에서 [1]을 뽑고, 을이 B 주머니에서 [1]을 뽑았다면, 병은 C 주머니에서 [1]을 뽑았음에 틀림없다.

(나) 갑이 A 주머니에서 [1]을 뽑고, 을이 B 주머니에서 [2]를 뽑았다면, 병은 C 주머니에서 [3]을 뽑았음에 틀림없다.

(다) 갑이 A 주머니에서 [2]를 뽑고, 을이 B 주머니에서 [2]를 뽑았다면, 병은 C 주머니에서 [1]을

뽑았음에 틀림없다.

(라) 갑이 A 주머니에서 [2]를 뽑고, 을이 B 주머니에서 [1]을 뽑았다면, 갑은 C 주머니에서 [1]을 뽑았음에 틀림없다.

(마) 갑이 A 주머니에서 [3]을 뽑고, 을이 B 주머니에서 [2]를 뽑았다면, 을은 C 주머니에서 [3]을 뽑았음에 틀림없다.

예제 풀이

이 문제의 경우 전형적인 '매트릭스 구성하기(Matrix Matching)'에 해당한다. 가로축에는 사람, 세로축에는 각 주머니를 놓고, 그 가운데 선택된 카드의 번호를 기입하는 식으로 매트릭스를 구성하면 된다. 이때 이 문제의 특징은 전체적인 결과가 먼저 제시되고, 그 과정을 역추적하는 문제이므로, 어떻게 그 결과가 나왔는지를 논리적으로 연산해 내어야 한다.

문제에서 이미 전체적인 선택의 결과를 제시했는데 갑, 을, 병이 카드 [1], [2], [3]을 선택했다. 이러한 상황에 부합하도록 매트릭스를 구성할 때, 다음과 같은 조건을 만족해야 한다. 1) [1], [2], [3]의 카드 모두 각각 3회씩 선택된다. 2) 각 숫자가 적힌 카드들은 A, B, C에서 각각 1번만 나온다. 3) 각 숫자가 적힌 카드들은 갑에게 1번, 을과 병에게도 1번씩만 선택된다.

이러한 조건에 맞추어 매트릭스를 구성하는데, 문제에서 요구하는 곳과 논리적으로 가장 근접한 곳부터 채워 나가면 된다. 먼저 A 주머니에서 갑, 을, 병이 뽑아간 카드를 적을 곳을 (1), (2), (3)으로 놓고 나머지도 동일한 규칙으로 지정해 놓고 각 선택지의 선택 사항별로 진위 여부를 가려 보자.

	갑	을	병
A	(1)	(4)	(7)
B	(2)	(5)	(8)
C	(3)	(6)	(9)

(가) 갑이 A에서 [1]을, 을이 B에서 [1]을 뽑았다면,
병이 [1]을 뽑을 수 있는 주머니는 C밖에 없다. 따라서 (가)는 옳다.

	갑	을	병
A	(1) [1]	(4)	(7)
B	(2)	(5) [1]	(8)
C	(3)	(6)	(9) [1]

(나) 갑이 A에서 [1]-(1)을 뽑고, 을이 B에서 [2]-(5)를 뽑았다면,

(2)에는 [2] 또는 [3]이 올 수 있는데 을이 (5)에서 [2]을 뽑았으므로 (2)에는 [3]이 올 수밖에 없다. 그렇다면 (3)에는 [2]가 와야 하며, (8)에는 [1]이 와야 한다. (4)에는 [2]와 [3]이 올 수 있는데 (5)에서 [2]가 선택되었으므로 [3]이 되어야 한다. 그러면 (7)에는 [2]가 (6)에는 [1]이 올 수밖에 없고, 최종적으로 (9)에는(병은 C에서) [3]이 와야 한다. 따라서 (나)도 옳다.

	갑	을	병
A	(1) [1]	(4) [3]	(7) [2]
B	(2) [3]	(5) [2]	(8) [1]
C	(3) [2]	(6) [1]	(9) [3]

(다) 갑이 A에서 [2]-(1)를 뽑고, 을이 B에서 [2]-(5)를 뽑았다면,

(2)에서는 [1]/[3]이 선택될 수 있고, (4)에도 [1]/[3]이 선택될 수 있다. 그렇게 되면 갑은 (3)에서 [1]/[3]을 선택할 수 있고 을은 (6)에서 [1]/[3]을 선택할 수 있다. 그러면 C 주머니에는 [1]과 [3]을 제외한 [2]만 남게 되어 병은 C에서 [2]를 선택할 수밖에 없게 된다. 병이 C에서((9)에서) [1]을 뽑았다는 것은 거짓이 된다.

	갑	을	병
A	(1) [2]	(4)[1]/[3]	(7)
B	(2)[1]/[3]	(5) [2]	(8)
C	(3)[1]/[3]	(6)[1]/[3]	(9) [2]

(라) 갑이 A에서 [2]-(1)를 뽑고, 을이 B에서 [1]-(5)을 뽑았다면,

(2) 갑은 B에서 [1]과 [3]을 뽑을 수 있는데, 을이 이미 B에서 [1]을 뽑았으므로 A는 [3]을 뽑아야만 한다. 그리고 갑은 최종적으로 [1], [3], [3]의 카드를 가져야 하기 때문에 C에서 [1]-(3)을 뽑아야 한다. 따라서 (라)는 옳다.

	갑	을	병
A	(1) [2]	(4)	(7)
B	(2) [3]	(5) [1]	(8)
C	(3) [1]	(6)	(9)

(마) 갑이 A에서 [3]을 뽑고, 을이 B에서 [2]를 뽑았다면,

갑은 B-(2)에서 [1]과 [2]를 뽑을 수 있는데 을이 이미 B에서 [2]-(5)를 선택했으므로 A가 B에

서 선택할 수 있는 것은 [1]뿐이며, C에서는 [2]-(3)을 선택해야 한다. 을도 A에서 [1]과 [2]를 선택할 수 있는데 B에서 [2]를 선택했으므로 A에서는((4)에서는) [1]을 선택할 수밖에 없다. 그리고 C에서는((6)에서는) [3]을 선택해야만 한다. 그러므로 (마)도 옳다.

	갑	을	병
A	(1) [3]	(4) [1]	(7)
B	(2) [1]	(5) [2]	(8)
C	(3) [2]	(6) [3]	(9)

유형4) 진실 혹은 거짓

진실 또는 거짓말 퍼즐은 어떤 유형의 퍼즐보다도 논리학적 방법론이 많이 필요한 유형이다.

> (1) A가 참말이라고 가정하면 B가 된다. B는 문제의 조건과 모순되므로 A는 참말일 수 없다. ⇒ 이 경우는 어떤 사실의 참을 가정하여 그 결과의 모순을 도출하는 귀류법적 방식을 이용하여 그 어떤 사실을 가능한 경우의 수에서 제거하는 제거법적 방식을 사용한 예이다.
>
> (2) A가 거짓임을 가정하면 B와 C 둘 중에 하나만 참이 된다.(변수가 3개인 경우) ⇒ 이 경우는 A가 거짓임을 가정하여 발생 가능한 경우의 수를 2가지로 압축하는 효율적인 가정법적 방식을 사용한 예이다.

(1)과 (2)의 경우 모두 연역적인(논리학적) 방법론이다. 이 방식들은 '진실 또는 거짓' 퍼즐의 어떠한 유형의 문제에 대해서도 그 기본이 되는 방식이라 할 수 있다. 이 방식들은 연역적 방식이므로 오류 없는 확증적 사실을 도출할 수 있게 하고 문제 풀이를 논리적이면서도 효율적일 수 있게 도와준다. 이는 마치 수학 공식과도 같은 형식적 테크닉이므로 반드시 익혀두고 자기화해야 한다.

예제 4.

지갑 훔친 범인 찾기[LEET 예시 문항(2) 추리 논증 문항 5]

어느 모임에서 지갑 도난 사건이 있었다. 여러 가지 증거를 근거로 혐의자는 A, B, C, D, E로 좁혀졌다.A, B, C, D, E 중 한 명이 범인이고 그들의 진술은 다음과 같다.

– A : 나는 훔치지 않았다. C도 훔치지 않았다. D가 훔쳤다.
– B : 나는 훔치지 않았다. D도 훔치지 않았다. E가 진짜 범인을 알고 있다.
– C : 나는 훔치지 않았다. E는 내가 모르는 사람이다. D가 훔쳤다.
– D : 나는 훔치지 않았다. E가 훔쳤다. A가 내가 훔쳤다고 말한 것은 거짓말이다.
– E : 나는 훔치지 않았다. B가 훔쳤다. C와 나는 오랜 친구이다.

각각의 혐의자들이 말한 세 가지 진술 중에 두 가지는 참이지만 한 가지는 거짓이라고 밝혀졌다. 지갑을 훔친 사람은 누구인가?

(가) A (나) B (다) C (라) D (마) E

예제 풀이

진실 혹은 거짓 퍼즐의 중요한 두 가지 접근법은 먼저 1) 모순되는 진술을 찾아내어, 둘 다 참이 되는 경우의 수를 줄여 문제를 풀거나 2) 어떤 진술이 '참'이라고 가정할 경우, 또는 어떤 진술이 '거짓'이라고 가정할 경우 그 결과 모순되는 상황(falsified)이 발생하면, 그 진술은 역으로 '거짓' 또는 '참'인 진술이 되어 전자의 경우 발생 가능한 경우의 수를 줄여 주고 후자는(귀류법적 방식) 그 결과가 문제의 정답으로 활용되어 문제를 효율적으로 풀이할 수 있게 해 준다. 1)과 2)의 경우 모두 기본적으로는 '제거법(exclusive method)'을 통한 '경우의 수 줄이기'의 방식을 그 근간으로 한다.

이 문제의 경우 A, B, C, D, E 5명 모두 3가지 진술을 했고, 이 가운데 한 가지 동일한 진술을 한 상태이다. 또한 5명 모두 3가지 진술 가운데 2가지만 참이라고 했으므로 이 한 가지 동일한 진술이 거짓이라고 가정하고 풀이를 시작하는 것이 좋다. 이 경우 어떤 진술이 거짓이라고 가정할 경우 그 결과가 모순되는 결과로 나타나면 결국 그 진술이 참일 수밖에 없음을 입증하는 방식으로, 이 경우 5명의 진술 가운데 참일 수밖에 없는 진술을 가려내는 데 도움이 될 것이다.

a) A가 지갑을 훔쳤다고 가정해 보자.

만약 A가 지갑을 훔쳤다고 가정한다면, 나머지 두 진술이 반드시 참이 되므로 C는 훔치지 않았고 D는 훔쳤다. 그런데 범인이 한 명이라고 했으므로, A가 훔쳤다는 가정과 모순된다. 따라서 A가 지갑을 훔쳤다는 가정은 성립할 수 없다.(A는 유일한 범인이 될 수 없다.)

b) B가 지갑을 훔쳤다고 가정해 보자.

그렇다면 나머지 두 진술은 반드시 참이 되므로, D는 훔치지 않았고 E는 범인을 알고 있다. 범인은 한 명(B)뿐이므로 E의 진술 중 "나(E)는 훔치지 않았다"와 "B가 훔쳤다"라는 것이 참이 되고, "C와 나(E)는 친구이다"라는 진술은 거짓이 된다. C의 진술로 확장해 보면, "D가 훔쳤다"라는 것은 거짓이 되고, 따라서 "나(C)는 훔치지 않았다"와 "E는 내(C)가 모르는 사람이다"라고 한 것은 참이 된다.(C와 D, E는 범인에서 제외된다.) D의 진술로 확장하면 B가 훔쳤기 때문에 "E는 훔쳤다"라는 것은 거짓이 되며, 따라서 "나(D)는 훔치지 않았다"와 "A가 내가 훔쳤다고 말한 것은 거짓말이다"는 참이다. A의 진술을 보면 "나(A)는 훔치지 않았다"와 "C도 훔치지 않았다"는 참이며, "D가 훔쳤다"는 거짓이다. 결국 "B가 지갑을 훔쳤다"는 가정은 어떤 진술과도 모순되지 않으며, B는 가능한 범인일 수 있다.

c) C가 지갑을 훔쳤다고 가정해 보자.

C의 진술에서 "나(C)는 훔치지 않았다"는 진술은 거짓이 되기 때문에, "E는 내(C)가 모르는 사람이다"라는 것은 참이 되며, "D가 훔쳤다"는 것도 참이 된다. 범인이 둘이 될 수 없는데 C와 D 둘이 범인이 되므로 이 가정도 타당하지 않다.

d) D가 지갑을 훔쳤다고 가정해 보자.

D의 진술에서 "나(D)는 훔치지 않았다"는 진술이 거짓이므로, "E가 훔쳤다"와 "A가 내(D)가 훔쳤다고 말한 것은 거짓말이다"라는 진술은 참이 된다. 이 가정도 D와 E가 범인이 되므로 D가 유일한 범인일 수는 없다.

e) E가 지갑을 훔쳤다고 가정해 보자.

그렇다면 E의 나머지 두 진술은 참이 된다. 그러면 "B가 훔쳤다"라는 진술이 참이 되므로 E는 유일한 범임일 수 없다.

가능한 정답은 (나)이다.

제2절

상황 추리

1. 상황 추리

상황 추리는 어떤 문제 상황에서의 선택과 결정을 위한 추리를 말한다. 물론 선택과 결정을 위한 상황 추리도 비판적 사고의 일부이다. 그러나 문제 상황 속에서 어떤 대안을 선택하기 위한 사고는 우리가 앞서 공부한 분석적 사고나 논증적 사고와는 근본적으로 다르다. 그것이 근본적으로 다른 점은 무엇보다도 선택의 결과 혹은 선택지의 귀결을 미리 확실하게 알 수 없다는 것이다. 우리가 어떤 선택의 결과를 미리 알 수 있다면, 그것에 비추어 선택의 합리성 여부를 미리 판단할 수 있을 것이다. 하지만 선택은 대부분 그 결과를 미리 충분히 예상하거나 예측할 수 없는 문제 상황에서 요구된다. 우리가 예상할 수 있는 결과들은 그야말로 개연적이며, 일어날 가망성이 있을 뿐, 실제로 일어나지 않을 수도 있다. 그러므로 모든 선택은 위험을 감수해야 하는 투기적 성격을 갖는다. 그럼에도 불구하고 우리는 선택해야 하고, 결단해야 하고, 이에 따라서 행동해야 한다. 동시에 우리는 합당한 선택을 하고 싶고, 후회하지 않을 결정을 하고 싶다.

물론 우리는 오늘 아침 식사는 무엇으로 할 것인가, 오늘은 무슨 옷을 입을 것인가와 같은 일상적이고 사소한 것에 대해서도 선택하고 결정한다. 하지만 이 절에서 우리는 보다 중요한 문제에 대한 선택과 결정에 대해서 논의할 것이다.

여러분들은 "나는 얼마나 어리석은 선택을 했던가?" 하며 후회한 적이 없는가? 또는 "그때 그렇게 결단하기를 너무 잘했지" 하며 안도의 숨을 몰아쉰 적은 없는가? 인간의 삶은 선택과 결정의 연속이다. 여러분들도 지금까지 사는 동안 수없는 문제 상황에 처해 왔으며, 그

때마다 나름대로 최선의 추리를 통하여 선택하고 결정했고, 그 결정에 따라 행동해 왔을 것이다. 중학생 시절에는 인문계 고등학교를 갈 것인가, 실업계 고등학교를 갈 것인가? 고등학교 때는 이과로 갈 것인가, 문과로 갈 것인가? 대학을 앞두고는 인문대를 갈 것인가, 사범대를 갈 것인가? 대학에서는 토론 동아리에 들어갈 것인가, 전통연희 동아리에 갈 것인가? 촛불 시위에 참여할 것인가, 말 것인가? 대학 졸업을 앞두고는 취업을 할 것인가, 대학원에 갈 것인가? 대학을 졸업하고는 서울로 갈 것인가, 고향 가까이 살 것인가? 결국 우리 인생은 선택과 결정의 결과들에 따라서 굽이굽이 흘러왔다고 할 수 있다.

선택과 결정은 일상적인 일에서만 행해지는 것이 아니다. 과학적 사고와 같은 전문적인 사고 영역도 역시 선택과 결정이 중요하다. 과학자들은 가설 혹은 이론을 선택한다. 프톨레마이오스의 천동설을 고수할 것인가, 아니면 코페르니쿠스의 지동설을 받아들일 것인가? 뉴턴의 절대운동을 고수할 것인가, 아니면 아인슈타인의 상대성 이론을 수락할 것인가? 고전역학을 지지할 것인가, 양자역학을 새롭게 도입할 것인가? 양적인 연구 방법을 택할 것인가, 혹은 질적 연구 방법을 적용할 것인가?

또한 선택과 결정은 개인들만의 일이 아니다. 집단과 공동체의 삶도 선택과 결정의 연속이다. 새로운 수도를 만들 것인가, 말 것인가? 외국 쇠고기를 수입할 것인가, 말 것인가? 새만금 개발을 지속할 것인가, 말 것인가? 개헌을 할 것인가, 말 것인가? 국민연금 개혁을 할 것인가, 말 것인가? 이라크에 군대를 파견할 것인가, 말 것인가? 많은 공공적인 문제 상황에서 우리는 선택에 참여해야 한다.

선택과 결정은 현재 우리가 당면한 어떤 문제 상황을 해결하거나 타개하기 위한 것이다. 그런데 우리가 처한 문제 상황이 단순하여 선택지가 제한되어 있고, 그 각 선택지의 귀결을 쉽게 예상할 수 있으며, 따라서 우리가 지금까지 배운 추리의 방법들을 단순히 적용함으로써 훌륭한 선택에 이를 수 있다면 얼마나 좋겠는가? 그러나 현실은 이와 정반대이다. 우리가 처한 대부분의 상황은 대단히 복잡한 것들이다. 또한 문제 상황과 관련해서 고려해야 할 요소들도 한두 가지가 아니다. 아예 선택지 자체를 파악하기 어려운 경우도 있고, 양자택일이 아니라 다양한 선택지들 중에서 어느 하나를 택해야 하는 경우도 있다. 또한 우리의 선택과 관련이 있다고 생각되는 사실이나 가치에 관한 다양한 믿음과 지식을 먼저 이해해야 하는 경우도 많다.

그러면 과연 합리적이고 합당한 선택을 하기 위한 상황 추리의 특별한 방법이 있을까? 그래서 그것을 잘 적용하기만 하면, 후회하지 않을 만한 결정에 도달할 수 있는 방도가 있을까? 만일 우리가 어떤 선택을 했다면, 그 선택의 합리성은 어떻게 정당화될 수 있을까? 우리가 자기 자신에게나 다른 사람에게 "이 정도라면 훌륭한 선택이야"라고 설득할 수 있는 근거는 무엇인가? 또 집단이나 공동체의 선택일 경우에, 우리가 비교적 만족스러운 선택을 했다고 판단할 근거는 무엇인가?

이러한 물음에 대답하기 위해서 철학자들과 수학자들은 이른바 확률 이론, 결단의 논리, 의사결정 이론, 나아가 합리적 선택 이론 등을 제시했다. 그것들은 일종의 상황 추리에 관한 이론들이다. 여기에서의 추리는 행동 및 행동의 경로 혹은 절차, 다른 사람들이 추천한 대안들이 갖는 무게와 중요성을 결정하기 위한 추리이다.

2. 선택과 결정에서의 공통된 잘못들

우리들 대부분은 언젠가 형편없는 결정을 했던 경험을 갖고 있다. 상황 추리와 의사결정에 관한 구체적인 모델을 소개하기 이전에, 우선 먼저 자신이 불합리한 선택과 나쁜 결정을 행한 경우를 상기해 보자. 그러면 자신이 그 결정에서 다음과 같은 잘못들 중 어느 하나를 범했던 것을 기억할 것이다.

- 문제 상황에 대해 충분히 생각하지 않았다.
- 내게 첫 번째로 떠오른 생각대로 행했다.
- 가능한 대안들을 충분히 검토하지 않았다.
- 선택에 따른 행동의 귀결들을 충분히 헤아리지 않았다.
- 좀 더 충분한 정보를 확보하는 일이 필요했다.
- 그 문제 상황에서 내가 정말로 소망하는 것을 고려하지 않았다.
- 감정이 개입되었다.
- 너무 성급했다.
- 아무 생각 없이 다른 사람이 권고한 것을 받아들였다.

3. 좋은 결정을 위한 한 가지 모델

이 절에서는 상황 추리와 의사결정에 관한 구체적인 한 가지 모델을 소개하려고 한다.

① 그 결정이 왜 중요한가를 명확히 이해한다.

예를 들어서 채식주의자가 될 것인가에 관해서 결정해야 한다고 생각해 보자. 우리는 적어도 이 문제에 대해서 두 가지 다른 관점에서 접근할 수 있다. 우리는 이것이 도덕적인 이슈라고 생각할 수 있다. 즉 동물을 특별한 방식으로 취급하고, 그것을 먹는 일이 도덕적으로 정당한 일인가 하는 것이다. 한편 우리는 그것을 건강에 관한 이슈라고 생각할 수 있다. 육식을 함으로써 생길 수 있는 건강상의 이점과 위험에 대한 것이다. 혹은 우리는 그 두 가지의 관점 모두가 이 문제 상황과 관련된다고 판단할 수도 있다. 여기에서의 논점은 우리가 결정을 위한 배경에 관해서 가능한 한 명료하게 이해해야 한다는 것이다. 이것은 문제 상황에 게재되어 있는 문제의 실체를 파악하는 일이기도 하다.

② 실천 가능한 선택지 혹은 대안적인 행동들의 경로들을 헤아린다.

많은 사람들이 선택지에 대한 결정을 내리는 상황에서 저지르는 잘못 중의 하나는 몇 가지 합당한 대안들을 충분히 생각하지 않는다는 것이다. 우리는 많은 경우에 먼저 우리가 원하는 것을 정해 놓고, 그러한 선택을 정당화하려고 노력한다. 어떤 문제 상황에 처했을 때, 우리는 먼저 잠시 멈추어 서서, 어떤 대안들이 있는가를 스스로 물어야 한다. 이것은 쉬운 일처럼 보이지만, 먼저 결정하고 이를 나중에 정당화하는 오래된 습관을 고치기란 쉽지 않다. 또한 상황이 복잡하고 중요한 경우에, 가능한 대안들에 대한 상상력 있고 창의적인 생각이 매우 필요하다. 여기서 우리는 좋은 비판적 사고는 때때로 창의적인 사고를 필요로 한다는 점을 기억해야 한다. 얼마나 많은 대안을 생각해야 하는가는 문제의 중요성, 시간적인 제약, 가능한 정보 등에 달려 있다.

③ 여러 가지 대안들의 가능한 귀결들을 헤아린다.

많은 경우에 사람들은 그들이 내린 결정이 어떤 결과를 초래할지 몰랐다고 말한다. 이런 경우는 상황 추리가 본래 갖고 있는 성격에서 비롯된다고 할 수 있다. 즉 상황 추리는 선택의 결과를 미리 확실하게 알지 못하는 상황에서 행하는 추리이기 때문이다. 하지만 선택이 초래할 결과들을 확실하게 알 수는 없을지언정, 우리는 과거의 경험과 기존의 여러 가지 정보에 비추어, 그 결과들을 어느 정도 헤아릴 수 있다. 어느 대학의 어느 학과에 갈 것인가를 결정하기 위해서는 각 학과들의 커리큘럼을 살펴보고, 졸업생들의 진로들을 조사해 볼 수 있다. 새만금 간척사업을 두고 사업의 지속을 주장하는 측과 반대하는 측의 의견이 팽팽히 맞섰을 때, 우리는 그 사업을 지속했을 때와 중단했을 때 초래되는 결과들을 비록 개연적이기는 하지만 여러 가지 연구 결과와 정보를 바탕으로 예상할 수 있다. 이를 위해서는 상당한 노력, 시간, 그리고 경비가 들 수도 있다. 어느 정도의 조사가 필요한가는 역시 우리에게 그 결정이 얼마나 중요하며, 필요한 정보를 획득하기가 얼마나 어려운가에 달려 있다.

④ 가능한 귀결이 얼마나 가망성이 있으며, 그것이 얼마나 바람직한가를 헤아려야 한다.

우리는 "결핵 예방 주사를 맞아라. 그렇지 않으면 결핵에 걸릴 것이다"라고 말한다. 여기서 우리는 어떤 행동의 가능한 귀결에 대해서 말하지만, 그것이 일어날 가망성(확률, 개연도)이 얼마나 있는지, 또 그것이 얼마나 바람직스럽지 않은지(소망도)에 대해서는 말하고 있지 않다. 그러나 우리는 가능한 귀결에 대해서 두 가지 관점에서 평가할 수 있다. 그것은 가망성(확률)과 소망도(가치)이다. 예를 들어 우리가 복권을 살 것인가, 말 것인가를 결정할 때, 복권을 사서 당선될 가망성을 표현하는 확률과 그것이 얼마나 바람직한가를 말하는 소망도를 관련지어 결정한다.

⑤ 도덕적 혹은 윤리적 입장에 대한 적절한 설명을 고려한다.

복권을 살 것인가, 사지 않을 것인가에 대한 판단에서 우리는 복권은 일종의 투기이므로 도덕적으로 옳지 않다는 이유로 복권을 사는 일을 반대할 수 있다. 또 제2차 세계대전 당시 일본에 원자폭탄을 투하하라고 명령한 트루먼 미국 대통령은 그 결정의 귀결로 많은 사람들이 죽게 되는 결과에 대해 도덕적 판단을 했을 것이다. 또한 우리는 임신 중절을 할 것인가에 대해서도 태아를 죽이는 것에 대해 도덕적 판단을 할 수 있을 것이다.

이러한 도덕적 판단의 비중은 사람들이 그것에 개입하는 정도에 따라 다를 수 있고, 이는 어떤 행위의 귀결이 얼마나 바람직스러운가를 헤아리는 부분에서 고려할 수 있을 것이다.

⑥ 그 결과들의 가망성와 소망도에 근거해서 어느 선택지가 최선의 것인가, 최고 기대 가치를 갖는 것인가를 저울질한다.

우리가 선택지의 가능한 범위를 고려하고, 그 귀결이 얼마나 가망성이 있으며, 얼마나 바람직스러운가를 확인하고 나면, 우리는 합리적으로 생각할 때 어떤 대안이 선택되어야 하는가를 결정할 수 있다. 어떤 영업 사원이 가진 자동차가 매우 낡았을 때, 그는 다음의 세 가지 경우를 고려할 수 있다. 대안 1은 아무런 조치를 취하지 않는 것이다. 그냥 조심해서 타는 것이다. 이 대안은 특별히 비용이 들지 않는다. 하지만 늘 불안하고 영업에도 신이 나지 않는다. 대안 2는 새로운 자동차를 구입하는 것이다. 영업에 신이 난다. 하지만 경제적인 압박이 매우 크다. 대안 3은 낡은 자동차를 어느 정도의 비용을 들여서 고치는 것이다. 비용이 좀 들지만, 안심하고 영업을 할 수 있고, 정든 차를 유지할 수 있어 기쁘다. 결과는 대안 3을 택하는 것이다.

또 다른 예를 들어 보자. 우리는 핵무장을 할 것인가 아니면 핵해제를 할 것인가를 두고 결정을 해야 하는 상황에 처해 있다. 이에 대한 결정의 근거를 가망성과 소망도를 포함하는 결과표로 만들면 다음과 같다.

	전쟁		평화		기대 가치
	소망도	가망성	소망도	개연도	
핵무장	−100	0.1	10	0.9	(−100 x 0.1) +(10 x 0.9) = −1
핵해제	−50	0.9	100	0.1	(−50 x 0.9) + (100 x 0.1) = −35

이 표는 핵무장이 핵해제보다 더 높은 가치를 기대하는 합리적 선택임을 보여 준다. 이 예는 좋은 결정을 위해서는 그 결과들이 일어남직한 가망성(확률)과 소망도(가치)를 셈하는 일이 필요함을 말해 준다.

그러므로 우리는 불합리한 선택과 나쁜 결정이 대체로 적어도 다음과 같은 원리들을 간과하거나 무시한 선택 혹은 결정이라고 말할 수 있다.

① 그 결정이 갖는 의미를 명확히 이해한다.

② 실천 가능한 다양한 선택지들을 충분히 헤아린다.

③ 다양한 선택지들이 관련 조건 아래서 초래할 결과들을 충분히 헤아린다.

④ 그 결과들이 일어남직한 개연성(확률)과 소망도(가치)를 셈한다.

⑤ 그 결과들과 관련된 도덕적 혹은 윤리적 입장을 적절히 고려한다.

⑥ 그 결과들의 가망성와 소망도에 근거해서 어느 선택지가 최선의 것인가, 최고 기대 가치를 갖는 것인가를 저울질한다.

4. 상황 추리의 평가

상황 추리는 구체적으로 주어진 상황과 문제를 이해하고, 이를 타개하거나 해결하기 위한 최선의 대안을 제시하려는 노력이다. 이 상황 추리를 위해서는 상황의 이해 능력, 추론 및 분석 능력, 문제 해결 능력, 판단 및 의사결정 능력 등이 요청된다.

최근 공직 수행에 필요한 기본적 소양과 자질 등을 측정하기 위해 도입된 공직적격성평가(PSAT)에서도 판단 및 의사결정 능력에 대한 평가를 위하여 상황 판단 영역을 배정하여, 상황 추리 능력에 대한 평가를 실시하고 있다. 이는 분석적 사고 및 논증적 사고 능력을 실제 상황에 적용해서 구체적인 사회적 이슈나 공공 정책에 대한 판단에서 그러한 능력을 발휘할 준비가 되어 있는가를 평가하기 위한 것이다. 따라서 상황 판단 영역이란 자료의 분석 및 정보추론 능력, 논리적·비판적 사고 능력을 포함하여 종합적 사고력을 평가하는 영역이라고 할 수 있다. 이를 구체적으로 살펴보면 다음과 같다.

평가 항목	측정내용
이해력	제시된 상황의 주요 쟁점 및 문제점을 이해할 수 있는 능력 및 주어진 개념/원리들을 새로운 상황이나 구체적인 사례에 적용할 수 있는 능력
추론력	상황을 대안으로 설정하기 위한 주요 요인을 추리하여 대안을 설정하고, 그 대안의 실행 전략을 유추할 수 있는 능력
분석력	여러 형태의 대안을 비교·분석하고, 그에 따른 결과를 예측하는 능력
평가력	문제 해결을 위한 다양한 형태의 대안을 평가하는 기준을 설정하고, 비교 평가하며, 합리적 대안을 선택하는 판단 및 의사결정 능력

예제

1. 새만금 간척사업을 두고 사업의 지속을 주장하는 측과 반대하는 측의 의견이 팽팽히 맞섰다. 다음과 같은 찬반 의견으로부터 추론될 수 있는 것으로 가장 적절하지 않은 것은?

구분	찬성하는 측의 주장	반대하는 측의 주장
경제적 측면	식량 안보에 필요한 쌀을 생산하는 농경지 확보가 가능	기존의 농지도 전용되거나 휴경면적이 증가
수자원 확보 측면	새만금은 새로운 수자원이 됨.	새만금은 오염된 호수가 되어 수자원이 될 수 없음.
환경 보존 측면	환경기초시설(인공습지 건설, 축산분뇨 처리 시설) 설치로 수질 보존 가능	해당 설비를 위한 재원 미확보로 실현 불가능
공사 중단 부작용 측면	투자된 재정의 낭비 및 정책에 대한 신뢰도 추락	중단하는 것이 오히려 덜 낭비하는 것

① 기존의 농지도 전용되고 있고 채산성을 이유로 휴경지가 증가했다는 점에서 사업의 필요성은 인정될 수 없다.

② 정부가 먼저 환경 오염 방지 시설을 위한 예산을 확보한다면 환경 보존에 커다란 문제가 없다는 정부의 주장에 동의할 수도 있다.

③ 간척의 필요성이 정당화되지 못한 상황에서는 지금이라도 정부가 실책을 인정하고 관련자들을 문책하는 것이 국책 사업에 대한 시민들의 신뢰를 얻을 수 있는 길이다.

④ 새만금은 오염 가능성이 높기 때문에 수자원으로서 활용될 가능성도 희박하므로, 사업을 중단하여 갯벌이라도 살리는 것이 바람직하다.

⑤ 공업 용지를 확보하여 대규모 공단을 조성함으로써 낙후된 지역 경제를 살리기 위해서는 새만금 간척 사업이 지속되어야 한다.

정답: ⑤

해설: ⑤ 공업 용지를 확보하는 일이 필요하다는 주장은 찬성과 반대 어느 쪽에서도 제기되지 않았다.

2. 이것은 우주왕복선 챌린저호 폭발 사건의 개요이다. 다음 중 이 사건의 발생 원인에 대한 분석으로 적절하지 않은 것을 모두 고르시오.

챌린저호는 1986년 1월 28일 아침 미국 플로리다 케네디 우주센터에서 발사되었다. 발사된 지 1분 13초 만에 챌린저호는 불길에 휩싸이며 폭발했다. 조사단이 밝힌 바에 따르면 사고 원인은 챌린저호 주 엔진에 붙은 두 개의 로켓 부스터에 있었으며, 구체적으로는 부스터를 현장 조립하기 위해서 끼워 넣은 O-링에 있었다. 부스터는 원통형 고체 연료 탱크로, 디오콜사에서 설계·제작하여, 현장에서 조립했다. 디오콜사는 유타주에 소재해 있었기 때문에, 발사장이 있는 플로리다 케네디 우주센터까지 부스터를 조립하여 운반할 수 없었고, 따라서 각각 두 조각씩 모두 네 조각을 제작하여 현장에서 조립했다. 조립할 때 이음새 부분에서 연료가 새지 않도록 두 개의 O-링을 삽입해 넣었다. 그러나 사고가 난 O-링은 두 가지 문제를 갖고 있었다. 하나는 부스터가 점화되면서 그 압력에 의해서 자동적으로 O-링이 자기 자리를 찾아가도록 설계된 설계상의 문제이며, 또 하나는 O-링이 화씨 65도 이하가 되면 유연성을 상실하여 제자리를 제대로 찾아가지 못한다는 문제이다. 이러한 결함이 비행 시험에서 일부 발견되었으나 비행 시험에 실패할 정도는 아니었기 때문에, 디오콜사는 큰 문제가 없다는 입장이었다. 그러나 O-링을 직접 설계한 라저 보졸리(R. Boisjly) 등의 엔지니어들은 O-링을 재설계하거나, 문제가 해결될 때까지 챌린저호 발사를 연기하도록 메모를 통해서 매니저들에게 주지시키려고 했으나 엔지니어들의 의견은 끝내 받아들여지지 않았다. 챌린저호가 발사되는 28일 아침, 케네디 우주센터의 기온은 화씨 40도 이하였다. 지금까지 60도 이하에서 시험해 본 적이 없었으며, 온도가 낮으면 O-링이 유연성을 잃기 때문에 그것의 결함이 나타날 수 있었다. 발사 하루 전인 27일 일기예보를 들은 보졸리를 포함한 엔지니어들은 즉시 케네디 우주센터에도 연락하여 발사 연기를 제안했다. 두 번에 걸쳐서 케네디 우주센터, 마샬센터, 디오콜사 엔지니어들이 원격회의를 통해 이 문제를 토의했으나, 결국 발사를 계획대로 진행하도록 결론을 내고 말았다.

① 챌린저호 폭발은 첨단기술에 걸맞지 않은 조직 체계에 그 원인이 있다. 이 체계에서는 다수의 현장 엔지니어들의 의견과 제안은 공학 지식이 결여된 나사(NASA)의 운영 기획팀과 디오콜사의 경영진에게 전달되기 어려웠다. 운영 기획팀과 경영진, 기술자문팀에 공학자 출신이 적거나 있다고 해도 발언권이 약했다.

② 챌린저호 폭발 가능성을 사전에 인지했던 보졸리가 조직 체계의 권위에 대항하여 불법적이거

나 사회의 안전을 위협하는 행위 및 절차를 폭로하는 실천을 행하는 내부 고발자의 역할을 수행하지 못한 것이 원인이다.

③ 나사와 곧 2차 계약을 맺어야 하는 시점에 있었던 디오콜사는 그 회사에서 설계하고 제작한 부스터에 중대한 결함이 있다는 것은 드러내고 싶지 않았기 때문에, 이 사업에 관여된 엔지니어나 매니저들에게 예정대로 발사해야 한다고 은근히 압력을 가했다.

④ 우주왕복선에 장착된 4대의 컴퓨터 중 2대 이상이 경고 반응을 하면 발사는 지연된다. 그러나 온도 변화에 따른 O-링의 결함 여부에 관한 실험 자료가 컴퓨터 계산에 입력되지 않았다. 그래서 컴퓨터는 경고 반응을 보이지 않았으며, O-링 전문가의 발사 연기 요청은 무시되었다.

⑤ 우주왕복선은 원래 유인 화성 탐사를 위한 우주기지 건설을 목적으로 계획되었다. 정치 변동 및 냉전 분위기 완화에 따라 유인 화성 탐사 계획이 취소되고, 우주왕복선 개발 예산이 절반으로 줄었다. 따라서 최초 설계와 달리, 공학자들은 저비용의 압박 속에서 연료 탱크를 바깥으로 빼내고, 부스터의 추진체에 의해서 점화하는 방식으로 설계를 변경했다. O-링은 이 설계를 구현하기 위한 것이었다. 따라서 궁극적인 원인은 정부의 예산 삭감에 있다.

정답 : ②, ⑤

해설 : ① 나사의 조직 체계가 첨단기술에 걸맞지 않은 '편향된 조직 체계'로서 조직 내의 의사소통이 원활하지 못했다는 것은 사건 발생을 예방하지 못한 중요한 원인이다.

② 챌린저호 폭발 가능성에 대한 사전 경고가 있었다는 사실이 사건 발생 후 외부에 알려지면서 보졸리는 내부 고발자로 몰리게 되었다. 보졸리는 내부 고발자 역할을 하지는 못했지만, 그는 O-링의 문제점을 들고 나와 발사를 연기하도록 건의했었다. 내부 고발자의 존재 여부가 문제가 아니라, 인명이 걸린 중대한 사안에 대해 엔지니어들의 건의를 묵살한 것이 문제였다.

③ 디오콜사가 경영상의 이익을 위해서 O-링의 결함을 드러내지 않고, 예정대로 발사를 추진한 것은 원인의 중요한 일부라고 할 수 있다.

④ O-링의 결함 여부에 대한 실험 자료가 컴퓨터 계산에 입력되지 않았고, 따라서 컴퓨터가 경고 반응을 보이지 않았다는 것은 O-링 전문가의 발사 연기 요청을 무시하는 근거가 되었기 때문에 원인의 한 부분으로 인정될 수 있다.

⑤ 우주왕복선 개발 예산이 절반으로 줄었다고 해도, 로켓 부스터 방식 이외에 다른 설계가 도입될 가능성이 있었기 때문에, 예산 삭감을 사건의 원인으로 보는 것은 무리이다.

3. 다음 중 인간 배아 연구를 제한적으로 허용하는 정책을 도입하자는 입장을 뒷받침하는 근거로 적절치 않은 것을 모두 고르시오.

> 배아 연구의 윤리성 문제는 최근 생명공학 연구 분야 중에서 특히 첨예한 의견 대립을 보이고 있다. 시험관 수정으로 인간 배아가 실제 출산에 필요한 것보다 더 많이 만들어지게 되면서 이 배아를 출산의 목적 이외에 연구 목적으로 사용할 수 있는지를 둘러싸고 논쟁이 있었다. 배아 연구를 지지하는 사람들은 더 나은 시험관 수정의 기술을 발전시키기 위해서, 그리고 치명적인 질병을 치료하고 유전병을 예방하기 위해서 이 연구가 당연히 인정되어야 한다고 주장한다. 그러나 배아 연구에 반대하는 사람들은 생명의 존엄성은 수태 순간부터 보호되어야 하며, 연구 과정에서 우생학이나 인간 복제로 오용될 가능성이 있고, 낙태를 조장하는 등 윤리 문제를 초래할 수 있다고 주장한다.

① 부당한 오용에 대한 위험이 있으므로, 독립된 심사기구의 허가에 따라 기증자의 동의를 받아서 연구한다.

② 배아 연구를 허용하되, 조작을 가한 후 자궁에 이식하는 연구 등의 특정한 연구를 금하면 된다.

③ 불임 부부나 유전병을 앓는 환자에게 이익을 줄 수 있는 범위에서 허용한다.

④ 배아는 태아보다 생명의 잠재성이 약하기 때문에 조작을 가하는 것이 도덕적으로나 법적으로 문제될 것이 없다.

⑤ 배아 연구는 정부 차원의 지원이 없이도 사기업에서 연구가 진행될 수 있으므로, 정부가 지원하여 수용 가능한 범위에서 연구하도록 하는 것이 덜 위험하다.

정답 : ④

해설

① 은 부당한 오용의 위험을 막을 수 있는 장치를 마련한 것이므로 적절한 근거가 된다.

② 는 인간 복제를 예방하는 조치를 담고 있으므로 적절한 근거가 된다.

③ 은 연구의 목적을 제한하자는 취지이므로 적절한 근거가 된다.

④ 는 배아도 역시 생명의 잠재력을 갖는다는 점에서 도덕적, 상징적 지위를 가지므로 근거로서는 적절치 않다.

⑤ 는 상업적 거래를 목적으로 연구하는 일을 통제할 수 있다는 점에서 적절한 근거가 된다.

제3절

발상 전환과 재정의

사고력의 범주 표에서 알 수 있는 것처럼, 사고력의 7범주 가운데 분석적 사고, 추론적 사고, 종합적 사고, 대안적 사고 등 4가지가 비판적 사고의 범주에 속한다. 비판적 사고의 4범주 가운데 분석적 사고와 추론적 사고를 제외한 종합적 사고와 대안적 사고는 흔히 변증적 사고의 하위 요소로 분류되기도 한다. 변증적 사고는 서로 대립하거나 경쟁하는 둘 혹은 그 이상의 관점, 입장, 이론들이 지닌 장·단점을 검토하기 위해 수행하는 사고의 과정이다. 우리는 일상생활이나 정책 결정의 과정에서 어떤 문제에 대해 서로 대립하는 주장이나 대안들을 검토하고 보다 나은 주장이나 대안을 확보해야 하는 상황에 직면한다. 이때 우리는 기존의 대립하는 주장이나 대안들을 대립시키고, 그들 주장을 지지하는 증거들을 검토하며, 나아가 가능한 반론과 그 반론에 대한 대안 및 재반박의 과정을 통해 기존의 대립하는 입장보다 더 나은 입장으로 발전시켜 나갈 것이다. 이런 변증적 사고의 핵심이 바로 종합적 사고와 새로운 대안적 사고이다.

종합적 사고는 여러 개의 요소나 부분을 전체로서 하나가 되도록 묶어내는 능력이다. 이 사고의 하위 요소는 우리가 앞 절에서 이미 다룬 논리 퍼즐(복잡한 조건하에서의 연역적 문제 해결)과 상황 추리(복잡한 상황하에서의 귀납적 판단 및 결정)이다. 대안적 사고는 주어진 사태에 대해 발상 전환적 접근을 하거나, 시야의 지평을 확대하여 문제에 접근하며, 보다 나은 대안을 창안해 낼 줄 아는 능력을 말한다. 이런 대안적 사고의 하위 요소에 해당하는 발상 전환(재정의) 영역에서는 ① 발상 전환적 문제 해결 ② 발상 전환적 논증 평가 작업 ③ 발상 전환의 유사 형태 찾기 등이 해당된다. 이들 요소는 그 자체 대안 제시(관점 전환), 시야 확장(지평 확장)의 특성을 지닌다.

1. 발상 전환의 중요성

우리는 일상생활에서 작은 발상 전환의 힘을 경험하지 못하거나, 과소평가할 수 있다. 하지만 발상의 전환은 많은 경우에 우리가 생각하는 것보다 좋은 결과를 가져다준다. 먼저 발상 전환(재정의)의 한 사례를 살펴보자. 펩시는 코카콜라와 '콜라 전쟁'에서 기존 코카콜라의 아성을 무너뜨릴 발판을 마련한다. 그것은 기존의 문제 해결 방안에서 벗어나 새로운 발상 전환이 있었기에 가능했다. 펩시의 대성공에는 문제 해결 과정에서의 발상 전환의 중요성, 혹은 기존 사고의 틀(프레임)에서 벗어나 문제를 새롭게 정의하는 것의 위력을 잘 알고 있었던 존 스컬리(John Scully)라는 마케팅의 천재가 있었다. 펩시는 당시 콜라 전쟁에서 승리하기 위해 코카콜라의 성공 요인을 연구했고, 코카콜라의 성공이 콜라병의 디자인에 있다고 진단했다. 결국 펩시는 코카콜라를 이기기 위해서는 보다 세련된 병을 디자인해야 한다는 정책적인 판단을 내렸다. 펩시는 수년간 보다 멋있는 병을 디자인하기 위해 막대한 자금을 투자했지만, 만족스러운 결과를 얻지 못했으며, 당시에 코카콜라의 아성을 넘어서는 것이 불가능해 보였다. 이때 스컬리는 기존의 발상이 지닌 한계를 인식하고, 새로운 발상을 하기에 이른다. 그것은 보다 세련된 병을 만드는 것이 아니라, 사람들이 펩시콜라를 더 많이 마시도록 하는 방법으로 발상을 전환했다. 즉 '어떻게 하면 펩시콜라를 더 많이 마시도록 할 수 있을까?' 스컬리는 기존의 대안에서 벗어나, 문제를 새롭게 재정의함으로써 새로운 대안을 추구할 수 있게 되었다. 스컬리는 소비자 조사를 통해, 소비자들이 콜라 병의 크기나 양에 상관없이 일단 집으로 사 들고 가면 버리지 않고 다 마신다는 단순한 사실을 발견한다. 그는 그런 사실에 착안하여 펩시 병을 코카콜라 병보다 더 크게 만들고, 집으로 가져가기에 편하게 다양한 크기의 패키지 상품들을 내놓았다. 그 결과는 대박이었다. 펩시는 기존의 문제의식과 해결 방안에서 벗어나 문제를 재정의하고 새로운 해결 방안을 추구함으로써 성공적인 결과를 얻은 것이다.

이 이야기는 발상의 전환이 얼마나 중요한지 잘 말해 준다. 발상의 전환이 이 이야기처럼 단순히 기업의 마케팅 영역에서 중요한 것은 아니다. 인간 삶의 거의 모든 영역에서 발상의 전환이 중요한 역할을 한다.

2. 발상 전환과 문제 해결

일상적으로 우리는 어떤 상황이 제시하는 두 가지 대안 가운데 어느 하나를 선택하는 경향이 있다. 각자에게 주어진 제한된 자원을 잘 활용하여, 실제로 각자가 원하는 것을 반영한 보다 나은 새로운 대안을 추구하지 않는다. 다음과 같은 상황이라면 어떻게 하겠는가?

여러분의 가족이 해외 휴양지로 여행을 가서 1주일간 한 호텔에서 묵게 되었다. 그런데 호텔에서 하루 묵고 나니, 온 가족이 목이 아팠다. 베개가 높고 돌덩이같이 딱딱했기 때문이다. 호텔 측에 베개를 바꿔 달라고 요청했지만 모두 같은 베개들이라고 한다. 다른 호텔의 방을 구하기 위해 주변 호텔에 연락을 했지만, 더 좋은 객실이 있기는 하지만 하루에 5만 원이라는 추가 비용을 지불해야 한다. 그리고 이 비용은 가족들이 보기에도 부담이 되는 돈이라고 가정하자. 이런 상황에서 여러분은 어떻게 하겠는가?

이 상황에서 우리는 습관적으로 두 가지 대안을 제시한다. 즉 첫째, 불편을 감수하고 기존 호텔에 계속 묵는 것이고, 둘째, 비싼 비용을 지불하고 호텔을 옮기는 것이다. 우리는 이 두 가지 대안 가운데 하나를 선택해야 한다고 생각한다. 하지만 한 단계 더 나아가 비용을 절약하고 편안한 잠자리를 보장받을 수 있는 다른 대안은 없을까? 각자 가능하다고 생각되는 혼합 대안들을 제안해 보고, 그 대안이 실제로 실현 가능한지를 검토해 보라.

우리는 어떤 일을 하든 현명한 판단을 하려면 새로운 대안을 만드는 능력이 필요하다. 즉 기존의 제한된 대안에 의지하여 자신의 상황을 규정하는 것은 현재의 상황을 그저 있는 그대로 수용하는 것이다. 더 나은 대안을 추구하는 사람은, '우리가 진정으로 원하는 것은 무엇인가', '그것을 충족시키는 대안은 무엇인가', '왜 안 되는 것일까' 등의 질문과 의문을 갖는다. 우리는 중요한 문제에 대한 의사결정을 내릴 때, 수많은 대안 가운데 하나를 적극적으로 선택한다. 그중에 가장 좋은 대안을 선택하여 원하는 목적을 이루기 위해서는 대안이 풍부해야 한다. 하지만 대부분의 사람들은 다른 많은 아이디어나 대안을 궁리하거나 검토하지 않는다. 우리가 앞에서 제시한 상황도 마찬가지이다. 우리가 처음으로 떠올리게 되는 두 가지 입장에 사로잡히면, 우리의 사고는 제한되며 융통성이 사라진다. 보다 나은 대안을 얻기 위해서, 우리는 마치 딜레마처럼 보이는 두 가지 선택지에서 자유로워야 하며, 발상의 전환을 통해 문제를 새롭게 구성해야 한다. 즉 먼저 자신이 원하는 것(관심사)을 분명히 하고, 그것을 얻을 방법(입장)을 생각해야 한다.

3. 발상 전환과 논증 평가

우리는 하나의 문제에 대하여 전혀 다른 두 대안이 대립할 수 있다는 것을 잘 안다. 이러한 상황은 정책적 판단이나 그것을 뒷받침하는 이론들에서도 나타난다. 이 경우 우리는 보다 나은 정책 판단을 하기 위해 그것을 뒷받침하는 이론을 적절히 평가할 수 있어야 한다. 서로 대립하는 두 이론의 논증을 평가함으로써, 보다 나은 대안을 선택할 수 있다. 다음의 두 글은 시장에서 정부의 역할에 대한 전혀 다른 성격의 글이다.

A.

국제 무역은 전 세계를 가로지르는 백(百)차선 고속도로와 같다. 만약 그 고속도로가 완전 무료이고, 정지 신호등, 속도나 크기 제한 혹은 차선 표시까지 없다면 힘 있는 경제권에서 온 거대한 트럭들에게 장악당하고 말 것이다. 그러면 농부의 소형 트럭, 방글라데시의 손수레나 인력거는 도로 밖으로 밀려날 것이다. 모두에게 혜택이 돌아가는 국제화를 이루려면 적절한 교통 법규와 교통 신호 그리고 교통 경찰이 있어야 한다. 또한 '승자독식'의 법칙은 가장 가난한 사람도 고속도로를 이용할 권리를 보장하는 법칙으로 대체되어야 한다. 그렇지 않으면 세계시장은 경제적 제국주의의 지배 아래 들어가고 만다. 마찬가지로 국가 내의 시장도 빈곤층의 이익을 보호하는 합리적인 규칙과 통제가 필요하다. 그러한 통제가 없으면 가진 자들이 손쉽게 자신에게 유리한 방향으로 조건을 바꿀 수 있다. 제한 없는 일방적 자본주의의 악영향은 극빈국에서 공장을 운영하면서 수익을 높이기 위해 아이들을 포함한 저가의 노동력을 마음대로 착취하고, 환경을 보호하는 설비와 공정에 드는 돈을 아끼려고 공기와 물, 토양을 오염시키며, 해롭거나 불필요한 상품을 홍보하려고 기만적 상술과 광고를 동원하는 기업들의 모습에서 매일 발견할 수 있다. 무엇보다 우리는 가난한 이들을 무시하고 전 세계 인구의 절반을 외면하는 모든 경제 부문에서 그 악영향을 본다.

B.

세계화에서 벗어날 수는 있다. 그러나 그 대가는 경제적인 측면에 그치지 않으며, 동시에 정치적인 측면을 가진다. 왜냐하면 세계화를 억제하자는 주장은 불가피하게 국가 권력의 확장과 개인의 자유 상실로 귀착되기 때문이다. 그 과정은 개인의 자연적인 욕망을 억압하며, 당연한 경제 활동을 범죄로 만들고, 일상생활의 문제들을 정치적 결정의 대상으로 만드는 더욱 촘촘한 규제와 수많은 법들을 양산하기 마련이다. 이 점은 지난 20~30년 동안 많은 유럽 국가들에서 잘 알려져 있다. 세계화로부터 벗어난다는 것은 여러 민주적 권리, 특히 우리 모두에게 값비싼 권리인 자신의 관심사를 돌보며 휴식하는 권리를 뿌리째 뒤흔드는 것과 같다. 아침식사로 30여 종의 시리얼 중 무엇을 먹을지 고를 수 있는 자유가 진짜 중요한 자유인가 하는 문제는 단순한 견해의 차이로 치부할 수 있다. 그러나 세계화를 문제로 삼는다면 그럴 수가 없다. 왜냐하면 쓰라린 경험이 확인해 주듯이 (세계화에 의해 제공되는 국경을 초월하는 선택의 가능성을 제거하는 데 불가결한) 국가 권력의 확장은 사악한 것일 뿐만 아니라 근본적으로 반민주적인 것이기 때문이다. 사람들은 때로 자유 무역이 그보다 더 중대한 가치들을 위해서 양보되어야 한다고 말한다. 그러나 수십 억의 사람을 빈곤으로부터 끌어내는 것, 개인의 선택과 발전의 기회를 창조하는 것 그리고 전 세계적으로 민주주의를 강화하는 것보다 더 중요한 가치가 존재하는가? 자유 시장경제는 그 본성상 글로벌한 것이며, 인류의 모험 중에서 가장 완성된 형태의 모험이다.

우리는 우선 두 글 속에 포함된 주장과 근거를 바탕으로 논증을 재구성해야 한다. 우리는 논증을 재구성함으로써, 어떤 입장이나 이론을 분석하고 그 논리를 제대로 이해할 수 있다. 그리고 그들 입장이나 이론을 상호 대립시켜 검토함으로써, 보다 나은 새로운 주장을 발전시켜 나갈 수 있다.

연습 문제 1

논리 퍼즐

A. 순서 정하기

1. 갑, 을, 병, 정의 네 나라에 대한 다음의 조건으로부터 추론할 수 있는 것은?[LEET 예비 시험 추리 논증 문항 3]

- 이들 나라는 시대순으로 연이어 존재했다.
- 네 나라의 수도는 각각 달랐는데, 관주, 금주, 평주, 한주 중 어느 하나였다.
- 한주가 수도인 나라는 평주가 수도인 나라의 바로 전 시기에 있었다.
- 금주가 수도인 나라는 관주가 수도인 나라의 바로 다음 시기에 있었으나, 정보다는 이전 시기에 있었다.
- 병은 가장 먼저 있었던 나라는 아니지만, 갑보다는 이전 시기에 있었다.
- 병과 정은 시대순으로 볼 때 연이어 존재하지 않았다.

① 금주는 갑의 수도이다.
② 관주는 병의 수도이다.
③ 평주는 정의 수도이다.
④ 을은 갑의 다음 시기에 존재했다.
⑤ 한주가 수도인 나라가 가장 오래되었다.

2. 영업부의 박 부장은 월요일부터 목요일까지 매일 남녀 각 한 명씩 두 사람을 회사 홍보 행사 담당자로 보내야 한다. 영업부에는 현재 남자 사원 4명(길호, 철호, 영호, 치호)과 여자 사원(영숙, 옥숙, 지숙, 미숙)이 근무하고 있으며, 다음과 같은 제약 사항이 있다.[LEET 예시 문항(1) 추리 논증 문항 5~6]

가. 매일 다른 사람을 보내야 한다.
나. 치호는 철호 이전에 보내야 한다.
다. 옥숙은 수요일에 보낼 수 없다.
라. 철호와 영숙은 같이 보낼 수 없다.
마. 영숙은 지숙과 미숙 이후에 보내야 한다.
바. 치호는 영호보다 앞서 보내야 한다.

사. 옥숙은 지숙 이후에 보내야 한다.
아. 길호는 철호를 보낸 바로 다음 날 보내야 한다.

1) 만일 영호와 옥숙을 같은 날 보낼 수 없다면, 목요일에 보내야 하는 남녀 사원은 누구인가?
① 길호와 영숙 ② 영호와 영숙 ③ 치호와 옥숙
④ 길호와 옥숙 ⑤ 영호와 미숙

2) 만일 영호를 철호보다 앞서 보내야 한다면, 수요일에 보내야 하는 남녀 사원은 각각 누구인가?
①) 길호–영숙 ② 영호–미숙 ③ 영호–영숙
④ 철호–미숙 ⑤ 치호–영숙

B. 짝짓기

3. 어떤 지역에 5개의 공장이 입주했다. 공장의 입지 결정 과정에서 고려할 수 있는 입지 요인은 A, B, C, D, E이다. 다음의 조건을 충족시킬 때, 참인 진술을 <보기>에서 모두 고른 것은?[LEET 예비 시험 추리 논증 문항 13]

– A를 고려한 공장은 2개이다.
– B를 고려한 공장은 3개이다.
– C를 고려한 공장은 1개이다.
– D를 고려한 공장은 1개이다.
– E를 고려한 공장은 2개이다.

〈보기〉
ㄱ. 모든 공장이 1개 이상의 입지 요인을 고려했다면, 5개의 입지 요인을 모두 고려한 공장이 있을 수 있다.
ㄴ. 모든 공장이 1개 이상의 입지 요인을 고려했다면, 동일한 수의 입지 요인을 고려한 공장은 3개일 수 없다.
ㄷ. 어떠한 입지 요인도 고려하지 않은 공장이 있다면, 동일한 수의 입지 요인을 고려한 공장은 4

개일 수 있다.

ㄹ. 모든 공장이 1개 이상의 입지 요인을 고려했고, 2개 이상의 입지 요인을 고려한 공장이 2개 있다면, 3개의 입지 요인을 고려한 공장이 가장 많은 입지를 고려한 것이다.

① ㄱ, ㄷ ② ㄴ, ㄹ ③ ㄷ, ㄹ ④ ㄱ, ㄴ, ㄷ ⑤ㄴ, ㄷ, ㄹ

C. 매트릭스 구성하기

4. 12명의 사람이 모자, 상의, 하의를 착용하는데, 모자, 상의, 하의는 빨간색 또는 파란색 중에 하나이다. 12명이 모두 모자, 상의, 하의를 착용했을 때, 다음과 같은 모습이었다.[LEET 예비 시험 추리 논증 문항 13]

- 어떤 사람을 보아도 모자와 하의는 다른 색이다.
- 같은 색의 상의와 하의를 입은 사람의 수는 6명이다.
- 빨간색 모자를 쓴 사람의 수는 5명이다.
- 모자, 상의, 하의 중 1가지만 빨간색인 사람은 7명이다.

이때 하의만 빨간색인 사람은 몇 명인가?

① 5명 ② 4명 ③ 3명 ④ 2명 ⑤ 1명

5. 다음은 어떤 학과의 교과과정과 이수 규정이다. 학생은 주어진 규정에 따라 수강해야 졸업을 할 수 있다.[LEET 예비 시험 추리 논증 문항 33]

교양	국어, 영어, 국사, 윤리학
전공 기초	헌법(1), 헌법(2), 법철학, 법제사
전공 일반	민법(1), 민법(2), 민법(3), 형법(1), 형법(2), 상법, 행정법
전공 심화	민사소송법(1), 민사소송법(2), 형사소송법, 노동법, 국제법

〈이수 규정〉
- 20개의 모든 과목을 수강하여야 한다.
- 한 학기에 3과목까지 수강할 수 있다.
- 교양 과목은 3번째 학기까지 수강이 끝나야 한다.

- 전공 기초 과목을 모두 이수한 후에 전공 일반 과목을 수강할 수 있고, 전공 일반 과목을 모두 이수한 후에 전공 심화 과목을 수강할 수 있다.
- 헌법(1), 헌법(2)와 같이 번호만 다른 과목은 같은 학기에 수강할 수 없고, 번호 순서대로 수강하여야 한다.

최소 학기만 등록하고 졸업하고자 할 때, 옳은 것을 <보기>에서 모두 고른 것은?

〈보기〉

ㄱ. 졸업에 필요한 최소 학기는 7학기이다.
ㄴ. 상법과 행정법은 동일 학기에 수강할 수 없다.
ㄷ. 전공 일반 과목을 1과목만 수강하는 학기는 없다.
ㄹ. 민법(3)과 형법(2)는 같은 학기에 수강하여야 한다.

① ㄱ, ㄴ ② ㄱ, ㄷ ③ ㄷ, ㄹ ④ ㄱ, ㄴ, ㄹ ⑤ ㄴ, ㄷ, ㄹ.

D. 진실 혹은 거짓

6. 우주인 선발에 지원한 A, B, C, D, E, F, G의 7명 중에서 2명이 선발되었다. 누가 선발되었는가에 대하여 5명이 각각 다음과 같이 진술했다.[LEET 예비 시험 추리 논증 문항 37]

- A, B, G는 모두 탈락했다.
- E, F, G는 모두 탈락했다.
- C와 G 중에서 1명만 선발되었다.
- A, B, C, D 중에서 1명만 선발되었다.
- B, C, D 중에서 1명만 선발되었고, D, E, F 중에서 1명만 선발되었다.

3명의 진술만 옳을 때, 반드시 선발된 사람은?

① A ② B ③C ④ D ⑤ E

7. 다음을 읽고 물음에 답하시오.[LEET 예시 문항(2) 추리 논증 문항 17]

전설의 섬 음양도에는 태양인과 소음인이라는 두 부류의 주민들만 산다. 외지인들은 이 섬의 태양인과 소음인을 외모로는 구분할 수 없다. 또 외지인들은 이 섬의 주민들을 겉모습만으로는 남성인지 여성인지 분간할 수 없다. 이들을 분간할 수 있는 단서는 다음뿐이다. 소음인의 경우 여성은 언제나 참말만 하고, 남성은 항상 거짓말만 한다. 반대로 태양인의 경우 남성은 항상 참말만 하고, 여성은 언제나 거짓말만 한다. 한 외지인이 이 섬을 방문해서 다섯 명의 섬 주민 A, B, C, D, E와 다음과 같이 대화를 주고받았다.

외지인 : 당신은 태양인입니까?
A : 아니오.
외지인 : 당신은 남성입니까?
B : 예.
C : 저는 소음인 남성입니다.
외지인 : 아, 예.
D : 저는 태양인 남성이 절대 아니올시다.
외지인 : 알겠습니다.
E : 저는 태양인 남성이거나 소음인 여성입니다.
외지인 : 아, 그러신가요.

1) 위의 대화에 등장하는 섬 주민들에 관해 알 수 있는 것은?

① 남성이 두 명 이상 등장한다.
② 여성이 세 명 이상 등장한다.
③ 소음인이 두 명 이상 등장한다.
④ 태양인이 세 명 이상 등장한다.
⑤ 소음인 남성은 등장하지 않는다.

2) 외지인이 이 섬의 주민들이자 부부 사이인 F와 G를 만나서 나눈 다음 대화를 보고 맞는 것을 고르시오.

> 외지인 : 당신들은 어떤 부류에 속하십니까?
> F : 제 배우자는 태양인입니다.
> G : 저희 부부는 둘 다 태양인입니다.

① F는 소음인 아내, G는 소음인 남편이다.
② F는 소음인 남편, G는 태양인 아내이다.
③ F는 태양인 아내, G는 소음인 남편이다.
④ F는 태양인 남편, G는 태양인 아내이다.
⑤ F는 태양인 남편, G는 소음인 아내이다.

연습 문제 2

상황 추리

1. 다음의 제시문을 읽고, 거기에 포함된 두 입장을 모두 포용하는 방향에서 정책을 입안하고자 할 때, 다음 중 결코 용납될 수 없는 방안은 어떤 것인가? <보기> 중에서 고르시오.

> 소프트웨어의 발달로 지적 재산권에 대한 도용이나 침해, 무단 복제 및 무단 사용 등의 문제가 빈번히 발생하고 있다. 이는 물질로 구성된 물건이 다른 사람에게 전달됨과 동시에 사라지는 것과는 달리 소프트웨어의 경우에는 무한히 복제해서 공유할 수 있기 때문에 문제의 심각성이 더해진다. 소프트웨어의 소유권과 관련하여 소프트웨어 복제에 대해서 두 가지 상반된 입장이 대립하고 있다. 복제를 반대하는 논점에 따르면, 시간과 자본을 들여 정성껏 만든 정보 기술과 컴퓨터 프로그램들을 허가 없이 복제하여 사용하는 것은 타인의 재산권을 침해하는 일종의 범죄 행위이다. 한편 복제를 찬성하는 논점은 불법 복제에 대한 법적 제재가 기존의 계급 간, 지역 간, 국가 간의 사회적 격차를 강화하는 방향으로 이용되는 것이 정당화될 수 없다는 것이다.

〈보기〉
① 사회적으로 공유할 수 있는 무료 정보 시스템을 갖추어 가면서 지적 재산권을 지키기 위한 제

도를 강화한다.

② 정보 빈자와 정보 부자 사이의 간격을 효과적으로 줄이면서 기술의 발전을 가능하게 하는 방안을 모색한다.

③ 지적 재산권에 대한 법률을 사회 구성원이 인정할 수 있는 적절한 선에서 입안한다.

④ 소프트웨어의 소유권은 물질적 물건의 소유권과 다르므로, 모든 소프트웨어가 자유롭게 복제될 수 있고, 무료로 분배되도록 하는 방안을 마련한다.

⑤ 저작권을 옹호하여 더 좋은 소프트웨어의 개발을 유도하려는 '카피라이트'(copyright)의 주장과 정보의 공유를 통해서 인간적 공동체를 복원하자는 '카피레프트'(copyleft)의 주장 사이의 절충을 모색한다.

2. 다음 제시문을 가장 논리적으로 완성할 수 있는 것은 <보기> 중 무엇인가?

현대의 과학기술은 인류 진보의 새로운 지평을 열기도 했지만 갖가지 분야에서 심각한 인권 침해 사례를 낳았다. 첨단 과학기술을 이용한 대량 살상 무기의 개발은 전쟁 위기와 대량 학살을 조장했으며, 자본의 요구를 앞세운 생산기술의 비약적 발전은 대규모의 생태계 파괴와 환경 재앙을 불러왔다. 더욱이 최근 생명공학의 발달은 인간성 상실과 가치관의 혼동을 야기하고 있다. 하지만 법률과 제도는 이러한 과학기술의 인권 침해 문제에 대한 적절한 해결 방안을 제시하지 못하고 있다. 그것은 기준 질서의 유지를 사명으로 하는 법률의 생래적 보수성에서 비롯되는 면도 있으나, 법 제도가 과학기술의 발전 속도를 미처 따라잡지 못하고 과학기술의 폐해에 대한 대중적 각성이 부족한 현실에서 기인하는 바가 크다.

〈보기〉

① 과학기술로 인한 인권 침해 문제를 해결하기 위해서는 이 문제에 대한 대중적 공감을 불러일으킬 수 있는 시민운동이 필요하다.

② 과학기술에서 야기된 인권 침해 문제는 결국 과학자 스스로의 노력에 의해서 해결되어야 한다.

③ 과학기술의 폐해에 대한 대중적 각성이 부족하기 때문에, 법률가들이 나서서 폐해를 방지하기 위한 법률을 제정해야 한다.

④ 법률은 과학기술의 발전 속도를 따라잡을 수 없기 때문에 과학기술로 인한 인권 침해 문제에 개입해서는 안 된다.

⑤ 과학기술이 인류 진보에 기여한 바가 많으므로, 인권 침해 사례에 대해서는 대중이 눈감아 주어야 한다.

3. 다음은 제시문은 과학 활동의 윤리적 문제와 사회적 영향을 다룬 글에서 어떤 저자가 자신의 주장을 뒷받침하기 위해서 다른 과학자의 글을 인용한 것이다. 이 인용문을 제시함으로써 이 글의 작가가 전제하거나 의도하는 것이 아닌 것은 무엇인가? <보기> 중에서 고르시오.

> "오늘날 우리는 실로 핵무기의 무장해제와 해체의 시대에 살고 있다. 그러나 일부 국가에서는 핵무기 개발이 여전히 계속되고 있다. 과연 세계의 많은 나라들이 이것을 멈추기로 합의할 수 있을지 그리고 언제 그것이 가능할지는 확실하지 않다. 하지만 개별 과학자들은 자신이 가진 기술을 쓰는 것을 자제함으로써 이 과정에 영향을 미칠 수 있다. 그러므로 나는 모든 나라의 모든 과학자들이 더 이상 핵무기를 개발하고 개량·개조하는 일을 하지 말 것을 촉구한다. 화학 무기나 생물학 무기 등 대량 살상의 가능성이 있는 다른 무기들에 대해서도 마찬가지이다."

〈보기〉

① 과학자는 자신이 하고 있는 프로젝트를 면밀히 분석하고, 그 프로젝트의 결과가 그 이상과 원칙에 어긋나지 않은지 고민해야 한다.

② 과학자는 자기가 하는 일이 사회에 어떤 영향을 미치며, 궁극적으로 사회에 유익한 일인지 질문해야 한다.

③ 과학자는 사회적 안전과 시민의 안녕에 영향을 미칠 수 있는 과학 연구 활동을 거부할 권리를 가진다.

④ 과학자 사회는 핵강국들이 핵무기를 통한 전쟁 억제 정책을 폐지하라고 요구한다.

⑤ 과학자는 조직 체계의 권위에 대항하여 불법적이거나 사회의 안전을 위협하는 행위 및 절차를 폭로하는 실천을 하는 내부 고발자의 역할을 수행해야 한다.

4. 다음의 제시문에서 제시된 네티즌의 기본 정신을 실현하기 위한 행동의 원칙으로 가장 적합하지 않은 것은 무엇인가? <보기> 중에서 고르시오.

> 정보통신 환경의 변화에 따라서 사이버 공간의 이용이 급증하고 있다. 사이버 공간의 주체는 네티즌이다. 네티즌은 사이버 공간에서 유익한 정보를 서로 나누고 건전한 인간관계를 형성하며, 다양한 경험을 쌓는다. 네티즌은 사이버 공간에서 표현의 자유와 권리를 가지며, 동시에 의무와 책임도 지니고 있다. 이러한 권리가 존중되지 않고 의무가 이행되지 않을 때 사이버 공간은 무질서와 타락으로 붕괴되고 말 것이다. 이에 사이버 공간을 모두의 행복과 자유, 평등이 실현되는 공간으로 발전시킬 수 있도록 '네티즌 윤리강령'을 제정했다.
>
> 네티즌의 기본 정신
> – 사이버 공간의 주체는 인간이다.
> – 사이버 공간은 공동체의 공간이다.
> – 사이버 공간은 누구에게나 평등하며 열린 공간이다.
> – 사이버 공간은 네티즌 스스로 건전하게 가꾸어 나간다.

〈보기〉

① 실제 생활에서 적용된 것처럼 똑같은 기준과 행동을 고수하라.
② 현재 자신이 어떤 곳에 접속해 있는지를 알고, 그곳의 문화에 어울리게 행동하라.
③ 사이버 공간은 익명성이 보장되는 곳이므로, 실명을 사용하는 일은 가급적 피하라.
④ 논쟁은 절제된 감정 아래서 행하라.
⑤ 사이버 공간에 대한 자율적 감시와 비판 활동에 적극 참여하라.

5. 다음 제시문은 공리주의에 대한 설명이다. <보기>의 사례들 중에서 공리주의의 원리가 함의하는 난점이라고 보기 어려운 것은?

> 공리주의는 인간의 행복을 최대화하는 데 기여하는 행동을 선한 것으로 보는 원리이다. 여기서 초점은 개인의 행복보다는 소속 단체 혹은 사회의 행복에 맞추어져 있다. 공리주의 원리는 목적론적 윤리의 원리로 해석된다. 즉 "좋은 목적을 위해 필수적인 행동은 좋은 행동이다." 이 원리가 적용된 사례로 우리는 19세기의 댐 공사를 들 수 있다. 댐 공사는 식수 공급원을 확보하고, 수자원을 확보하여, 수로의 조정, 휴양지의 건설 등 사회에 주는 이익이 많다. 대신에 인근 지역민들에게는 부담이 크다. 공리주의는 최대 다수의 최대 이익이라는 원리에 의존하여 개인의 요구와 사회의 요구 사이의 균형을 추구한다.

〈보기〉

① 어떤 소도시의 화학공장에서 나오는 폐기물이 지하수를 오염시켰다. 공장의 이득보다는 오염으로 인한 부정적 영향에서 오는 손실이 부담으로 작용한다. 이득보다 손실이 더 크다. 따라서 이는 비윤리적이라고 판단한다.

② 공리주의는 개인 혹은 소집단의 희생을 강요하는 원리이다. 방사능 폐기물 격리 저장소의 설치는 여러 가지 사회적 이익을 가져오지만, 운반 도로 주변 거주민의 건강에 부정적인 잠재력을 갖는다.

③ 공리주의의 적용은 무엇이 최대선을 가져올 것인가에 대한 지식에 의존하지만, 어떤 행동의 결과를 측정하는 일이 쉽지 않다.

④ 만일 예상된 좋은 결과가 오지 않을 경우, 적용된 공리주의 자체의 원칙에 따른 결정은 비윤리적, 비도덕적 결정이 된다.

⑤ 노예 제도, 권투 경기, 복권 등은 모두 공리주의를 적용한 결과인데, 그것은 모두 가난하고 힘없는 사람의 돈과 노동으로 부자가 이익을 보는 경우이다.

6. 다음 제시문의 주장과 부합하는 사례로 적절한 것을 <보기>에서 고르시오.

인체가 수많은 세포로 이루어져 있듯이 문화도 수많은 문화 요소들로 이루어진다. 한 사회의 문화를 구성하고 있는 요소들은 그 사회 안에서 발생한 것이 대부분이지만, 다른 문화로부터 문화 요소가 전해져 오는 경우도 적지 않다. 한 문화의 어떤 요소는 다른 문화권에 알려지면서, 후자에게 새로운 발명이 일어나도록 자극하는 경우도 있다. 이처럼 사람들은 다른 사회의 문화와 접촉하더라도 이를 스스로 변형하며, 새로운 활동을 통하여 문화를 창출하기도 한다. 다른 사회의 문화를 접촉하는 경우에도 한 사회가 다른 사회의 문화 모두를 받아들이는 것이 아니라, 선택적으로 변용한다. 결국 다른 문화와의 접촉은 단지 추가적인 문화 요소의 등장을 의미하는 것뿐만 아니라, 창조적인 역할을 수행하기도 한다.

〈보기〉

① 고유의 문자가 없었던 체로키족이 영어의 알파벳에서 아이디어를 얻어 체로키 문자를 고안했다.

② 중국의 고전을 한글로 번역하는 과정에서 글의 이해를 돕기 위해서 한글 옆에 한자를 병기한다.

③ 과거의 거리나 무게를 측정할 때 사용했던 '리', '근'과 같은 단위는 사라지고 미터나 그램과 같은 서구의 단위를 사용하고 있다.

④ 해외에서 유행 중인 스키니진(Skinny jean)을 국내 연예인이 입고 출연한 이후, 청소년들 사이에 스키니진이 유행하고 있다.

⑤ 전통적으로 내려온 활의 원리를 이용하여 거문고와 가야금보다 다양한 음정을 낼 수 있는 현악기를 개발한 후에 살펴보니 서양의 하프와 유사한 형태였다.

연습 문제 3

발상 전환과 재정의

1. 주관주의자들은 모든 가치가 개인에 따라 상대적이라고 생각한다. 즉 이 이론은 가치 판단을 정당화하는 유일한 방법은 한 개인이 어떻게 느끼고 있는가에 근거한다고 가정한다. 다음의 주장은 주관주의자들의 주장을 강화하는가 약화하는가?

1) 어떤 사람이 '기분이 너무 좋기 때문에' 학내에서 시속 80km로 달리는 것은 정당화될 수 있다고 주장한다.
2) 내가 선택한 직업이라면 그것이 무엇이든지 '내게 맞는 것이다.'

2. 다음은 우리가 어떤 것을 인식하는 하나의 방법으로 계시에 대하여 설명하고 있다. 다음 글을 읽고, 계시의 방법을 평가하고 그 문제점을 지적해 보라.

> 계시는 계시되는 것(지식 혹은 진리)이 감각으로 지각할 수 없거나, 논리적으로 사유할 수 없는 것을 파악하는 하나의 인식 방법이다. 이 인식 방법은 인간의 외부에 지식의 근원이 있으며, 적어도 그런 지식 가운데 어떤 것은 일상적인 방법으로는 알 수 없는 특별한 방식으로 우리에게 주어진다. 계시는 간혹 신의 의지가 인간에게 전달되는 통로라고 표현되기도 한다. 역사적으로 기독교는 계시의 인식론적 권위를 강조하는 입장을 취해 왔다.

3. 당신이 다음과 같은 대립하는 두 주장 즉 '모르는 것이 약'이라고 주장과 '아는 것이 힘'이라는 주장을 검토한 후, 보다 나은 새로운 주장 및 대안이 가능한지 자신의 견해를 말해 보라.

참고문헌

1. 외국 문헌

- Bonevac, Daniel, *The Art and Science of Logic*, Mountain View: Mayfield Publishing Company, 1990.
- Bowell, Tracy and Kemp, Gary, *Critical Thinking: A Concise Guide*, London: Routledge, 2002.
- Churchill, RobertPaul, *Logic: An Introduction* (2nd Edition), New York: St Martins Press, 1990.
- Danesi, Marcel, *The Puzzle Instinct: The Meaning of Puzzles in Human Life*, Indiana University Press, 2002.
- Fisher, Alec, *Critical Thinking, An Introduction*, Cambridge: Cambridge University Press, 2001.
- Gover, Barry, *Scientific Method: A Historical and Philosophical Introduction*, London: Routhledge, 1997
- Hughes, William & Lavery, Jonathan, *Critical Thinking: An Introduction to the Basic Skills* (5th Edtion), Toronto: Broadview Press, 2008.
- Machina, Kenton F., *Basic Applied Logic*, Glenview, Scott, Foresman and Company, 1982.
- Moore, Brooke Noel & Parker, Richard, *Critical thinking*, London: Mayfield Co, 1995.
- Murray, Malcolm and Kujundzic, Nebojsa, *Critical Reflection: A Text for Critical Thinking*, Montreal & Kingston: McGill–Queen's University Press, 2005.
- Nola, Robert & Sankey, Howard, *Theories of Scientific Method*, Montreal & Kingston: McGill–Queen's University Press, 2007.
- Wright, Larry, *Critical Thinking: an Introduction to analytical Reading and Reasoning*, Oxford: Oxford University Press, 2001.

2. 국내 문헌

- 김광수, 『논리와 비판적 사고』, 철학과 현실사, 2007.
- 박은진, 김희정, 『비판적 사고를 위한 논리』, 아카넷, 2005.
- 박은진, 김희정, 『비판적 사고 』, 아카넷, 2008.
- 이좌용, 홍재호, 『비판적 사고』, 서울: 성균관대학교, 2009.
- 알렉 피셔, 『피셔의 비판적 사고』, 최원배 역, 서광사, 2010.
- 한상기, 『비판적 사고와 논리』, 서광사, 2007.
- D. W. 햄린, 『인식론』, 이병욱 역, 서광사, 1986.
- D. M. 킬로란, 『PSAT – 논리로직게임』, 김범인 외 역, 서울: 이지북, 2006.
- 코피, 『논리학 입문』, 박만준 외 역, 서울: 경문사, 1994.

- 조셉 윌리엄스, 그레고리 콜럼, 『논증의 탄생』, 윤영삼 역, 서울: 홍문관, 2008.
- 스텔라 코트렐, 『비판적 글쓰기』, 이경아 역, 서울: 함께읽는책, 2008.
- W. 타타르키비츠,『미학의 기본 개념사』, 손효주 역, 미술문화, 2001.

디지털 시대를 대비한 비판적 사고

2022년 7월 1일 초판 1쇄 발행
2023년 3월 1일 초판 2쇄 발행
2025년 3월 5일 초판 3쇄 발행

지은이 권순정·류재한·박라권·안명진·하상협
펴낸이 권순기
부장 박현곤
행정팀장 김성균
편집 이가람
디자인 이희은

펴낸곳 경상국립대학교출판부 | 출판등록 1989년 1월 7일 제16호
주소 경남 진주시 진주대로 501
전화번호 055) 772-0801(편집), 0802(디자인), 0803(도서 주문)
팩스 055) 772-0809
전자우편 gspress@gnu.ac.kr
홈페이지 http://gspress.gnu.ac.kr
페이스북 https://www.facebook.com/gnupub
블로그 https://blog.naver.com/gnupress12
인스타그램 https://www.instagram.com/gnupress

ISBN 978-89-6257-345-9 03100

본서의 내용을 무단 복제하는 것은 저작권법에 의해 금지되어 있습니다.
파본이나 잘못된 책은 구입한 서점에서 교환해 드립니다.